英語学モノグラフシリーズ 12

原口庄輔／中島平三／中村　捷／河上誓作　編

束縛と削除

有元　將剛
村杉　恵子　著

研　究　社

まえがき

　言語には，同一の表現を繰り返し使用するのではなく，それに代わる代用表現を用いるという一種の省エネルギーの装置が備わっている．代用表現が担う意味は，その代用表現が担う意味を明示的に表している要素，すなわち先行詞（antecedent）によって決定される．先行詞と代用表現の間に成り立つ関係を照応（anaphora）あるいは照応関係（anaphoric relation）と呼ぶ．照応関係には，代用表現が音形を持っている場合，すなわち，有形である場合と，音形を持っていない，すなわち，無形である場合がある．代用表現が無形である場合が削除である．

　代用表現に関わる中心的課題は，代用表現と先行詞の間に照応関係が成り立つための条件は何か，その条件は有形代用表現と無形代用表現で同じであるのか否か，言語間の代用表現の比較研究，代用表現に関する言語間の相違を説明するパラメータの内容，そして先行詞と代用表現の間の同一性条件に関する分析などである．同一性条件については，概略，名詞類の同一性に関しては，指示の同一性が，文照応や述部の照応（削除）に関しては，論理形式の同一性が重要であるとみなされている．

　これらの課題の中で，有形の名詞類の代用表現の照応関係が成り立つための条件は何か，という問いに答えるために提案されたのが束縛理論である．この理論は，照応形（再帰代名詞と相互指示代名詞），代名詞，指示表現の間に見られる指示関係について，照応関係が成り立つ範囲あるいは成り立ってはいけない範囲を定めたものである．Lasnik（1976）により，代名詞に課せられる条件は，同一指示の原理ではなく，非同一指示の原理であることが判明し，その結果，照応形と代名詞の間には，概略，一方が生じることができる位置には他方は生じることができないという相補分布の関係にあることが明らかとなり，束縛理論への道が開かれることになった．

削除に関しては，生成文法初期の段階では，削除変形による派生が提案されていたが，主として，変形規則によって代名詞の分布を決定する理論に見られるさまざまな問題点を背景として，無形の代用表現も基底で生成し，先行詞との関係は解釈規則で扱う分析が提案された．しかしながら，この分析では，代名詞が指示する先行詞がいかなる段階でも存在しない消失先行詞現象が生じるなどの問題点があり，解釈規則による分析よりも削除変形による分析が優れているとみなされるに至っている．

第Ⅰ部の第1章から第4章までは有元將剛が担当し，第Ⅱ部の第5章から第9章までを村杉恵子が担当している．第1章では照応現象とは何かについて述べる．第2章は束縛理論成立までの優れた研究史と照応特性の理論的意義の詳細かつ簡潔な論述からなっている．束縛理論の成立にどのような事実がどのように貢献したのか，残っている問題点は何か，それらの問題はどのように位置づけられるべきかなどの問題に鋭く切り込んでおり，第Ⅰ部の根幹をなす章である．第3章ではPROとコントロールの問題，PROの移動分析，small proの問題などを扱っている．第4章では，束縛代名詞，交差現象，発話主体指向性，長距離照応形，心理述語と照応形，one照応，do it / so，文照応等の問題が扱われ，独自の見解も示されている．第Ⅱ部では，削除に関して解くべき問題を提示した後，第5章で削除現象の一般的性質について述べる．第6章では，削除現象が句の内部構造の決定にどのように関わるかをきわめて興味深い論述方法で論じている．第7章では，日本語における削除現象について独自の論を展開し，主要な削除現象が日本語にも存在することを説得的に論じている．第8章では，削除が論理形式（LF）レベルの現象か，音韻（PF）レベルの現象かという問題を扱っている．第9章では日本語のVP削除について論じ，この問題がパラメータ研究の端緒になる可能性を指摘している．代用表現は，言語ごとに大きく異なる側面があり，言語類型論的研究が不可欠な分野であるので，日英語の削除の比較研究は大きな意味を持っている．

2005年3月

編　者

目　　次

まえがき　iii

第 I 部　束　　縛

第 1 章　照応現象 —————————————————— 3
1.1　照応とは　3
1.2　さまざまな照応　6
1.3　深層照応と表層照応　9
1.4　代用形と先行詞の関係（c 統御）　12
1.5　束　　縛　15

第 2 章　照応の特性と理論的意義 ———————————— 16
2.1　束縛理論成立までの研究史　16
  2.1.1　同一単文の中にあるか（Lees and Klima 1963）　16
  2.1.2　主題階層条件（Jackendoff 1972）　18
  2.1.3　代名詞化の循環的適用（Ross 1969）　19
  2.1.4　照応の非同一指示条件（Lasnik 1976）　21
  2.1.5　先行条件を廃して，c 統御条件（Reinhart 1983）　23
2.2　束　縛　原　理　25
  2.2.1　束縛原理 A　26
  2.2.2　束縛原理 B　27

  2.2.3　束縛原理 C　27
  2.2.4　統率範疇　28
  2.2.5　再帰代名詞と相互代名詞　31
  2.2.6　ミニマリスト・プログラムにおける束縛原理　33
 2.3　束縛原理の適用レベル　33
  2.3.1　LF で適用　34
  2.3.2　A 移動の再構築　37
  2.3.3　束縛原理 C の適用レベル　40
  2.3.4　フェイズごとに適用（束縛原理 C）　44
  2.3.5　束縛原理 A（LF で適用）　47
 2.4　照応形と代名詞　48
 2.5　束縛理論と先行条件　50
  2.5.1　3 項動詞の補部の照応形　51
  2.5.2　主題階層条件（再び）　53
  2.5.3　3 項動詞の補部の代名詞　57
  2.5.4　等位構造　59
  2.5.5　先行詞と代名詞が別の節に属する場合　60
 2.6　束縛原理 C について　68
  2.6.1　代名詞による束縛と指示表現による束縛　68
  2.6.2　束縛原理 C の適用レベル（再び）　69
 2.7　束縛原理の生得性　71

第 3 章　束縛理論と PRO ── 77
 3.1　PRO とそれが生起する位置　77
  3.1.1　PRO の設定　77
  3.1.2　PRO 設定のさらなる根拠　79
  3.1.3　PRO の生起する位置　80

3.2　PRO と格　81
3.3　PRO のコントロール　83
　3.3.1　コントロール理論　83
　3.3.2　最短距離の原則　84
　3.3.3　義務的コントロールと随意的コントロール　88
　3.3.4　指定部位置か文末位置か　92
3.4　PRO と痕跡　94
3.5　pro　95

第4章　その他の照応 ──────────────── 98
4.1　束縛代名詞と交差の現象　98
　4.1.1　束縛代名詞　98
　4.1.2　交差の現象　99
4.2　絵画名詞句内の照応形, 意識主体照応性, 長距離照応形
　　　102
　4.2.1　絵画名詞句内の照応形　102
　4.2.2　絵画名詞句内の照応形と心理動詞　103
　4.2.3　絵画名詞句内の照応形と非局所同一名詞句削除　108
　4.2.4　意識主体照応性　112
　4.2.5　長距離照応形　113
4.3　one 照応　114
　4.3.1　one 照応とは　114
　4.3.2　one 照応と先行条件　116
4.4　動詞句照応（do so, do it, イギリス英語の do）　118
　4.4.1　do so と do it の照応　118
　4.4.2　do so と do it の先行詞　120
　4.4.3　深層照応と表層照応　122

4.4.4　イギリス英語の do　124
　　4.5　文の照応（it と so）　125

第 II 部　削　　除

はじめに：削除に関する 3 つの不思議 ——————— 131

第 5 章　削除現象の一般的性質 ——————————— 134
　　5.1　表層照応と深層照応　134
　　5.2　ゆるやかな同一性（スロッピー解釈）　137
　　5.3　空所化と削除　139

第 6 章　削除現象の統語分析 ——————————— 142
　　6.1　削除現象の問題点　142
　　6.2　1980 年代における X′ 理論の展開　144
　　6.3　Lobeck (1990) と Saito and Murasugi (1990) の削除に関する一般化　150
　　6.4　削除に関する一般化から導き出される理論的帰結　154
　　6.5　削除と移動のパラレリズム　160

第 7 章　日本語における削除現象 ——————————— 168
　　7.1　VP 削除の欠如をめぐる Kuno (1978) の議論　168
　　7.2　代名詞「の」と NP 削除　171
　　7.3　DP 内移動と属格　176
　　7.4　動詞移動と VP 削除　180
　　7.5　wh 移動と IP 削除　184
　　7.6　削除現象と日本語研究　190

第8章　削除現象分析の諸問題 —— 193
8.1　削除はLFの問題なのか：LFコピー分析　193
8.2　PF削除分析　202
8.3　下接の条件と削除　205

第9章　日本語のVP削除をめぐって —— 213
9.1　削除分析に対する反論　213
9.2　項削除仮説　219
9.3　日本語における削除現象分析の今後の課題　224

結論に代えて —— 227

参 考 文 献　231
索　　　引　247

第I部

束　縛

第 1 章　照　応　現　象

1.1　照応とは

　1つの文の中で，ある1人の人物，あるいはある1つの事物について，2度あるいはそれ以上言及することがしばしばある．そのような時，(1)のように同じ表現を2度使うこともあるが，(2)の各文のように1つを別の表現にして言うこともある．

　（1）　Everyone who knows Nixon hates Nixon.
　（2）　a.　Everyone who knows Nixon hates him.
　　　　b.　The boy thinks that he is honest.
　　　　c.　The red car over there has had its fender mirror broken.

(1)と(2)の Nixon, the boy, the red car over there などは具体的な指示物 (reference) を持つので，指示表現 (referential expression, あるいは略して R-expression) と呼ばれる．(1)の2つの Nixon はニクソンという1人の人，すなわち，同じ指示物を指している．また，(2a)の Nixon と him，(2b)の the boy と he，(2c)の the red car over there と it も同じ指示物を指している．このように2つの表現が同じ指示物を指す場合，その2つの表現は同一指示的 (coreferential) であると言い，(3)のように同じ指標 (index) をつけて表す．ある文で同じ指標を持つ2つの表現は，同一指示的である．

　（3）　a.　Everyone who knows Nixon$_i$ hates Nixon$_i$.
　　　　b.　Everyone who knows Nixon$_i$ hates him$_i$.

　　　　c. [The boy]$_i$ thinks that he$_i$ is honest.
　　　　d. [The red car over there]$_i$ has had its$_i$ fender mirror broken.

　もちろん，たとえば (2b) のような文で，he が the boy とは別の人物を指す解釈も可能である．その場合のように 2 つの表現が同一指示的でない時は，(4) のように 2 つの表現に別の指標をつけて表す．

　（4） [The boy]$_i$ thinks that he$_j$ is honest.

　さらに，1 つの文の中で同一人物について 2 度述べる場合，(2a–c) のように代名詞を用いる場合と，(5a, b) のように再帰代名詞 (reflexive pronoun) を用いる場合がある．(5a, b) では，himself, herself はそれぞれ John, Mary と同一指示的である．(5a, b) では再帰代名詞を用いることは可能であるが，(5c) では再帰代名詞 himself を用いることはできない．(5c) は非文法的である．また，(5d) では him と John が同一指示的であるという解釈が可能であるが，(5e) では，him と John が同一指示的であるという解釈はない．(5e) は文法的ではあるが，付された指標の解釈はない．なお本書では * 印は，(5c) のように文が非文法的な場合だけではなく，(5e) のように文法的であっても，付された指標の解釈では容認できない場合にも使う．

　（5） a. John$_i$ talked to Mary about himself$_i$.
　　　　b. John talked to Mary$_i$ about herself$_i$.
　　　　c. *John$_i$ thinks that Mary likes himself$_i$.
　　　　d. John$_i$ thinks that Mary likes him$_j$.
　　　　e. *John$_i$ likes him$_i$.

　(6a) は each other を含む文である．(each other は相互代名詞 (reciprocal pronoun) と呼ばれる．) (6a) は，(6b, c) で示したような 2 つの解釈が可能である．

　（6） a. The men will shoot the arrows at each other.
　　　　　　　　　　　　　　　　　　　　　　(Radford 1988, 119)
　　　　b. The men$_i$ will shoot the arrows at each other$_i$.

(16) a. John tried LSD after Bill did φ. (= John tried LSD after Bill tried LSD.)
b. John left, but he didn't say why φ. (= John left, but he didn't say why he left.)
c. John's bike runs faster than Tom's φ. (= John's bike runs faster than Tom's bike.)

削除も，先行詞の左側に生起する場合，(7)–(8), (11)–(15) で見られたような制限が見られる．((17), (18) は Wasow (1979, 81–82).)

(17) a. John [tried LSD] after Bill did φ.
b. *John did φ after Bill [tried LSD].
c. After Bill [tried LSD], John did φ.
d. After Bill did φ, John [tired LSD].

(18) a. [John takes LSD], although I don't know why φ.
b. *I don't know why φ, although [John takes LSD].
c. Although [John takes LSD], I don't know why φ.
d. Although I don't know why φ, [John takes LSD].

(19) *Tom's φ runs faster than John's bike.

さらに本書では，(20a, b) のような文の不定詞節の主語位置に想定される空範疇，PRO の生起条件と解釈についても扱う．(21a, c) の PRO は John を指し，(21b) の PRO は Mary を指す．また，(21d) の PRO が指すものは文の中にはないように見える．何が PRO の生起および解釈を規定するのか．この点も重要なテーマである．

(20) a. John wants to study hard.
b. John persuaded Mary to return home by 5:00 p.m.
c. John promised Mary to return home by 5:00 p.m.
d. It is fun to play baseball.

(21) a. John wants [PRO to study hard].
b. John persuaded Mary [PRO to return home by 5:00 p.m.]
c. John promised Mary [PRO to return home by 5:00 p.m.]
d. It is fun [PRO to play baseball].

c. The men will shoot the arrows$_i$ at each other$_i$.

(7a) と (7b) の対比に見られるように，代名詞は，すでに述べられた指示表現の右側（後）でしか使われないと受け取られがちである．しかし，(7c, d) のような場合，代名詞は指示表現の右側だけでなく，左側にも生起できる．((7) は Wasow (1979, 81).) (8c, d) でも同様である．

(7) a. John$_i$ dropped out after he$_i$ tried LSD.
b. *He$_i$ dropped out after John$_i$ tried LSD.
c. After John$_i$ tried LSD, he$_i$ dropped out.
d. After he$_i$ tried LSD, John$_i$ dropped out.

(8) a. Ralph$_i$ will visit the woman who is to marry him$_i$.
b. *He$_i$ will visit the woman who is to marry Ralph$_i$.
c. The woman who is to marry Ralph$_i$ will visit him$_i$ tomorrow.
(Langacker 1969, 165)
d. The woman who is to marry him$_i$ will visit Ralph$_i$ tomorrow.
(ibid., 164)

もちろん，(7b), (8b) が容認不可能であることからわかるように，代名詞が指示表現の左側にきている時には，その生起には制限がある．(7b), (8b) とも代名詞は主文の要素であり，指示表現は従属文の要素である．(7d), (8d) においては，代名詞は従属文の要素であり，指示表現は主文の要素である．直感的に言えば，代名詞が指示表現より構造上「優位の位置」にある場合，代名詞と指示表現は同一指示的になることはできない．この制限を説明することは重要なテーマである．

逆に，代名詞が指示表現の右側に生起していても，指示表現と同一指示的になれない場合もある．(9b, d) では，指示表現と代名詞は同一指示的ではない．（これらの文については第 2 章で詳しく説明する．）

(9) a. Near him$_i$, Dan$_i$ saw a snake. (Reinhart 1983, 34)
b. *Near Dan$_i$, he$_i$ saw a snake. (ibid., 35)
c. Realizing that he$_i$ was unpopular didn't disturb Oscar$_i$.
(Ross 1969, 190)

d. *Realizing that Oscar$_i$ was unpopular didn't disturb him$_i$.

(*ibid.*)

　代名詞と再帰代名詞／相互代名詞をあわせて，代用形（pro-form）と呼ぶ．また，代用形と同一指示的な表現をその先行詞（antecedent）と呼ぶ．そして，代用形と先行詞の関係を照応（anaphora）と言う．(7a, c, d) の he と John, (8a, c, d) の he と Ralph, (9a) の him と Dan, および (9c) の he と Oscar は，照応関係にある．それに対し，(7b) の he と John, (8b) の he と Ralph, および (9b) の he と Dan は照応関係にない．(9d) についても同じである．指示表現と代用形が1つの文の中に現れた場合，どのような場合に照応関係が成立して，どのような場合に照応関係が成立しないかを明らかにすることが必要である．

1.2　さまざまな照応

　(1) から (9) の例では，代用形は代名詞と再帰代名詞／相互代名詞であった．照応関係に関わるのは，これら以外にも種々ある．(10a) では代用形は one である．(10b, c) では，代用形はそれぞれ do so, do it である．(10d, e) では代用形はそれぞれ so, it である．

(10) a. When Billy saw Mary's tricycle, he wanted *one*, too.
b. He told me to close the window, and I *did so* as quietly as possible.
c. The FBI taped our conversations, but I don't know why they *did it*.
d. Has the examination been postponed? I think *so*.
e. John didn't marry Mary, although the fortuneteller had predicted *it*.

　1.1 節で，代名詞が先行詞の左側にきた場合，その生起に制限があると述べたが，これらの代用形についても同じような制限がある．((11)–(14) は Wasow (1979, 81–82).) (11)–(14) の各 b の文，および (15) において，代用形は主文の要素であり，先行詞は従属文の要素である．

(11) a. John dropped [a capsule of LSD]$_i$ after Bill took one$_i$.
b. *John dropped one$_i$ after Bill took [a capsule of LSD]$_i$.
c. After Bill took [a capsule of LSD]$_i$, John dropped one$_i$.
d. After Bill took one$_i$, John dropped [a capsule of LSD]$_i$.

(12) a. John [tried LSD]$_i$ after Bill had [done so]$_i$.
b. *John [did so]$_i$ after Bill had [tried LSD]$_i$.
c. After Bill had [tried LSD]$_i$, John [did so]$_i$.
d. After Bill had [done so]$_i$, John [tried LSD]$_i$.

(13) a. John will [take LSD]$_i$, if Bill [does it]$_i$.
b. *John will [do it]$_i$, if Bill [takes LSD]$_i$.
c. If Bill [takes LSD]$_i$, John will [do it]$_i$.
d. If Bill [does it]$_i$, John will [take LSD]$_i$.

(14) a. John believes [that Bill takes LSD]$_i$, although no one else believes it$_i$.
b. *John believes it$_i$ although no one else believes [that Bill takes LSD]$_i$.
c. Although no one else believes [that Bill takes LSD]$_i$, John believes it$_i$.
d. Although no one else believes it$_i$, John believes [that Bill takes LSD]$_i$.

(15) *I expect so$_i$, even though you don't think [Mary can do it]$_i$.

(Napoli 1983, 14)

　削除と呼ばれる現象も，音形のない要素が代用形となっていると考えれば，広い意味での照応の現象と考えることができる．(16a) は動詞句削除（VP deletion，あるいは VP ellipsis）と呼ばれているが，代用形は音形のない VP である．なお，音形のない代用形の部分を φ で表す．(16b) は間接疑問文縮約（sluicing）と呼ばれ，代用形は音形のない節である．(16c) は N′ 削除（N′ deletion）と呼ばれ，代用形は音形のない N′（DP 仮説（DP hypothesis）では NP）である．(DP 仮説については本シリーズ第 8 巻『機能範疇』の第 8 章を参照されたい．）削除については第 II 部で詳しく見る．

1.3 深層照応と表層照応

これまでの各文において，代用形は文中の他の指示表現と同一指示的であった．代用形の用法にはこれ以外に，(22)のような場合がある．

(22) a. Don't touch it.
b. I know him.

聞き手が毒キノコにさわろうとしている状況で，それまでに毒キノコに言及がなされていない時にも，(22a)は使用可能である．同様に，話し手と聞き手の視野の中にいる特定の男性について，それまでにその人について言及がなされていない状況においても，(22b)を使用することができる．(22)の代用形が指すものは文中にはなく，聞き手と話し手に関わる「場面」に存在している．このような場合，代用形は直示的 (deictic) に使われていると言う．

Hankamer and Sag (1976) および Sag and Hankamer (1984) は，照応を表層照応 (surface anaphora) と深層照応 (deep anaphora) の 2 種類に分けるべきであると主張する．(23)のような状況(場面)を考えよう．(以下，状況は [状況: 〜] で示す.) その状況を見ていた人は(24a)のように言えるが，(24b)のようには言うことはできない．

(23) [状況: Sag succeeds in ripping a phone book in half.]
(24) a. I don't believe it.
b. *I don't believe so.

(24a) の it は場面の出来事に言及できるが，(24b) の so は場面の出来事には言及できない．同様に，(25) の状況で，それを見ている人は (26a, b) のように言えるが，(26c–e) のようには言えない．

(25) [状況: Jorge Hankamer points a gun offstage and fires, whereupon a blood-curdling female scream is heard.]
(26) a. I wonder who she was. (人称代名詞)
b. Jorge, you shouldn't have done it. (do it)

   c. *I wonder who φ. （間接疑問文縮約）
   d. *I wonder who was φ. （動詞句削除）
   e. *Jorge, you shouldn't have φ. （動詞句削除）

なお，one は場面に言及できる．((27), (28) は今西・浅野 (1990, 24).)

(27) ［状況：Mary serving cookies to us］
(28) The smaller ones are delicious.

 Hankamer and Sag (1976), Sag and Hankamer (1984) は，(24a), (26a, b), (28) のように，場面の状況や事物に言及できる照応を，深層照応と呼んでいる．そして (24b), (26c–e) のように場面の状況に言及できない照応を，表層照応と呼んでいる．（前者は「語用論的コントロールを許す照応」，後者は「語用論的コントロールを許さない照応」と呼ばれることもある．）表層照応は文中にその先行詞を必要とし，文の中に先行詞がない時は使用できない．
 さらに，(29) からわかるように，表層照応においては代用形とその先行詞は構造上，平行的になっていなければならないが，深層照応においては代用形とその先行詞は構造上，平行的になっている必要はない．

(29) The children asked to be squirted with the hose, so
   a. *we did φ. (= we squirted them with the hose) （動詞句削除）
   b. they were φ. (= they were squirted with the hose) （動詞句削除）
   c. we did it. (= we squirted them with the hose) (do it)

どのようなものが深層照応になり，どのようなものが表層照応になるのであろうか．Williams (1977) は，NP に支配される代用形が深層照応になることができるとの一般化を示している．そして中村 (1996) は，NP には指示機能があるので場面内の事物に言及できる，と述べている．（NP は DP 仮説では DP (determiner phrase) と表される．以下，DP 仮説を採用する．）

DPに支配される代用形が深層照応になることができるとの一般化は，正しいと思われるが，一見反例と思われるものが2つある．1つは動詞句削除である．Schachter (1977) は，(30) の場面で Mary は (31) のように言うことができ，動詞句削除も場面への言及を許すと述べている．また，Schachter と同様，Chao (1988) も (26e) を話者の感謝の表明という意味（「して下さらなくてもよかったのに」の意）で用いるなら，容認できるので，動詞句削除も状況に言及することができると主張する．

(30) ［状況: John tries to kiss Mary. She says:］
(31) John, you mustn't φ.

しかし Hankamer (1978) は，(31) がこのように使えるのは，強い発話内の力 (illocutionary force) がある時だけであると主張している．同様に，(26e) が純粋に陳述 (statement) の発話内の力しか持っていない時は，容認不可能である．このことは，動詞句削除が表層照応であることを示している．

もう1つは，空補文照応 (null complement anaphora) と呼ばれる現象についてである．空補文照応とは，(32) のような現象である．Hankamer and Sag (1976) は，(33) のような状況で (34) のように言えるので，空補文照応は深層照応であると主張する．

(32) a. We needed somebody to carry the oats down the bin, but nobody volunteered.
b. Sue was attempting to kiss a gorilla, and Harry didn't approve.
(33) ［状況: Two people are disturbed by loud noises of popcorn-eating in adjacent row.］
(34) One to the other: Don't you think we should complain?

空補文照応は (34) の complain のように，DP を補部としてとらない述語でも可能である．したがって，(34) の complain の後に音形のない DP が存在しているとは，主張できない．もし空補文照応が深層照応であるのなら，DP に支配された代用形のみが深層照応となるという一般化は，成

立しなくなる.

　しかし，空補文照応は他の照応と性質を異にしている．1.2節で述べたように，代用形が先行の左側にきた場合には，制限がある．代用形が主文の要素で，先行詞が従属文の要素である場合は，容認不可能になる．しかし空補文照応と呼ばれる場合には，(35a, b)が容認できることからわかるように，そのような制限はない．

　(35)　a.　John succeeded, even though he didn't even try to impress.
　　　　　　　　　　　　　　　　　　　　　　　　(Napoli 1983, 14)
　　　　b.　John did promise, although I still worry whether he is coming.
　　　　　　　　　　　　　　　　　　　　　　　　(*ibid.*)

したがって，空補文照応の現象は他の照応とは別のものとして扱われるべきであろう．空補文照応が他の照応とは別のものであるとすると，DPに支配された代用形だけが深層照応として用いられるという一般化は，そのままの形で成立する．(深層照応，表層照応については，第4章および第II部でもう一度ふれる.) なお，Napoli (1983)は，空補文照応と言われている現象では，動詞は自動詞であり，空の補文が存在するのではなく，動詞の後には何も存在しないと主張する．そして，解釈は推論によって得られると主張している．(中右 (1994, 288–293) も参照されたい.)

1.4　代用形と先行詞の関係 (c統御)

　代用形とその先行詞の関係を捉える場合に重要な概念に，(36)のc統御 (c-command) という概念がある．

　(36)　節点Aを支配する最初の枝分かれ節点がBを支配する場合，A
　　　　はBをc統御する．　　　　　　　　(Reinhart 1983, 18)

(37)でX_4を支配する最初の枝分かれ節点はX_3であり，そしてX_5, X_6, X_7がX_3に支配されており，X_4はX_5, X_6, X_7をc統御する．X_2はX_3に支配されておらず，X_4はX_2をc統御しない．

(37)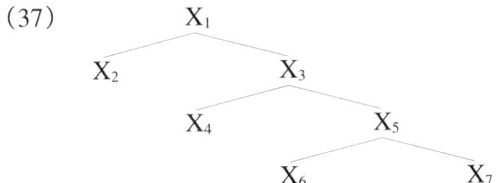

次の (38a) で，Mary と herself は同一指示的である．また，(38b) では Mary's mother と herself は同一指示的である．しかし，この文で (38c) で表したように，Mary と herself は同一指示的ではない．(39a) の樹形図からわかるように，(38a) の herself は [_DP Mary] に c 統御されている．また，(39b) からわかるように，(38b, c) の herself は [_DP Mary's mother] に c 統御されているが，[_DP Mary] には c 統御されていない．(40) のように相互代名詞についても同じことが言える．

(38) a. $Mary_i$ loves $herself_i$.
  b. [Mary's mother]$_i$ loves $herself_i$.
  c. *[Mary's$_i$ mother] loves $herself_i$.

(39)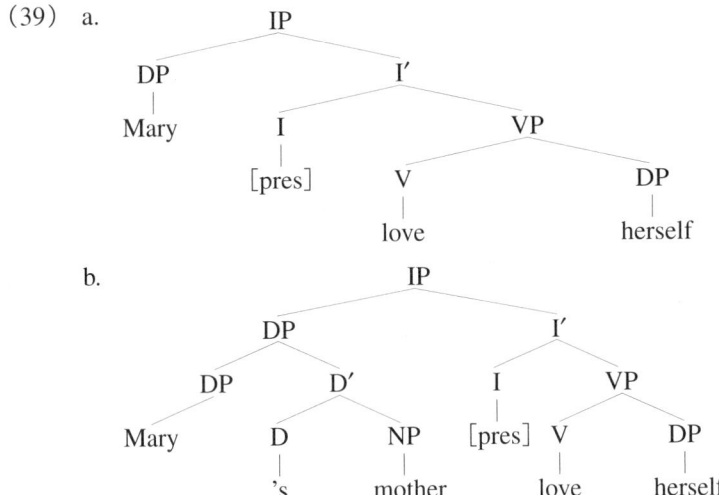

(40) a. [John and Mary's parents]$_i$ love each other$_i$.
   b. *[[John and Mary's]$_i$ parents] love each other$_i$.

次に (5c)((41a) として再掲) を考えよう．(41a) は (41b) のような構造を持つ．

(41) a. *John$_i$ thinks that Mary likes himself$_i$.

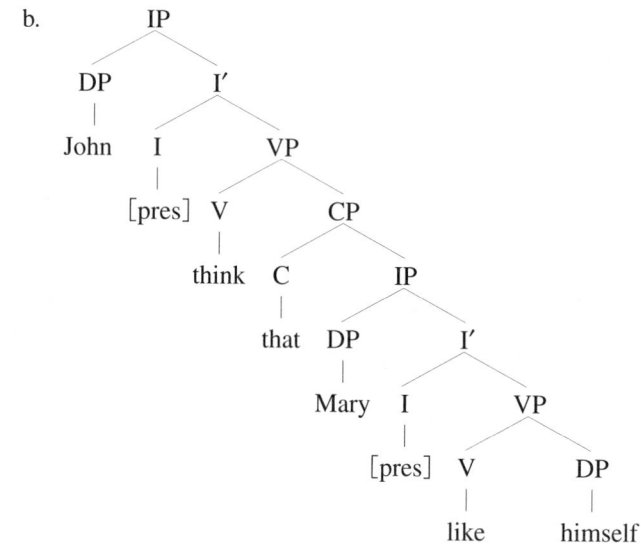
b.

(41b) で himself は Mary に c 統御されている．しかし，himself と Mary とでは性が異なる．したがって，himself の先行詞が Mary であるという解釈は不可能である．himself と John を見てみると，himself は John に c 統御されている．しかし，(41a) で himself の先行詞が John であるという解釈は不可能である．(41b) では himself は従属節の中にあるが，John は主節の中にある．(41b) では himself は，同一節の中では John に c 統御されていない．このことから，(38) と (40) に見られる再帰代名詞，相互代名詞の生起可能性について，(42) のように一般化することができる．

(42) 再帰代名詞/相互代名詞は，同一節の中で先行詞にc統御されなければならない．

1.5 束　　縛

　(41)は，先行詞(すなわち，同一指標が付与されている要素)の概念とc統御の概念という，2つの概念を含んでいる．この2つの概念を(43)のように，束縛する(bind)という1つのもので表す．束縛という概念を使うと，(42)は(44)のように表すことができる．

(43) AがBをc統御し，AとBに同一の指標が付与されている時，AはBを束縛する(bind)と言う．

(44) 再帰代名詞/相互代名詞は，同一節内で束縛されていなければならない．

次章以降で，代名詞，再帰代名詞/相互代名詞，その他の代用形とその先行詞について，束縛という概念を中心に論じる．代用形と先行詞の関係を捉えようとする生成文法の理論を，束縛理論(Binding Theory)と言う．

第2章　照応の特性と理論的意義

2.1　束縛理論成立までの研究史

　照応の問題は，生成文法の枠組みの中で中心的な問題の1つであった．照応についての多くの研究のうち，その後の照応の研究に大きな影響を与えた研究を中心に概観する．（なお2.1節ではDP表記ではなくNP表記を使用することとする．）

2.1.1　同一単文の中にあるか (**Lees and Klima 1963**)

　照応の問題を扱った初期のものに，Lees and Klima (1963) がある．Lees and Klimaがあげる次の文を見よう．(1a) と (1b) の対比からわかるように，1つの単文で，再帰代名詞を使うと左の名詞句と同一指示的であり，代名詞を使うと同一指示的ではない．しかし，(2)–(4) の a, b では，一方は再帰代名詞を使い，一方は代名詞を使っているが，どちらも左の名詞句と同一指示的である．

(1) a. The boys$_i$ looked at themselves$_i$.
　　b. The boys$_i$ looked at them$_j$.
(2) a. I told John$_i$ to protect himself$_i$.
　　b. I$_i$ told John to protect me$_i$.
(3) a. John$_i$ has no control over himself$_i$.
　　b. John$_i$ has no covering over him$_i$.
(4) a. The men$_i$ threw a smoke screen around themselves$_i$.
　　b. The men$_i$ found a smoke screen around them$_i$.

(2a, b) については，それぞれ (5a, b) がその一部として埋め込まれていると考えると，(2a) では再帰代名詞と先行詞は同じ単文の中にあり，(2b) では代名詞と先行詞は同じ単文の中にはないと考えることができる．

(5) a. John protects himself.
    b. John protects me.

しかし，(3a, b)，(4a, b) の場合には一見，その一部として埋め込む単文は存在しないように見える．(3b)，(4b) のような文は，伝統文法でも取り上げられている．Jespersen (1933, 112) は (1a)，(3b)，(4b) と同じような例をあげ，前置詞の後には再帰代名詞を使用するが，前置詞が場所を表す場合は代名詞を使う，と述べている．しかし Jespersen は，前置詞が場所を表す場合はなぜ代名詞を使うのか，説明していない．このことを説明するために Lees and Klima は，(3b) には (6a) のような単文がその一部として埋め込まれていると考える．また，(4b) は，(6b) か (6c) あるいは (6d) のような構造をしていると考える．そうすると，(3a)，(4a) では先行詞と再帰代名詞が1つの単文の中にあり，そして (3b)，(4b) では先行詞は主文の中にあり，代名詞は補文中にある．

(6) a. No covering is over John.
    b. The men found a smoke screen to be around them.
    c. The men found a smoke screen which was around them.
    d. The men found a smoke screen and it was around them.

Lees and Klima は，このように考えると，代名詞，再帰代名詞の分布を (7) の一般原則から導くことができると主張した．(なお (4a, b) のような文については 2.4 節でもう一度取り上げる．)

(7) 1. 再帰代名詞化：2つの同一指示的な名詞句が1つの単文の中にある時，右側の名詞句を再帰代名詞にする．
    2. 代名詞化：2つの同一指示的な名詞句を含む文で，左の名詞句が主文にあり，右の名詞句が補文にある時，右側の名詞句を代名詞にする．

2.1.2 主題階層条件 (**Jackendoff 1972**)

　Lees and Klima の分析の後，Postal (1971) と Jackendoff (1972) が再帰代名詞について重要な知見を加えた．Postal は，(8a, b) と (9a, b) ではどちらも再帰代名詞が先行詞の右側にきているが，(9a, b) は容認不可能であることを明らかにした．Postal は，(9a, b) はそれぞれ，受動化と about 句の前置により派生され，(9c, d) で示すように，その派生の過程で同一指示の 2 つの NP が交差すると述べる．そして Postal は，「その操作により，1 つの NP が同一指示の NP と交差する場合，その変形は適用できない」という「交差の原理」(crossover principle) を提唱した．

(8) a. John$_i$ shaved himself$_i$.
　　 b. I talked to Thmug$_i$ about himself$_i$.
(9) a. *John$_i$ was shaved by himself$_i$.
　　 b. *I talked about Thmug$_i$ to himself$_i$.
　　 c. John$_1$ shaved John$_2$. → John$_2$ was shaved by himself$_1$.
　　 d. I talked to Thmug$_1$ about Thmug$_2$. → I talked about Thmug$_2$ to himself$_1$.

　これに対し，Jackendoff (1972) は θ 役割 (主題役割) に注目した．容認可能な (8a) では，John は動作主 (Agent)，himself は主題 (Theme) となっている．そして容認不可能な (9a) では，その逆になっている．容認可能な (8b) では，Thmug は着点 (Goal)，himself は主題になっており，容認不可能な (9b) では，その逆になっている．そして Jackendoff は，主題階層条件 (Thematic Hierarchy Condition) を提案した．

(10)　主題階層条件:
　　　再帰代名詞はその先行詞より主題階層で上にあってはならない．
　　　　1. 動作主
　　　　2. 場所，起点，着点
　　　　3. 主題

(9a, b) では再帰代名詞はそれぞれ，動作主，着点であり，先行詞は主題であるので，主題階層条件に違反している．(9b) のような文については，

2.5.2 節でもう一度取り上げる．

2.1.3 代名詞化の循環的適用（Ross 1969）

一方，代名詞に関しては，Langacker（1969）と Ross（1969）がその後の照応の研究に大きな影響を与えた．Langacker と Ross は（11b），（12b）のように，代名詞がその先行詞より先行していても容認可能である文について議論している．（（12a, b）は第1章の（8c, d）．）

(11) a. After John Adams$_i$ woke up, he$_i$ was hungry.
  b. After he$_i$ woke up, John Adams$_i$ was hungry.
  c. John Adams$_i$ was hungry after he$_i$ woke up.
  d. *He$_i$ was hungry after John Adams$_i$ woke up.
(12) a. The woman who is to marry Ralph$_i$ will visit him$_i$ tomorrow.
  b. The woman who is to marry him$_i$ will visit Ralph$_i$ tomorrow.

そして Langacker は，次のような統御（command）の概念を用いて代名詞化を説明する．

(13) 節点 A を支配する最初の S 節点が B を支配する場合，A は B を統御する．（ここでの統御の概念と，第1章で述べた c 統御の概念の違いに注意．統御では「最初の S 節点」であり，c 統御では「最初の枝分かれする節点」である．）
(14) NP^p が NP^a に先行し，かつ NP^p が NP^a を統御している時以外は，NP^a は NP^p を代名詞化できる．

(11a, b, c, d) の構造はそれぞれ (15a, b, c, d) である．(15a, c) では，NP^p は NP^a に先行していない．したがって，NP^a は NP^p を代名詞化することができ，(11a, c) を派生することができる．(15b) では NP^p は NP^a に先行しているが NP^a を統御していない．したがって，NP^a は NP^p を代名詞化し，(11b) を派生することができる．(15d) では NP^p は NP^a に先行し，かつ NP^a を統御しているので，NP^a は NP^p を代名詞化できない．したがって，(11d) は容認できない．

(15) a. [$_S$ [$_S$ After John Adams (NP^a) woke up], John Adams (NP^p) was hungry]
b. [$_S$ [$_S$ After John Adams (NP^p) woke up], John Adams (NP^a) was hungry]
c. [$_S$ John Adams (NP^a) was hungry [$_S$ after John Adams (NP^p) woke up]]
d. [$_S$ John Adams (NP^p) was hungry [$_S$ after John Adams (NP^a) woke up]]

Ross もほぼ同様の定式化をしている．そして，代名詞化の規則は循環的に適用されると主張する．Ross が議論している (16a, b) (= 第 1 章 (9c, d)) を見よう．(16a) で realize の主語として Oscar があると考えると，(16a) は (17a) のような構造をしている．代名詞化が循環的に適用すると考えると，S_2 サイクルで代名詞化の規則は S_3 の中の Oscar を he に変える．その結果，(17b) が得られる．次に S_1 サイクルで同一名詞句削除規則 (Equi NP Deletion) を適用し，S_2 の中の Oscar を削除して，(16a) を正しく派生することができる．

(16) a. Realizing that he$_i$ was unpopular didn't disturb Oscar$_i$.
b. *Realizing that Oscar$_i$ was unpopular didn't disturb him$_i$.
(17) a. [$_{S1}$ [$_{S2}$ Oscar's realizing [$_{S3}$ that Oscar was unpopular]] didn't disturb Oscar]
b. [$_{S1}$ [$_{S2}$ Oscar's realizing [$_{S3}$ that he was unpopular]] didn't disturb Oscar]

これに対し，代名詞化の規則を正しく適用して (16b) を派生することはできない．(17a) の S_2 サイクルで，代名詞化の規則に違反して (18a) を生成し，その後 S_1 サイクルで同一名詞句削除を適用したとしよう．しかし，(18b) が容認できないことからわかるように，(17a) から (18a) への派生は許されない．また，S_2 サイクルで代名詞化の規則を適用しない派生 (18c) も，(18d) が容認できないのと同様に，この段階で容認されない．たとえ S_1 サイクルで同一名詞句削除を適用して S_2 の Oscar を削除し，その後一番右の Oscar に代名詞化を適用して (16b) の形を得ても，

Oscar と him は同一指示的になることはできない.

(18) a. [$_{S1}$ [$_{S2}$ his realizing [$_{S3}$ that Oscar was unpopular]] didn't disturb Oscar]
b. *He$_i$ realized that Oscar$_i$ was unpopular.
c. [$_{S1}$ [$_{S2}$ Oscar's realizing [$_{S3}$ that Oscar was unpopular]] didn't disturb Oscar]
d. *Oscar$_i$ realized that Oscar$_i$ was unpopular.

なお, 心理動詞 disturb の目的語と realize の主語が別人物の場合は, (19)のようにrealize の主語位置に音形がある主語がくる. この場合, 代名詞化の規則は (19c) の S$_2$ サイクルでは適用せず, S$_1$ サイクルでのみ適用して (19a, b) を生成することができる.

(19) a. Mary's realizing that he$_i$ was unpopular didn't disturb Oscar$_i$.
b. Mary's realizing that Oscar$_i$ was unpopular didn't disturb him$_i$.
c. [$_{S1}$ [$_{S2}$ Mary's realizing [$_{S3}$ that Oscar was unpopular]] didn't disturb Oscar]

2.1.4 照応の非同一指示条件 (**Lasnik 1976**)

Lees and Klima, Langacker, Ross は, 2つの同一指示の NP があった場合, 代名詞化変形により 1 つの NP が代名詞に変えられる, という立場をとっている. これに対し Lasnik (1976) は, 代名詞は初めから代名詞の形で挿入されると主張する. (20a) のように直示的に使われている代名詞の場合, 代名詞化という操作でNPから変えられたとは考えにくい. (20b) では, they は John と Mary を指す解釈が可能である. この場合, 先行詞は 1 つの NP となっていない. ((20b) のように先行詞が 1 つの構成素をなしていない時, 分離先行詞 (split antecedent) と言う.)

(20) a. She dances well.
b. After John$_i$ talked to Mary$_j$, they$_{i+j}$ left.

さらに (21a, b) のように，1 つの NP がもう 1 つの NP に先行し，かつ統御している場合は代名詞化は義務的であるが，(21c, d) のようにこの条件を満たしていない時は，代名詞化は義務的ではなく，代名詞化を適用しなくても容認可能な文が派生される．代名詞化が，ある場合は義務的で，ある場合は随意的ということであれば，一般化が得られていない．

(21) a. *Oscar$_i$ finally realized that Oscar$_i$ is unpopular.
b. Oscar$_i$ finally realized that he$_i$ is unpopular.
c. That Oscar$_i$ is unpopular was finally realized by Oscar$_i$.
d. People who know Nixon$_i$ hate Nixon$_i$.

このような観点から，Lasnik は，代名詞は初めから代名詞の形で挿入されると主張する．さらに Lasnik は，照応の本質は，どのような場合に同一指示が可能かということにあるのではなくて，どのような場合に同一指示が不可能かということにあると主張する．これは従来の Lees and Klima 以来の，NP がどのような時に代名詞に変えられるかという考え方を，根本的に転換したものである．

さらに Lasnik は，(22a) のような文は統御の概念では説明できないと述べる．(22a) においても (22b) においても his / he は John に先行し，かつ John を統御している．しかし，(22a) と (22b) の間では容認可能性に違いがある．(22a) は，Langaker および Ross の定式化では容認不可能になるはずであるが，容認可能である．(22a) と (22b) を比べると，(22b) においては he が主語であるが，(22a) においては his は his mother という NP の一部となっている．

(22) a. [$_{NP}$ His$_i$ mother] loves John$_i$.
b. *He$_i$ loves [$_{NP}$ John's$_i$ mother].

このことを説明するため，Lasnik は統御の代わりに，kommand（k 統御）という概念を導入した．そして，照応の非同一指示条件を kommand という概念を使って (24) のように表した．

(23) 節点 A を支配する最初の循環節点が B を支配する場合，A は B を kommand（k 統御）する．

(24) NP_1 が NP_2 に先行し，かつ NP_1 が NP_2 を kommand し，そして NP_2 が代名詞でない時，NP_1 と NP_2 は非同一指示的である．

循環節点は S と NP である．kommand は (13) の command（統御）の定義のうち，「A を支配する最初の S 節点」を「A を支配する最初の S 節点あるいは NP 節点」に変更したものである．

(22a) で his は John を kommand していないので，(24) により，容認可能とされる．これに対し，(22b) では he は John に先行し，かつ John を kommand しているので，容認不可能である．(21a) では左の Oscar が右の Oscar を kommand し，かつ先行しているので，容認不可能である．(21b) では左の Oscar は he を kommand し，先行しているが，he (NP_2) は代名詞であるので，容認可能となる．(21c, d) においては左の Oscar, Nixon はそれぞれ右の Oscar, Nixon を kommand していないので容認可能となる．(24) は，「指示表現は同一指示的な NP に kommand され，かつ先行されてはならない」とする規定である．

2.1.5　先行条件を廃して，c 統御条件（Reinhart 1983）

Lees and Klima, Langacker / Ross および Lasnik の定式化には，「右側」あるいは「先行する」という規定が入っている．これに対し Reinhart (1983) は，代名詞の照応を捉える定式化に「先行」という概念は不要である，と主張する．また，(25) のような文についての事実は，先行および統御 / kommand という条件では説明できないと主張する．(25a) では，代名詞 him は指示表現 Dan に先行し，かつ Dan を統御 / kommand しているが，him と Dan が同一指示的である解釈は可能である．逆に (25b) では，代名詞 he は Dan に先行していないが，he と Dan が同一指示的である解釈は不可能である．

(25)　a.　Near him$_i$, Dan$_i$ saw a snake.
　　　　b.　*Near Dan$_i$, he$_i$ saw a snake.

    c. *Near Dan$_i$, Dan$_i$ saw a snake.

Reinhartはc統御の概念を (26) のように定義し，(27) の原則を立てた．

 (26) 節点 A を支配する最初の枝分かれ節点が B を支配する場合，A は B を c 統御する．（A を支配する最初の枝分かれ節点 α_1 が B を支配している節点 α_2 に直接支配されていて，かつ α_1 と α_2 が同一タイプの範疇である場合も，A は B を c 統御すると考える．）

 (27) ある NP は，その c 統御領域にあるすべての NP（ただし代名詞は除く）と非同一指示的と解釈される．（A の c 統御領域とは，A によって c 統御されるすべての節点を言う．）

 (25a) では (28a) で示すように，Dan は him を c 統御している．（S と S′ は同一タイプの範疇とされる．）him は Dan の c 統御領域の中にあるが，him は代名詞であり，(27) の適用を受けない．また，Dan は him に c 統御されていないので，Dan は him の c 統御領域の中になく，(25a) は (27) により容認可能とされる．(25b) では (28b) に示すように，Dan は he に c 統御されているので，Dan は he の c 統御領域の中にあり，(25b) の he と Dan は非同一指示的とされる．(25c) では左の Dan が 2 番目の Dan に c 統御されているので，2 つの Dan は非同一指示的とされる．

 (28) a.

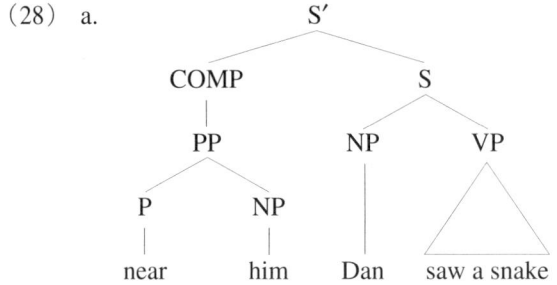

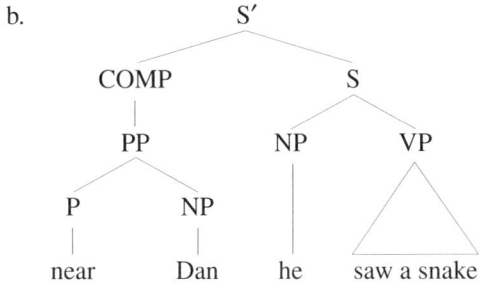

(27) は，「代名詞や指示表現が指示表現を c 統御すると，代名詞 / 指示表現は指示表現と同一指示的になることはできない」——別の言葉で言うと，「ある指示表現が代名詞あるいは指示表現に c 統御されると，その代名詞 / 指示表現と同一指示的になることはできない」という規定である．なお Reinhart は，(29) のような前置された従属節は，S′ より上位の別の範疇タイプの E (Expression. これは Banfield (1973) が提唱したもの) に支配されているので，(29a, b) の when 節の中の she, Rosa は主文の主語に c 統御されない，と主張する．(29c, d) とも (27) の条件に抵触せず，容認可能とされる．上記の (11a, b) についても同じことが言える．

(29) a. When she$_i$ finishes school, Rosa$_i$ will go to London.
b. When Rosa$_i$ finishes school, she$_i$ will go to London.
c. [$_E$ [when she finishes school] [$_{S'}$ [$_S$ Rosa will go to London]]]
d. [$_E$ [when Rosa finishes school] [$_{S'}$ [$_S$ she will go to London]]]

2.2 束縛原理

束縛理論の集大成として Chomsky (1981) は束縛原理 (Binding Principle) を (30) のように定式化した．

(30) A. 照応形は，その統率範疇の中で束縛されていなければならない．
B. 代名詞類は，その統率範疇の中で自由でなければならない．
C. 指示表現は自由でなければならない．

再帰代名詞と相互代名詞は，固有の指示を持つことができず，義務的に先行詞を必要とする．このようなものを照応形 (anaphor) と言う．統率範

疇 (governing category) とは，照応形，代名詞類を含む最小の DP あるいは IP である．(なお Chomsky (1981, 188) の定式化では，統率範疇の定義に統率子 (governor) の概念が含まれている．統率子については 2.2.4 節でふれる．)「自由」とは「束縛されていない」ということである．(30A, B, C) について順に説明する．

2.2.1 束縛原理 A

(31) は，統率範疇が再帰代名詞を含む最小の IP の場合である．実質，第 1 章 1.4 節での説明と同じであるので，(31) に関し，(30A) の予測が正しいということを確認されたい．

(31) a. [$_{IP}$ John$_i$ hurt himself$_i$].
 b. *John$_i$ said that [$_{IP}$ Mary hurt himself$_i$].
 c. [$_{IP}$ [$_{DP}$ John's teacher]$_i$ hurt himself$_i$].
 d. *[$_{IP}$ [$_{DP}$ John's$_i$ teacher] hurt himself$_i$].

(32) は，統率範疇が再帰代名詞を含む最小の DP である場合である．(32c) で示したように，(32a) の himself はそれを含む最小の DP の中で，Bill に束縛されている．これに対し (32b) では，John は himself を含む最小の DP の外にあり，himself はそれを含む最小の DP の中で束縛されていない．それゆえ，(32b) は容認不可能とされる．

(32) a. John likes [$_{DP}$ Bill's$_i$ story about himself$_i$].
 b. *John$_i$ likes [$_{DP}$ Bill's story about himself$_i$].
 c.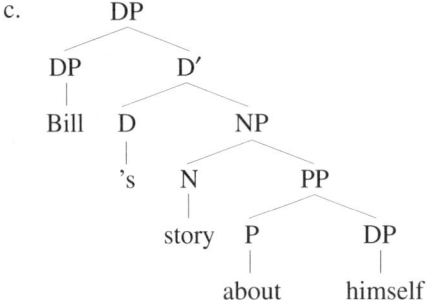

2.2.2　束縛原理 B

次に，代名詞の例を見よう．(33a) では，him はそれを含む最小の IP の中で John に束縛されており，束縛原理 B に違反する．(33b) では the boy は he を束縛しているが，the boy は he を含む最小の IP の外にある．したがって he はその統率範疇の中では束縛されていないので，(33b) は容認可能である．代名詞は束縛されないかぎり，自由に指標を持つことができる．(33b) のように the boy と同一の指標を持つことができるし，(33c) のように the boy とは別の指標を持つこともできる．(33d, e) の him は，Nixon に c 統御されていない．(33f, g) の he / him においても，John に c 統御されていない．以上は，統率範疇が IP である場合である．統率範疇が DP である場合は 2.2.4 節でふれる．

(33)　a.　*[$_{IP}$ John$_i$ hurt him$_i$].
　　　b.　[The boy]$_i$ thinks [$_{IP}$ he$_i$ is honest].
　　　c.　[The boy]$_i$ thinks [$_{IP}$ he$_j$ is honest].
　　　d.　[Everyone [$_{CP}$ who [$_{IP}$ *t* knows him$_i$]]] hates Nixon$_i$.
　　　e.　[Everyone [$_{CP}$ who [$_{IP}$ *t* knows Nixon$_i$]]] hates him$_i$.
　　　f.　[$_{CP}$ That [$_{IP}$ he$_i$ was blond]] worried John$_i$.
　　　　　　　　　　　　　　　　　　　（Kuno and Takami 1993, 156）
　　　g.　[$_{CP}$ That [$_{IP}$ John$_i$ was blond]] worried him$_i$.　　(*ibid.*)

2.2.3　束縛原理 C

次に，束縛原理 C を見よう．(34a) で，右の Oscar は左の Oscar に束縛されているので，束縛原理 C に違反する．(34b) の Oscar も he に束縛されている．(34c, d) においても，補文の主語の Oscar はそれぞれ主文の Oscar, he に束縛されている．束縛原理 C には「その統率範疇の中で」という限定がついていないため，(34c) の左の Oscar と (33d) の he は補文の外にあるが，束縛原理 C の違反となる．(34e) の 2 つの Nixon は，どちらももう 1 つの Nixon に c 統御されておらず，束縛原理 C に違反していない．(34f) についても同じ説明ができる．

(34)　a.　*Oscar$_i$ loves Oscar's$_i$ mother.

b. *He$_i$ loves Oscar's$_i$ mother.
c. *Oscar$_i$ realized that [$_{IP}$ Oscar$_i$ was unpopular].
d. *He$_i$ realized that [$_{IP}$ Oscar$_i$ was unpopular].
e. Everyone [$_{CP}$ who [$_{IP}$ t knows Nixon$_i$] hates Nixon$_i$.
f. [$_{CP}$ That [$_{IP}$ Harry$_i$ won the race]] really surprised Harry$_i$.
(Lasnik 1976, 5)

2.2.4 統率範疇

 (35a) のように，ECM (Exceptional Case Marking) 動詞 (例外的格付与動詞) の補文の主語位置には，再帰代名詞が生起することができる．また，(35b) のように補文の主語が代名詞の場合，主文の主語と非同一指示的となる．統率範疇が，照応形，代名詞を含む最小の DP あるいは IP であるとしたら，(35a) では himself は John に IP の中で束縛されておらず，容認不可能になるはずである．(35b) においても，him は IP の中で自由であるから，容認可能になるはずである．このように，統率範疇が照応形，代名詞を含む最小の DP あるいは IP であるとすると，(35a, b) についての事実に適切な説明を与えることができない．Chomsky (1981, 188) はこの事実を説明するため，統率範疇を (36) のように定義する．

(35) a. John$_i$ believes [$_{IP}$ himself$_i$ to be honest].
b. *John$_i$ believes [$_{IP}$ him$_i$ to be honest].

(36) α に対する統率範疇は，α と α の統率子 (governor) を含む最小の IP あるいは DP である (統率子は V, N, A, P および AGR(eement) を含む INFL(ection))．

ECM 動詞の場合は，主文の動詞が補文の主語に対する統率子となる．したがって，(36) の定義を使うと，(35) の文全体が himself, him に対する統率範疇となり，(35) の事実が正しく説明できる．

 統率範疇を (36) のように考えると，(37a) が容認不可能であることを説明できる．about が himself に対する統率子であり，[$_{DP}$ Bill's story about himself] が統率範疇となる．(37a) は himself が統率範疇の中で John に束縛されておらず，himself と John が同一指示的という解釈は許されな

い．しかし，この説明では（37b）が容認不可能であることを予測する．himself の先行詞 John は DP の外にあり，himself は統率範疇の中で束縛されていないからである．しかし（37b）は容認可能である．

(37) a. *John_i likes [_DP Bill's story about himself_i]. (=(32b))
b. John_i likes [_DP stories about himself_i].

(37a) と（37b）の違いは，(37a) の場合，再帰代名詞を束縛する可能性があるもの（himself を c 統御する DP，すわなち Bill）が DP の中にあるのに対し，(37b) の場合は，束縛する可能性があるものは主文にあることである．そして Chomsky and Lasnik (1993) は，統率範疇を（38）のように定義し直す．

(38) αに対する統率範疇は，αとαの統率子を含み，その中でαに対する束縛原理が原理的に満たされうる最小の完全機能複合である．（ある主要部と整合するすべての文法機能を含む投射を，完全機能複合（Complete Functional Complex）と言う．）

(37b) の DP の中には himself を束縛する可能性があるものはなく，himself に対する束縛原理が原理的に満たされることができない．したがって，DP は統率範疇とはならない．(37b) で himself に対する統率範疇は主文まで拡張され，(37b) を正しく説明できる．

次に，代名詞が DP の中にある場合を考えよう．代名詞は，照応形とは違って，束縛するものが不要である．したがって，代名詞の場合，代名詞とその統率子を含む最小の完全機能複合が，いつでも「その中で束縛原理が満たされる最小の完全機能複合」となる．(39a, b) では，DP が統率範疇となる．(39a) では，him は Bill に束縛されていない．(39b) では，him は John に束縛されており，容認不可能である．

(39) a. John_i likes [_DP Bill's story about him_i].
b. *I like [_DP John's_i story about him_i].

次に，(40) を考えよう．(40) は容認可能である．(37b) も容認可能であり，照応形と代名詞が同じ環境に生起していることに注意されたい．

(40)　John$_i$ likes [$_{DP}$ stories about him$_i$].

(37b)と(40)を考えるために，(41a, b)を考えよう．(41a, b)には容認可能性に違いがある．(41a, b)を，(42a, b)のようにstoryの主語が表現されている場合と比べてみよう．(42)のようにmyがついている場合は，話をした人は「私」である．しかし，(41a, b)のようにstoryに所有格がついていない場合は，(41a)のようにhearの場合は誰か他の人がした話を聞くこともあるが，(41b)のようにtellの場合は，自分がした話を話す (cf. Chomsky 1993, 217fn.)．

(41)　a.　They$_i$ heard [$_{DP}$ stories about them$_i$].
　　　　　　　　　　　　　　　　(Chomsky 1986, 167)
　　　 b.　*They$_i$ told [$_{DP}$ stories about them$_i$].　　(*ibid.*, 166)
(42)　a.　They$_i$ heard [$_{DP}$ my stories about them$_i$].　　(*ibid.*)
　　　 b.　They$_i$ told [$_{DP}$ my stories about them$_i$].　　(*ibid.*, 167)

このことを表すため，Chomsky (1986, 167) はこのような場合に，音形のない主語のPROを設定する．なお(43c)で，他の人がした話の場合でもeach otherが可能であるので，Chomskyは，PROは随意的であるとしている．

(43)　a.　They$_i$ heard [$_{DP}$ PRO$_j$ stories about them$_i$].
　　　 b.　*They$_i$ told [$_{DP}$ PRO$_i$ stories about them$_i$].
　　　 c.　They$_i$ heard [$_{DP}$ stories about each other$_i$].

(43a, b) ともDPが主語 (PRO) を持つので，DPは完全機能複合である．(43a)で指標で示したように，彼らが他の人がした話を聞いた場合であるとしよう．代名詞themはDPの中で自由であり，(43a)は容認可能とされる．これに対し，(43b)のtellの場合は，代名詞はDPの中で束縛されており，(43b)は容認不可能とされる．(40)においてもDPにPROを設定すれば，PROは完全機能複合となる．(40)でhimとJohnが同一指示的である場合は，John以外の他の人がした話となる (*cf.* Chomsky and Lasnik 1993, 103)．

次に (44a, b) のように，照応形，代名詞が所有格である場合を考えよう．(44a) では，照応形の先行詞となる可能性があるものは DP の中にはなく，統率範疇は IP となる．これに対し (44b) は，代名詞の場合であり，統率範疇は DP となる．代名詞は DP の中で自由であり，指標を自由に持つことができる．

(44) a. The children$_i$ like [$_{DP}$ each other's$_i$ friends].
　　 b. The children$_i$ like [$_{DP}$ their$_{i/j}$ friends].

次に，(45a, b) を考えよう．(45a) の場合，DP の中にも補文の IP の中にも，herself の先行詞となりうるものはない．したがって，herself に対する束縛原理が原理的に適用される完全機能複合は，主文となる．主文の中で herself は Mary に束縛され，(45a) は容認可能とされる．(45b) では，もし DP の中に PRO を設定すると，DP が最小の完全機能複合となる．PRO を設定しないと，補文の IP が最小の完全機能複合となる．いずれの場合も，代名詞はその中で束縛されておらず，容認可能とされる．

(45) a. Mary$_i$ thinks [$_{IP}$ [$_{DP}$ pictures of herself$_i$] are on display].
　　 b. Mary$_i$ thinks [$_{IP}$ [$_{DP}$ pictures of her$_i$] are on display].

2.2.5 再帰代名詞と相互代名詞

次に，(46) を考えよう．IP の中には himself を束縛するものがない．したがって，(38) の定義では統率範疇は主文まで拡大されるはずである．主文が統率範疇であれば，himself は統率範疇の中で John に束縛されており，束縛原理 A は (46) が容認可能であることを予測する．しかし (46) は容認不可能である．

(46) *John$_i$ believes [$_{IP}$ himself$_i$ is clever].

したがって，Chomsky and Lasnik (1993) は (46) が容認不可能であることを，束縛原理 A 以外の別な要因に求める．Chomsky and Lasnik は，再帰代名詞はその先行詞と一致 (agree) しなければならない要素である，と主張する．そして，再帰代名詞が先行詞の近くに移動することにより，

一致が行なわれるとする．(46) で，一致のために再帰代名詞が John の近くまで移動すると，その痕跡は適正統率 (proper government) されないので，(46) は容認できない．以上が Chomsky and Lasnik の説明である．

　Lebeaux (1983) は，再帰代名詞と相互代名詞の分布の違いを明らかにした．(47a) と (47b) では，明らかに容認可能性に違いがある．また，一般に (48a) のように，定型文の主語位置に相互代名詞が生起した場合，容認可能性が下がるが，Lebeaux は，(49a) のように定型文の主語にきても，容認可能性が下がらない文があることを指摘している．しかし，(49a) に対応する再帰代名詞を含む (49b) は，容認不可能である．また，Reuland and Everaert (2001, 639) も (50a, b) のように同様の観察をしている．

(47) a.　It would please the boys$_i$ very much for each other$_i$ to win.
　　　b.　??It would please John$_i$ very much for himself$_i$ to win.
(48) a.　??[John and Mary]$_i$ think that each other$_i$ are geniuses.
　　　b.　**John$_i$ thinks that himself$_i$ will win.
(49) a.　[John and Mary]$_i$ didn't know what each other$_i$ had done.
　　　b.　*John$_i$ didn't know what himself$_i$ had done.
(50) a.　?[John and Mary]$_i$ didn't think that each other$_i$ would leave early.
　　　b.　*[John and Mary]$_i$ didn't think that themselves$_i$ would leave early.

Lebeaux (1983, 725) は，「相互代名詞は束縛原理に従う．再帰代名詞は束縛原理に従い，かつ適正統率されなければならない」と述べる．

　再帰代名詞と相互代名詞の生起可能性の相違は，(47)–(50) のような場合の他に，(51a, b) のような照応形が所有格の場合にも見られる．

(51) a.　The children$_i$ like [$_{DP}$ each other's$_i$ friends]．(= (44 a))
　　　b.　*John$_i$ likes [$_{DP}$ himself's$_i$ friends]．

ミニマリスト・プログラム (Minimalist Program) では，統率という概念

は破棄されている．(47)–(50) のような再帰代名詞が主格の場合，そして (51b) のような再帰代名詞が所有格の場合に，再帰代名詞の格照合と再帰代名詞の先行詞との一致の両立を許さないようなメカニズムが必要である．定式化は将来の課題としたい．なお，(51b) については Oku (1999) が別のアプローチで説明を試みている．

2.2.6　ミニマリスト・プログラムにおける束縛原理

ミニマリスト・プログラムでは，それまでの理論に多くの点で変更が加えられ，新しい考え方が導入されている．その1つとして，包括性の条件 (inclusion constraint) が提案されている．包括性の条件は，統語操作で用いることのできる要素は語彙項目に含まれる要素に限られるとし，操作の途中で新しい要素，素性を加えることを禁止する条件である．(30) の束縛原理には，束縛（同一指標を付与された要素による c 統御）という概念が含まれている．そして，それが扱う (31)–(34) には指標が付与されている．Chomsky (1993, 217 fn. 53) が述べるように，指標は要素間の関係を述べるものであり，それ自体の独立した実体はない．したがって，語彙項目に含まれる要素ではない素性を統語操作の途中で加えることは，包括性の条件に違反する．

Chomsky (1993) は，束縛原理を (52) のように定式化している．(30) と (51) の持つ理論的性質については，Freiden (1997, 148) を参照されたい．

(52)　A.　もし α が照応形であるならば，領域 D において α を c 統御する句と同一指示的であると解釈せよ．
　　　B.　もし α が代名詞類であるならば，領域 D において α を c 統御するすべての句と非同一指示的であると解釈せよ．
　　　C.　もし α が指示表現であるならば，α を c 統御するすべての句と非同一指示的であると解釈せよ．

2.3　束縛原理の適用レベル

束縛原理は，文法表示のどのレベルで適応されるのであろうか．本節で

は，束縛原理が適応されるレベルについて検討する．

2.3.1 LF で適用

Chomsky (1993) は，すべての条件はインターフェイスで適用する，と主張する．そうすると，束縛原理もインターフェイスで適用することとなる．従来，(53) のような文をもとに，束縛原理は LF (Logical Form: 論理形式) ではなく，S 構造で適用されると考えられてきた．(53) では，he と John とが同一指示的となる解釈は不可能である．この事実は，束縛原理が S 構造で適用されると考えると説明できる，というのが従来の考えである．

(53) *Who said he$_i$ liked how many pictures that John$_i$ took?

議論は次のように進む．(54a) では，he は John を c 統御しているので，he と John は同一指示的ではない．また，(54b) では he は John を c 統御していないので，he と John が同一指示的である解釈が可能である．従来，顕在的統語部門で移動されなかった wh 句は，LF で移動されると考えられてきたので，(53) の LF は (55) のようになると考えられてきた．そして (55) では，(54b) と同じように he は John を c 統御していない．したがって，束縛原理が LF で適用されると考えると，(53) で he と John とが同一指示的となる可能性を許す．このような議論から，束縛原理は S 構造で適用されるべきであると考えられてきた．

(54) a. *You said he$_i$ liked the pictures that John$_i$ took.
b. [How many pictures that John$_i$ took]$_j$ did you say he$_i$ liked t_j?
(55) [$_{CP}$ [[$_{DP}$ how many pictures that John took]$_j$ who$_i$] [$_{IP}$ t_i said he liked t_j]]

これに対し，Chomsky (1993) は，顕在的統語部門で移動されなかった wh 句全体が LF で移動されるという仮定が，正しくないかもしれないと述べる．(53) の文で尋ねているのは，who の部分と how many の部分

だけである．したがって，LF で移動されるのは how many pictures that John took 全体ではなく，how many だけであると考えることができる．そうすると，(53) の LF は (56) になる．(56) では he は John を c 統御しており，束縛原理が LF で適用されても正しい結果が得られる．

(56) [$_{CP}$ [[how many]$_j$ who$_i$] [$_{IP}$ t_i said he liked [[$_{DP}$ t_j pictures] that John took]]]

また，(57a, b) のような文を考えよう．(57a) は同格節を含む文であり，(57b) は関係詞節を含む文である．同格節と関係詞節とでは，埋め込みに関して束縛に影響するほど大きな違いはない．しかし (57a) の場合，he と John が同一指示的である解釈は不可能であるが，(57b) の場合，he と John が同一指示的である解釈は可能である．

(57) a. *Which claim that John$_i$ was asleep was he$_i$ willing to discuss?
b. Which claim that John$_i$ made was he$_i$ willing to discuss?

束縛原理 C が，wh 移動の後の位置に言及して適用されるとしたら，その段階では (58a, b) で示すように，John は he に c 統御されておらず，(57a, b) とも he と John が同一指示的である解釈は可能になるはずである．逆に，束縛原理 C が wh 句の移動前の位置に言及して適用されるとしたら，その段階では (58c, d) で示すように John は he に c 統御されており，(57a, b) とも，he と John が同一指示的である解釈は不可能なはずである．

(58) a. [$_{CP}$ [which claim that John was asleep]$_j$ [$_{C'}$ was [$_{IP}$ he willing to discuss t_j]]]
b. [$_{CP}$ [which claim that John made]$_j$ [$_{C'}$ was [$_{IP}$ he willing to discuss t_j]]]
c. he was willing to discuss [which claim that John was asleep]
d. he was willing to discuss [which claim that John made]

Chomsky はこのパラドックスを，次のように解決する．痕跡は移動された要素のコピーであるとする，「コピー理論」(copy theory of movement) を採用する．(コピー理論については，本シリーズ第 3 巻『文の構造』の第 2 章 2.6 節も参照されたい．) コピー理論によれば，(59a) の wh 移動後の構造は (59b) ではなく，(59c) と考えられる．なお Chomsky (1993) は LF における相補削除など，LF での操作について述べているが，それらについては省略する．

(59) a. Which book did John read?
b. [CP [DP which book] did John read *t*]
c. [CP [DP which book] did John read [DP which book]]

さらに Chomsky は，Lebeaux (1988) に従い，補部は厳密循環条件 (strict cycle condition) に従って挿入されていくが，関係詞節など付加詞は厳密循環条件に従わなくてもよく，派生の途中でも挿入されることができると考える．(57a) の同格節は補部であり，wh 移動の前に挿入されなければならない．(57a) の wh 移動後の構造は，(60a) となる．一方，(57b) の関係詞節は付加詞であり，移動された後の which claim に付加されることができる．(60b) のように which claim が移動された後に，移動された which claim に that John made を付加して (60c) が得られる．

(60) a. [CP [DP which claim that John was asleep] [C' was [IP he willing to discuss [DP which claim [that John was asleep]]]]]
b. [CP [DP which claim] [C' was [IP he willing to discuss [DP which claim]]]]
c. [CP [DP which claim [that John made]] [C' was [IP he willing to discuss [DP which claim]]]]

(60a) では，右の John は he に c 統御されているが，(60c) では John は he に c 統御されていない．このことから，束縛原理 C が LF で適用されると考えても正しい結果を得ることができる．

また，Lebeaux (1991) は，(61) のような前置詞句も (57b) のような関係詞節と同じ性質を示すことを明らかにしている．このことも，付加詞

と補部の区別が重要であることを示している．

(61)　Which picture near John$_i$ did he$_i$ take t?

なお (62a, b) のような話題化 (topicalization) の場合は，指示表現が補部の中にある時も容認できる．話題化と wh 疑問文の照応の違いをどう説明するかは，将来の課題である．

(62)　a.　The rumor that John$_i$ stole the money, he$_i$ has always denied.

　　　　　　　　　　　　　　　　　　　　　　　　　（Guéron 1984, 150）

　　　b.　That John$_i$ passed the exam, he$_i$ (already) knows.

　　　　　　　　　　　　　　　　　　　　　　　　　（Saito 1991, 485）

2.3.2　A 移動の再構築

以上のように Chomsky は，束縛原理は LF で適用されると主張する．一方，Lebeaux (1991; 1998) は，束縛原理 A は LF で適用されるが，束縛原理 B と束縛原理 C は派生のすべての段階で適用されると主張する．

　束縛原理 A と束縛原理 C で適用レベルが異なるのは，束縛原理 A と束縛原理 C の性質の違いによる，と Lebeaux は述べる．束縛原理 A は，照応形とその先行詞が同一指示的である構造を許す，「肯定的な」条件である．そして束縛原理 C は，指示表現が他の名詞句と同一指示的であることを排除する，「否定的な」条件である．束縛原理 A は，派生のどこかで同一指標の条件を満たせばよい肯定的条件であり，束縛原理 C は，派生のどこにおいても同一指標の条件を満たしてはいけない否定的条件である．この束縛原理 A と束縛原理 C の性質の違いを念頭に，Lebeaux の説明を見てみよう．

　まず束縛原理 A を考えよう．上記のように Chomsky は wh 移動の場合，コピー理論により再構築の効果を得る．しかし A 移動の場合は，移動されたものが元の位置に戻されると考えることはできないとされてきた．(63a) で，もし the claim that John was asleep が痕跡の位置にあると考えると，束縛原理 C により (63b) と同様，John と him は同一指示的にはならないはずである．しかし，(63a) で John と him が同一指示的

である解釈は可能である．したがって，A移動の場合は再構築されないと考えられるべきであるとされてきたのである．（なお (63b) で，to の目的語 him は補文を c 統御すると考えられる．前置詞の目的語の c 統御については，2.5.1 節でふれる．）

(63) a. [$_{DP}$ The claim that John$_i$ was asleep]$_j$ seems to him$_i$ [$_{IP}$ t_j to be correct].
 b. *It seems to him$_i$ [$_{CP}$ that [$_{DP}$ the claim that John$_i$ was asleep] is correct].

しかし Lebeaux (1991; 1998) は，A′ 移動だけでなく，A 移動でも再構築されると主張する．そして Lebeaux は，移動された要素は，LF で連鎖 (chain) の一番初めの位置に必ず戻らなければならないというのではなく，連鎖の中のある 1 つの位置を占めると解釈される，と主張する．

次の (64a, b) を比べよう．(64a) は，two women が広いスコープを持つ読み ("There are two women who dance with every senator.") と，every senator が広いスコープを持つ読み ("Every senator has two women who dance with them — not necessarily the same two women.") の両方を持つ．しかし (64b) では，two women が広いスコープを持つ読みしか許されない．

(64) a. Two women$_i$ seem [$_{IP}$ to be expected [$_{IP}$ t_i to dance with every senator]].
 b. Two women$_i$ seem [to each other] [$_{IP}$ t_i to be expected [$_{IP}$ t_i to dance with every senator]].

(64a) で every senator が広いスコープを持つ読みを得るには，(65a) のように two women をその移動前の位置に戻して解釈しなければならない．しかし，(64b) について同じように再構築をして (65b) を得ると，each other が two women に c 統御されなくなる．(64b) の照応形 each other の正しい解釈を得るには，two women が主文の主語の位置を占めていなければならない．したがって，(64b) では two women が広いスコープを持つ読みしか許されない．(64a) と (64b) の対比を説明するためには，A

移動についても再構築されると考えるべきである，と Lebeaux は述べる．

(65) a. *e* seem [IP *e* to be expected [IP two women to dance with every senator]]
b. *e* seems [to each other] [IP *e* to be expected [IP two women to dance with every senator]]

従来，A 移動の場合は再構築されないと考えられてきたのは，1 つには (63a) のような文があるためであり，もう 1 つには (66a) のような文が容認不可能であるためであった．Lebeaux の (63a) の取り扱いについては 2.3.3 節で述べることとし，(66a) を先に取り上げる．もし himself が再構築されて (66b) のように移動前の位置まで戻されると，himself は John に c 統御されるので，この文は容認可能になるはずである．((66b) は Belletti and Rizzi (1988) の心理動詞の分析を採用している．) しかし (66a) は容認できないので，A 移動は再構築されないと主張されることもあった．

(66) a. *Himself seems to please John.
b. *e* seems [IP *e* to [VP [V' please himself] John]]]

これに対し Lebeaux は，(66a) が容認不可能であるのは，John が himself に c 統御されており，束縛原理 C に違反しているからであると言う．すなわち，(66a) が容認不可能であることは，A 移動の場合に再構築されてはならないという証拠にならない．このことは，(67) のように照応形が名詞句の一部である場合は容認可能になることからうかがえる．

(67) [DP Each other's parents] seem to please the two boys.

また，A 移動の再構築に反対する理由として，(68) のような文で John が再構築されると，himself が John に c 統御されなくなるというものがあった．これについて Lebeaux は，再構築は，移動された DP を義務的に移動前の位置まで戻さなければならない (must) というのではなく，移動された DP を痕跡の 1 つに戻してもよい (may) 操作である，と述べる．John は (68) の位置で himself を c 統御しているので，問題はない．

(68) John seems to himself [_IP_ *t* to like Mary].

2.3.3　束縛原理 C の適用レベル

次に，束縛原理 C の適用レベルはどこであるのか考えてみよう．Lasnik and Uriagereka (1988) は，(69a) のような指示表現が代名詞に束縛される場合は，(69b) のような指示表現が指示表現に束縛される場合より，はるかに容認度が下がると述べている．そして Lebeaux (1991; 1998) は，(69c, d) においても容認可能性に同様な違いがあると述べている．(69c, d) は (69a, b) と同じように説明されるべきであろう．(69c, d) の he, John が連鎖の 1 つの位置に再構築されると，(69e, f) は (69c, d) の LF の 1 つとして可能なものとなる．

(69)　a. ** He$_i$ can't stand John's$_i$ teacher.
　　　b. * John$_i$ can't stand John's$_i$ teacher.
　　　c. * He$_i$ seems to John's$_i$ mother *t* to be expected *t* to win.
　　　d. ?? John$_i$ seems to John's$_i$ mother *t* to be expected *t* to win.
　　　e. *e* seems [to John's mother] [_IP_ *e* to be expected [_IP_ he to win]]
　　　f. *e* seems [to John's mother] [_IP_ *e* to be expected [_IP_ John to win]]

(69e, f) とも，束縛原理のどれにも違反していない．しかし，(69c, d) は程度の違いはあるが，容認不可能である．したがって，束縛原理 C が LF でのみ適用されるという仮定は，正しくないということになる．Lebeaux は，束縛原理 C は派生のすべての段階で適用されると主張する．そうすると (69c, d) は，LF の前のこの段階で束縛原理 C により排除される．

次に (70a, b) の文法性の対比について考えよう．(70a) では，he は every student に束縛されている．(数量詞に束縛される代名詞は束縛代名詞 (bound pronoun) と呼ばれる．第 4 章で扱う．) また，she と Bresnan が同一指示的である解釈は可能である．(70b) ではそのような解釈は不可能である．

(70) a. [$_{DP}$ Which paper that he$_i$ gave to Bresnan$_j$]$_k$ did every student$_i$ think t_{k1} that she$_j$ would like t_{k2}?
b. *[$_{DP}$ Which paper that he$_i$ gave to Bresnan$_j$]$_k$ did she$_j$ think t_{k1} that every student$_i$ would like t_{k2}?

Lebeaux は，束縛代名詞解釈も束縛原理 A と同様，LF で適用されると考える．(70a) の移動前の構造は (71a) であり，wh 移動の結果 (71b) が得られる．次に，移動された wh 句に関係詞節が付加されて (71c) になる．wh 移動がもう一度適用されると (71d) が得られる．（LF における相補削除は省略．）

(71) a. every student thought that she would like [$_{DP}$ which paper]
b. every student thought [$_{DP}$ which paper] that she would like [$_{DP}$ which paper]
c. every student thought [$_{DP}$ which paper [that he gave to Bresnan]] that she would like [$_{DP}$ which paper]
d. [$_{DP}$ which paper [that he gave to Bresnan]] did every student think [$_{DP}$ which paper [that he gave to Bresnan]] that she would like [$_{DP}$ which paper]

(71d) で，wh 句が LF で中間の位置にあると解釈されると，he は every student に正しく束縛されている．そして，Bresnan は派生のどの段階においても she に c 統御されておらず，束縛原理 C の違反はない．

(70b) の場合，every student が一番下の節にあり，he が every student に束縛されるには，一番下の t_{k2} の位置にあると解釈されなければならない．そうすると，Bresnan が she に c 統御される．Bresnan が she に c 統御されない文頭の位置にあると解釈されると，he が every student に c 統御されない．いずれにしろ，意図された解釈は得られない．

以上，束縛原理 C が派生のすべての段階で適用されるという，Lebeaux の仮説を概観してきた．しかし，束縛原理 C が派生のすべての段階で適用されると考えると，一見説明できないように思われる事実がある．それは (72a, b) のような文と，前節で述べた (63a)（(72c) として再掲）であ

る．

(72) a. John_i seems to himself_i *t* to like cheese.
b. [_DP John's_i mother]_j seems to him_i *t*_j to be wonderful.
c. [_DP The claim that John_i was asleep]_j seems to him_i [_IP *t*_j to be correct].

これらの文は容認可能である．(72a–c) の移動前の構造は (73a–c) であり，(73d, e) および (63b)((73f) として再掲) が容認できないことからわかるように，この段階では束縛原理 C に違反する．したがって，束縛原理 C が派生のすべての段階で適用されるとしたら (72) が容認可能であることが説明できない，と Lebeaux は述べる．

(73) a. *e* seems to himself [John to like cheese]
b. *e* seems to him [[_DP John's mother] to be wonderful]
c. *e* seems to him [[_DP the claim that John was asleep] to be correct]
d. *It seems to him_i [_CP that John_i likes cheese].
e. *It seems to him_i [_CP that John's_i mother is wonderful].
f. *It seems to him_i [_CP that [_DP the claim that John_i was asleep] is correct].

このことを説明するため，Lebeaux は，語彙項目の挿入は移動前の構造の段階で行なわれる必要はないと主張する．そして語彙挿入が行なわれる前には，DP の位置に一種の空の要素である pro があると主張する．この pro は，φ 素性 (人称，数，性に関する素性) と指標だけを持つ空の名詞句である．そして，DP は任意の段階 (ただし，A′ 移動の前の段階) で pro に置き換わることができる．このような pro の置き換えの仮説を採用すると，(72a) は (74) で示した派生をたどる．(74a) の pro が A 移動し，(74b) となる．その後に John が pro に置き換わり，(74c) となる．束縛原理 A は正しく適用され，また，派生のどの段階でも束縛原理 C に違反することはない．したがって，束縛原理 C が派生のすべての段階で適用されると考えても，問題はない．(72b, c) についても同じ説明ができる．

(74) a. e seems to himself [pro to like cheese]
　　 b. pro$_i$ seems to himself [t_i to like cheese]
　　 c. John$_i$ seems to himself [t_i to like cheese]

また (75) のような文は，pro が A 移動する前に DP が pro に置き換われ
ばよい．(76a) の段階で each other's parents が pro に置き換わり，(76b)
となる．その後 each other's parents が移動して，(76c) となる．そして
each other's parents が LF で t の位置にあると解釈されると，正しい解釈
が得られる．

(75) Each other's parents seem to the boys to be quite wonderful.

(76) a. e seem to the boys [pro to be quite wonderful]
　　 b. e seem to the boys [[each other's parents] to be quite won-
　　　　derful]
　　 c. [each other's parents] seem to the boys [t to be quite won-
　　　　derful]

次に，(77a, b) を考えよう．(77a) では his mother は her と同一指示
的であり，かつ，his が every man に束縛されている解釈が可能である．
しかし (77b) にはそのような解釈はない．

(77) a. [[His$_i$ mother's]$_j$ bread]$_k$ seems to [every man]$_i$ [t_{k1} to be
　　　　known by her$_j$ [t_{k2} to be the best there is]].
　　 b. *[[His$_i$ mother's]$_j$ bread]$_k$ seems to her$_j$ [t_{k1} to be known by
　　　　[every man]$_i$ [t_{k2} to be the best there is]].

(77a) の派生では A 移動は 2 回適用されているが，pro が 1 回移動され
た後，すなわち t_{k1} の位置で pro を his mother's bread に置き換える．そ
の位置では his mother は her に c 統御されておらず，束縛原理 C に違反
しない．LF で his mother's bread を再構築して t_{k1} の位置まで戻すと，
(78) になる．(78) で his は every man に束縛されているので，(77a) が
容認可能であることが説明できる．

(78) e seems to every man [[[his mother's] bread] to be known by

her [t_{k2} to be the best there is]]

これに対し，(77b) で his が every mother に束縛されるためには，(79) のように t_{k2} の位置まで再構築されなければならない．しかしここでは his mother が her に c 統御され，束縛原理 C に違反する．(77b) が容認不可能であることが説明できる．以上のように，語彙挿入を派生の途中で行ない，A 移動の場合も任意の位置に再構築すると (77a) と (77b) の対比が正しく説明できる，と Lebeaux は述べる．

(79) *e* seems to her [*e* to be known by every man [[[his mother's] bread] to be the best there is]]

2.3.4 フェイズごとに適用（束縛原理 C）

以上のように Lebeaux (1991; 1998) は，束縛原理 C はすべての段階で適用されると考える．そして，移動後の語彙挿入を仮定している．本書は，Lebeaux の，束縛原理 C は派生のすべての段階で適用されるという仮定は正しいものと受け入れつつ，「すべての段階で適用される」という時の「すべての段階」の概念を精緻にし，そしてミニマリスト・プログラムで仮定されている併合（merge）と移動（牽引（attraction））の概念をあてはめると，Lebeaux のように移動後の語彙挿入という仮定をしなくても，この事実は自然に説明できると主張する．

まず，「派生のすべての段階」という概念を少し精緻にしよう．Ross (1969) は，代名詞化は循環的に適用されると主張しているが，その直観を取り入れて，束縛原理 C は束縛領域ごとに循環的に適用されると考えよう．南谷 (2001) は，束縛領域をフェイズ（phase）という観点で捉えている．その直感を取り入れ，フェイズが束縛領域であると考え，そして束縛原理 C はフェイズごとに適用されると考えよう．なお Legate (2003) の，非対格動詞句と受け身動詞句もフェイズになるとの主張を取り入れる．（また，DP もフェイズになると考える．そして主文は CP であると考える．)

ミニマリスト・プログラムでは，すべての語彙挿入が行なわれた後で循

環的に移動が適用されるという枠組みは取られていない．語彙挿入（併合）と移動（牽引）が循環的に行なわれる．(72a)((80a)として再掲)のような文の場合，(80b)全体が生成されて，その後にNP移動が行なわれるというわけではない．

(80) a. John$_i$ seems to himself$_i$ t to like cheese.
 b. e seems to himself [$_{IP}$ John to like cheese]

(81a)が生成され，その後，seemと併合されて(81b)になる．次に，VPの指定部（Spec）の位置に to himself が併合され，(81c)になる．次にVPがvと併合すると，(81d)になる．(Chomsky (1995, 305)は，seemは軽動詞vを含むVPシェル（VP-shell）の構造を持つと述べている．) seemがvの位置に上昇する．また，vP指定部へ補文IPのJohnが移動する．次に(81e)がIに併合してから，(81f)のように主文のIPの指定部にJohnが移動する．

(81) a. [$_{IP}$ John to like cheese]
 b. [$_{VP}$ seem [$_{IP}$ John to like cheese]]
 c. [$_{VP}$ [to himself] [$_{V'}$ seem [$_{IP}$ John to like cheese]]]
 d. [v [$_{VP}$ [to himself] [$_{V'}$ seem [$_{IP}$ John to like cheese]]]]
 e. [$_{vP}$ John [$_{v'}$ seem + v [$_{VP}$ [to himself] [$_{V'}$ t_{seem} [$_{IP}$ t_{John} to like cheese]]]]]
 f. John I [$_{vP}$ t_{John} [$_{v'}$ seem + v [$_{VP}$ [to himself] [$_{V'}$ t_{seem} [$_{IP}$ t_{John} to like cheese]]]]]

(81c, d)で，himself は John を c 統御している．束縛原理Cが派生のすべての段階で適用されるとすると，この段階で，この文は容認不可能とされるはずである．しかし，(81c)での段階はVPであり，束縛領域ではないので，この段階では，束縛原理は適用されない．(81e)のvPで，初めて束縛原理Cが適用される．この段階では，himself は John を c 統御していない．（非対格動詞句がフェイズになるとの仮定を採用しない場合は，(81)の派生で，(81d)から(81e)を経ずに(81f)に進み，束縛原理Cは主文で適用される．この場合も himself は John を c 統御していな

い.）したがって，束縛原理が束縛領域ごとに循環的に適用されていくと考えると，(80a) が容認可能であることを，Lebeaux のような移動後に語彙挿入をするという特別な仕組みを必要としないで説明することができる.

次の例を使って説明を続ける．(82a, b) は，Belletti and Rizzi (1988) の心理動詞の分析を採用すると，その一部として (83a, b) の構造を持つ. (83a) と (83b) の John は，him に c 統御されている．しかし，(83a, b) は VP であり，束縛領域ではないので，この段階では束縛原理 C は適用されない.

(82)　a.　Pictures of John$_i$ worry him$_i$.

(Endo and Zushi 1993, 42)

　　　b.　[$_{CP}$ That John$_i$ was blond] worried him$_i$. (= (33g))
(83)　a.　[$_{VP}$ [$_{V'}$ worry [$_{DP}$ pictures of John]] him]
　　　b.　[$_{VP}$ [$_{V'}$ worried [$_{CP}$ that John was blond]] him]

(83a) の DP, (83b) の CP が上昇した (84a, b) では，John は him に c 統御されていない．束縛原理 C はフェイズごとに適用されると考えると，(82a, b) が容認可能であることが説明できる.

(84)　a.　[[$_{DP}$ pictures of John]$_j$ [$_{VP}$ [$_{V'}$ worry t_j him]]]
　　　b.　[[$_{CP}$ that John was blond]$_j$ [$_{VP}$ [$_{V'}$ worried t_j him]]]

同じ議論が，(77a)（(85a) として再掲）についても言える．(85a) の派生の一部である (85b) で，her は his mother を c 統御しているが，束縛原理 C はこの段階では適用されない．his mother's bread が be の指定部に移動される．（その後，his mother's bread が t_{k1} の位置を経て，主文に移動する．受動文については本シリーズ第 1 巻『ことばの仕組みを探る』の第 2 部 5 節を参照．）したがって，束縛原理 C が適用される段階では，her は his mother を c 統御していない．また，every man による his の束縛を得るために，LF で him mother's bread が t_{k1} の位置にあると解釈された時にも，his mother は her に c 統御されていない.

(85) a. [[His_i mother's]_j bread]_k seems to [every man]_i [t_{k1} to be known by her_j [t_{k2} to be the best there is]].
   b. be known by her [_IP [[his mother's] bread] to be the best there is]
   c. [[his mother's] bread] be known by her [_IP t [to be the best there is]]

(77b)((86)として再掲)については，Lebeaux の説明がそのままあてはまる．Lebeaux と同じく，束縛原理 C は LF でも適用されると考える．(86)で every man による his の束縛を得るため，his mother's bread が LF で t_{k2} 位置にあると解釈される．この場合，文全体がすでに形成されており，his mother は her に c 統御されている．

(86) *[[His_i mother's]_j bread]_k seems to her_j [t_{k1} to be known by [every man]_i [t_{k2} to be the best there is]].

以上の議論をまとめると，本書では Lebeaux の，束縛原理 C は派生のすべての段階で適用するとの主張を採用し，さらに束縛原理 C はフェイズごとに，そして LF においても適用されると考える．なお Fox (2000) は，束縛原理 C は LF のみで適用されると主張している．本書の立場は Fox の立場と矛盾する．しかし Fox (2002) では新しい議論が展開されている．

2.3.5 束縛原理 A（LF で適用）

最後に，束縛原理 A について再びふれる．Lebeaux (1991; 1998) に従い，移動された要素は LF で連鎖の 1 つの位置にあると解釈されると考える．そして，束縛領域を (87) のように考える．

(87) α に対する束縛領域は，α を含み，その中で α に対する束縛原理が原理的に適用できる最小のフェイズである．

この観点で (88) を考えよう．ECM 動詞の補部は IP である．IP はフェイズではない．(88a) の場合，LF で John が vP の中の t の位置にあると

考えると，himself は *v*P の中で John に c 統御されている．また，(88b) の場合，John がまだ *v*P の中にある段階で，束縛原理 B により排除される．(89a) の場合は，LF で Tom が補文の *v*P の中の位置にあると解釈されると，himself は補文の *v*P の中で Tom に c 統御されている．(89b) の場合，Tom が補文の *v*P の中にある段階で，束縛原理 B により排除される．

(88)　a.　John$_i$ [$_{vP}$ *t* believes [$_{IP}$ himself$_i$ to be honest]].
　　　b.　*John$_i$ [$_{vP}$ *t* believes [$_{IP}$ him$_i$ to be honest]].
(89)　a.　John$_i$ [$_{vP}$ *t*$_i$ believes [$_{IP}$ Tom$_j$ to [$_{vP}$ *t*$_j$ hate himself$_j$]]].
　　　b.　*John$_i$ [$_{vP}$ *t*$_i$ believes [$_{IP}$ Tom$_j$ to [$_{vP}$ *t*$_j$ hate him$_j$]]].

なお Jayaseelan (1997, 219) は，(90a) のように，再帰代名詞は分離先行詞を許すということを指摘している．(90a) の want の補部は，(90b) のような構造をしている．(PRO については第 3 章参照．) PRO と you は，ourselves と同じ束縛領域の中にある．そして Jayaseelan (1997, 219 fn.) は，(90c) のような分離先行詞は不可能であるとしている．再帰代名詞の分離先行詞の生起可能性については，さらに検討が必要である．

(90)　a.　I$_i$ want to talk to you$_j$ about ourselves$_{i+j}$.
　　　b.　[$_{vP}$ PRO *v* [$_{VP}$ [to you] [$_{v'}$ talk [about ourselves]]
　　　c.　*John$_i$ thinks [Mary$_j$ should not blame themselves$_{i+j}$].

2.4　照応形と代名詞

次に，単文の中で代名詞が生起可能である場合を考えてみよう．(91)，(92) とも代名詞が可能である．しかし (91) の場合は，(93) のように再帰代名詞は不可能であるが，(92) の場合は，(94) のように再帰代名詞も生起可能である．((93) の文法性の判断は Wilkins (1988) および Hestvik (1991) による．Chomsky (1981, 290) も参照のこと．)

(91)　John$_i$ saw a snake near him$_i$.

(92) a. Max_i rolled the carpet over him_i.
　　　　　　　　　　　　(Reinhart and Reuland 1993, 687)
　　　b. John_i put the blanket over him_i. （Hestvik 1991, 462)
(93) *John_i saw a snake near himself_i.
(94) a. Max_i rolled the carpet over himself_i.
　　　　　　　　　　　　(Reinhart and Reuland 1993, 688)
　　　b. John_i put the blanket over himself_i. （Hestvik 1991, 462)

(91)は「ジョンは彼の近くに蛇を見た」という意味で，near him は蛇のいる場所を示す．すなわち，a snake と near him の間には主語と叙述の関係があり，(95a)のように，この2つで小節（small clause）を構成すると考えられる．Chomsky (1981, 291)は(95b)の可能性について述べている．(ただし，Chomsky 自身はこの考えを採用していない．) 2.1 節の Lees and Klima の分析も参照のこと．

(95) a. John saw [_SC [a snake] [near him]].
　　　b. John saw a snake [_S PRO near him].

この小節の中に，be 動詞に相当する音形のない連結動詞（copulative verb）があると考える．Legate (2003) は，非対格動詞句もフェイズであると考える．(91)は(96a)の構造を持つ．(96a)で，him は束縛範疇の中で自由であり，容認可能である．また，(93)は(96b)の構造を持つ．John はフェイズの外にあり，(93)で John と himself が同一指示的であるという解釈は不可能である．

(96) a. John saw [_vP [a snake] [_v' v [near him]]].
　　　b. John saw [_vP [a snake] [_v' v [near himself]]].

(91) / (93)とは対照的に，(92) / (94)では代名詞も再帰代名詞も生起可能である．(97a)の PP が束縛領域となると主張して，この事実を説明しようとする考えがあるかもしれない．(97a)で over him の部分が束縛領域となり，him はその中で自由であると主張するのである．しかし，Reinhart and Reuland (1993, 687) が指摘するように，PP が束縛領域を

構成すると，(97b, c)が容認不可能であることが説明できない．

(97) a. Max$_i$ rolled the carpet [$_{PP}$ over him$_i$]．(= (92a))
b. *Max rolled the carpet$_i$ [$_{PP}$ over it$_i$]．
c. *Max directed Lucie$_i$ [$_{PP}$ toward her$_i$]（in the mirror）．

Wilkins（1988, 198）は，(92a)/(94a)の場合，the carpet と PP が随意的に主語と叙述の関係を持つことができると主張する．この Wilkins の直感を取り入れて，roll の類の動詞の場合，VP シェルの構造を持つこともできるし，小節の構造も持つことができると考える．（前者は the carpet と PP が主語と叙述の関係を持たない場合，後者は持つ場合である．）roll のような動詞が VP シェルの構造を持つと，(98a)のような構造となり，小節の構造を持つと(98b)のような構造となる．(98a)においては，himself は vP の中で Ben に c 統御されている．また(98b)においては，him は小節の vP の中では Ben に c 統御されていない．このような分析が妥当性を持つかについては，さらに検討が必要であろう．

(98) a. [$_{vP}$ Ben [$_{v'}$ v [$_{VP}$ [the blanket] [$_{v'}$ rolled [over himself]]]]]
b. [$_{vP}$ Ben rolled [$_{vP}$ [the blanket] [$_{v'}$ v [over him]]]

Rienhart and Reuland（1993, 686）が指摘するように，explain のような動詞の場合は，(99a, b)で示すように代名詞は不可能である．(99)の場合，前置詞は動詞によって選択されている．これに対し(92)/(94)では，前置詞は動詞によって選択されていない．（「場所」あるいは「方向」の前置詞であれば，前置詞は自由に選べる．）自由に選択される前置詞句を含む時だけ，小節の構造も持つことができるようである．

(99) a. Lucie$_i$ explained Max to *her$_i$ / herself$_i$．
b. Lucie explained Max$_i$ to *him$_i$ / himself$_i$．

2.5 束縛理論と先行条件

2.1.1節で述べたように，代用形がその先行詞より左にある時は，その生起に制限がある．代用形が左にある時の生起の制限を述べるのに，「先

行条件」を規定の中に述べる必要があるだろうか．2.1節で述べたように，Langacker (1969), Ross (1969), Lasnik (1976) は先行条件を規定に入れて記述したが，Reinhart (1983) はc統御の概念だけが必要であり，先行条件は規定に入れる必要はないと主張した．本節では先行条件に焦点をあて，束縛理論をもう一度考える．

2.5.1 3項動詞の補部の照応形

まず，再帰代名詞／相互代名詞から議論を始める．(100a) と (100b) では，容認可能性が異なる．Jackendoff (1990) は，(100a, b) の VP は (100c) のような構造をしていると考える．

(100) a. I showed John$_i$ himself$_i$ (in the mirror).
  b. *I showed himself$_i$ John$_i$ (in the mirror).
  c.
```
          VP
      /   |   \
     V    DP   DP
```

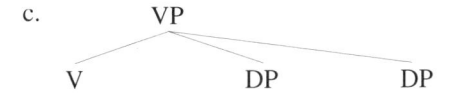

そうすると (100a) と (100b) では，John と himself の間のc統御関係には違いはないことになる．したがって Jackendoff は，(100a) が容認可能で (100b) が容認不可能であることは，c統御だけでは説明できず，c統御の他に「先行詞は照応形に先行しなければならない」という条件が必要であると主張する．

これに対し Larson (1988; 1990) は，(101a) は (102) のような VP シェルを持つと主張する．(Larson は VP が2つ重なっていると述べるが，本書は vP と VP の重なりと考える．) そして (101b) のような V–DP–DP の構文は，(102) に受動化と似た操作が適用されて派生されると主張する．

(101) a. John sent a book to Mary.
  b. John sent Mary a book.

(102)
```
        vP
       /  \
      DP   v'
      |   /  \
     John v   VP
             /  \
            DP   V'
           /\   /  \
          a book V  PP
                |  /\
              sent to Mary
```

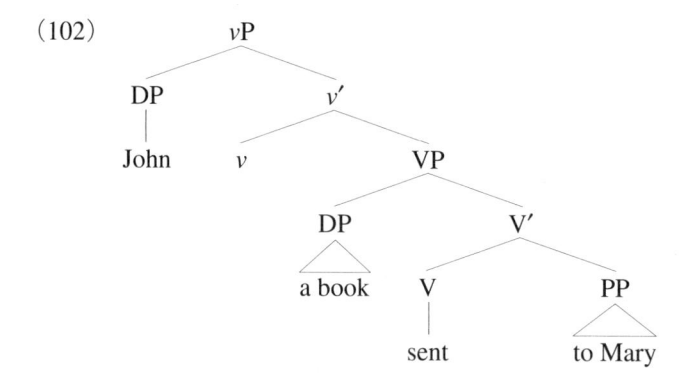

　逆に，Kitagawa (1994) は V–DP–DP を基底型として，それに受動化と似た操作を行なって V–DP–PP を派生する．この考えでは，(100a) は (103) のような構造を持つ．(Kitagawa は与格 / 二重目的語構文に IP を埋め込んでいるが，(103) では IP は想定していない．その他修正してある．)

(103)
```
        vP
       /  \
      DP   v'
      |   /  \
      I  v    VP
             /  \
            DP   V'
            |   /  \
          John V    DP
               |    |
            showed himself
```

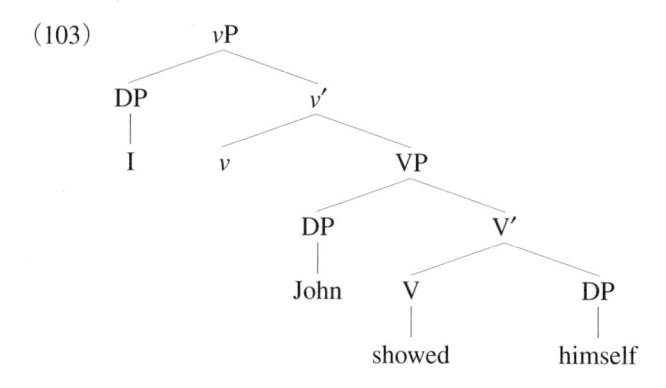

Kitagawa が V–DP–DP を基底型と考える理由は，1 つには (104) が容認可能であるからである．もう 1 つには，Aoun and Li (1989) が指摘するように，(105a) には someone が広いスコープを持つ読みしかないが，(105b) には some book が広いスコープを持つ読みと everyone が広いスコープを持つ読みの，2 つの読みがあるからである．

(104) ?John gave [[each other's]ᵢ pictures] to [the kids]ᵢ.
(105) a. Mary gave someone every book.
b. Mary gave some book to everyone

(104) が，V–DP–DP 型の (106) のような構造から受動化のような操作により派生されたと考え，そして，移動された要素は LF で連鎖の 1 つの位置にあると考える（そして，(106) の位置にあると考える）と，(104) が容認可能であることが説明できる．(105) のスコープに関しても同じような説明ができるが，詳しくは本シリーズ第 3 巻『文の構造』の第 4 章を参照されたい．

(106)　[$_{vP}$ John [$_{v'}$ v [$_{VP}$ [$_{DP}$ the kids [$_{v'}$ gave [$_{DP}$ each other's pictures]]]]]]

このように考えると，(100a, b) の容認性の対比は，c 統御条件だけで説明できる．(100a) では himself は John に c 統御されているが，(100b) では John が himself に c 統御され，束縛原理 C に違反している．

次に (107a) を考えよう．(107b) に受動化のような操作を加えると，(107c) になる．(107b) では，John は himself に c 統御されている．しかし，束縛原理 C はフェイズで適用されると考えると，この段階では束縛原理 C は適用されない．(107c) では，John は himself に c 統御されていない．

(107) a. I showed Johnᵢ to himselfᵢ.
b. [$_{vP}$ [I [$_{v'}$ v [$_{VP}$ himself [$_{v'}$ showed John]]]]]
c. [$_{vP}$ [I [$_{v'}$ v [$_{VP}$ John [$_{v'}$ [$_{v'}$ showed t] to himself]]]]]

2.5.2　主題階層条件（再び）

次に (108a, b) を考えよう．2.1 節で述べたように，Postal (1971) は交差の原理で (108b) を排除し，Jackendoff (1972) は主題階層条件により (108b) を排除する．そして Jackendoff は，(108c, d) は再帰代名詞が先行詞の左にあるので，再帰代名詞の条件にあわないとして排除する．すなわち，Jackendoff の分析では，先行条件と主題階層条件の両方を必要とする．以下，(108) のうち，特に (108b) の容認不可能性について考察する．

(108) a. I talked to Thmug_i about himself_i. (= (8b))
　　　b. *I talked about Thmug_i to himself_i. (= (9b))
　　　c. *I talked to himself_i about Thmug_i.
　　　d. *I talked about himself_i to Thmug_i.

　Takano (1996) は (109a) と (109b) の文法性の対比から, 着点 (to 句)–主題 (about 句) という語順を持つ場合, 着点が主題を, 派生を通して非対称的に c 統御していると述べる. そして, (109c, d) のような主題 (about 句)–着点 (to 句) の語順の場合は, 主題がかきまぜ規則 (scrambling) により着点を c 統御する位置に前置される, と Takano は述べる. (109c) の the boys は, かきまぜ規則により前置された位置で, each other's mothers を c 統御している. (109d) の about each other's mothers は, かきまぜ規則により前置される前に, the boys に c 統御されている.

(109) a. I talked to the boys_i about each other's_i mothers.
　　　b. *I talked to each other's_i children about the men_i.
　　　c. ?I talked about the boys_i to each other's_i mothers.
　　　d. ?I talked about each other's_i mothers to the boys_i.

　なお Reinhart (1983, 54) は, 場所の前置詞句と道具 (instrument) の前置詞句は PP という節点に支配されているが, 間接目的語は PP ではなく, DP に支配されているとする. (Reinhart は, 前置詞は格が具現化したものであるとしている.) (110a) で, him は Dan を c 統御していない. しかし (110b) では, him と Max は同一指示的ではなく, him は Max を c 統御していると考えなければならない. したがって, to him を支配する節点は枝分かれ節点ではないと考えなければならない. また, 間接目的語の場合, give の場合は to であるように, 前置詞は動詞ごとに決まっている. 場所の前置詞は (110c) のように, 1 つに決まっているわけではない. そして場所の前置詞は, それ独自の意味を持っている. (110d) で him は Ben を c 統御しており, about him も DP である. (本書では以下, これらの場合 DP と表記する.)

(110) a. Near him_i, Dan's_i mother found a gun.

b. * To him$_i$, Max's$_i$ mother gave a book.
   c. John found a snake near him / behind him / on the roof / behind the table.
   d. ?? About him$_i$, Ben's$_i$ mother talks all the time.

   　　　　　　　　　　　　　　　　　　　　（Reinhart 1981, 631）

以上の観点から，(108)（下に再掲）を考えよう．(108a) では himself が Thmug に c 統御されており，容認可能とされる．(108b) では，himself は前置された Thmug に c 統御されている．そうすると (108b) は容認可能になるはずであるが，容認不可能である．(108c, d) においては，Thmug が himself に c 統御されており，容認不可能とされる．

(108)　a. I talked to Thmug$_i$ about himself$_i$.
　　　　b. *I talked about Thmug$_i$ to himself$_i$.
　　　　c. *I talked to himself$_i$ about Thmug$_i$.
　　　　d. *I talked about himself$_i$ to Thmug$_i$.

すなわち，VP シェルを想定し，about 句の前置を想定すれば，Jackendoff が先行条件で説明しようとしていた (108c, d) は説明できる．しかし，Jackendoff が主題階層条件で説明する (108b) は説明できない．

Wilkins (1988) は，(111a) の John は主題と被作用主 (Affected) の 2 つの θ 役割を持ち，(111b) の Mary は，着点と被作用主の 2 つの θ 役割を持つと主張する．(111a) の Mary は着点のみ，(111b) の John も主題のみを持つ．

(111)　a. We talked about John to Mary.
　　　　b. We talked to Mary about John.

そして Wilkins は，2.1.2 節で述べた Jackendoff の主題階層 ((112) として再掲) の中で，被作用主を場所 / 着点 / 起点と同じ階層に置き，「先行詞は主題階層において再帰代名詞より高くなければならない」と主張する．

(112)　1. 動作主

2. 場所, 起点, 着点
3. 主題

(108a) では Thmug は着点と被作用主であり，主題である himself より主題階層において高い．これに対し，(108b) では再帰代名詞は着点であり，先行詞 Thmug は主題と被作用主である．先行詞は再帰代名詞と同じ高さであり，より高くないので排除される．(108c) では再帰代名詞が着点と被作用主であり，先行詞 Thmug は主題である．先行詞は再帰代名詞より，主題階層において低い．そして (108d) においても himself は主題と被作用主であり，Thmug は着点である．先行詞は再帰代名詞と同じ高さであり，より高くないので排除される．

しかし，(108) の to 句と about 句で，再帰代名詞の生起に影響するほどの θ 役割の違いがあるかどうか，充分に検証する必要がある．本書では別の説明を試みる．(108b) は，about 句が前置される前には (113) の構造を持つ．そして (114) を想定しよう．(113) では，Thmug は同節項である himself に c 統御されており，(108b) は (114) により排除される．

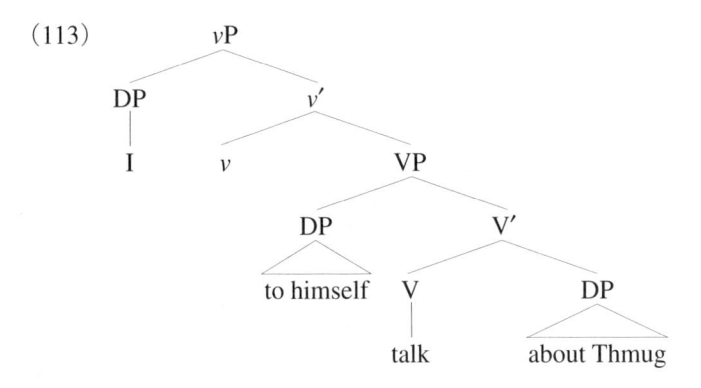

(113)
```
        vP
       /  \
      DP   v'
      |   / \
      I  v   VP
            / \
           DP  V'
           |  / \
      to himself V  DP
                |   |
              talk about Thmug
```

(114) ある DP と照応形が同節項（coargument）である時，照応形に c 統御されている DP は，照応形と非同一指示的とされる．

2.1.2 節で述べたように，Jackendoff は主題階層条件を (115) のように述べる．Kitagawa (1994)，Takano (1996) の分析では，(112) の主題

第 2 章　照応の特性と理論的意義　57

階層が構造上の階層に反映されている．(114)は，(115)を文構造上の観点から捉え直したものと言える．束縛原理 A は，照応形とその先行詞の同一指示を許す，肯定的条件である．照応形の生起を説明するために，肯定的条件である束縛原理 A の他に，否定的条件である (114) が必要であると思われる．

(115)　再帰代名詞はその先行詞より (112) の主題階層で上にあってはならない．

次に，与格構文と二重目的語構文における照応形の生起を見ると，(116)のように，二重目的語構文でも与格構文でも照応形は可能である．これは (108) の talk の場合と，大きな対比をなす．もし (114) の規定がこの場合にも適用されると，(116b) は，(108b) と同じように容認不可能になるはずである．受動化と似た操作が適用される前の (116c) で，John は himself に c 統御されているからである．しかし (116b) は容認可能である．

(116)　a.　I showed John$_i$ himself$_i$ (in the mirror). (= (100a))
　　　　b.　I showed John$_i$ to himself$_i$. (= (107a))
　　　　c.　[$_{VP}$ himself [$_{V'}$ showed John]] (= (107b))

この問題は，(108b) と (116b) の派生の仕方の違いにあると考えることができる．(116b) の場合，受動化と似た操作で派生される．その操作が適用される前は，John は格照合されていない．これに対し，(108b) の場合，about 句の中の Thmug は前置される前にすでに格照合を受けている．(114)の規定は，すでに格照合されている DP にだけ適用されると考えると，(108b) と (116b) の容認可能性の違いが説明できる．

2.5.3　3 項動詞の補部の代名詞

次に，代名詞に関わる事実が，先行条件に言及しないで説明できるかどうか，見てみよう．代名詞の生起に関して先行条件が必要であるとの主張は，3 項動詞の場合，等位構造の場合，先行詞が代名詞とは別の節に属する場合，の 3 つに分けられる．

まず3項動詞の場合を考えると，Solan (1983) は3項動詞に関わる (117) の事実をもとに，束縛原理には先行条件が必要であると主張する．

(117) a. I spoke with John's$_i$ wife about him$_i$.
b. *I spoke with him$_i$ about John's$_i$ wife.
c. I spoke about John's$_i$ wife with him$_i$.
d. *I spoke about him$_i$ with John's$_i$ wife.

しかし，この事実はVPシェルの考えを採用すれば，c統御だけで説明することができる．(118a) で示すように，(117a) のJohnはhimにc統御されていない．また，(117b) のJohnは (118b) で示すように，himにc統御されており，束縛原理CによりJohnとhimは非同一指示的とされる．

(118) a. [$_{vP}$ I [$_{v'}$ v [$_{VP}$ [with John's wife] [$_{V'}$ spoke [about him]]]]]
b. [$_{vP}$ I [$_{v'}$ v [$_{VP}$ [with him] [$_{V'}$ spoke [about John's wife]]]]]

(117c, d) は，about 句が前置される前はそれぞれ (119a, b) の構造を持つ．(119a) ではJohnはhimにc統御されているが，この段階はVPであり，束縛原理Cは適用されない．(117c, d) のabout句の前置の後の構造は，それぞれ (119c, d) である．束縛領域である vP では，(117c) のJohnはhimにc統御されておらず，束縛原理Cに違反しない．(119d) では，Johnはhimにc統御されている．以上のように，3項動詞の時も，先行条件に言及することなく事実を説明することができる．

(119) a. [$_{VP}$ [with him] [$_{V'}$ spoke [about John's wife]]]
b. [$_{VP}$ [with John's wife] [$_{V'}$ spoke [about him]]]
c. [$_{vP}$ I [$_{v'}$ v [$_{VP}$ [$_{DP}$ about John's wife] [$_{VP}$ [with him] [$_{V'}$ spoke t_{DP}]]]]]
d. [$_{vP}$ I [$_{v'}$ v [$_{VP}$ [$_{DP}$ about him] [$_{VP}$ [with John's wife] [$_{V'}$ spoke t_{DP}]]]]]

2.5.4 等位構造

次に等位構造に移ると，Langacker (1969) は (120a, b) のように，等位構造では1番目の等位節に代名詞が生起すると，2番目の等位節にある先行詞と同一指示的とはならないと述べている．Jackendoff (1990) も，(120c, d) のような2つの文の連続で，代名詞は2番目の文になければならないと言う．

(120) a. Penelope cursed Peter$_i$ and slandered him$_i$.
   b. *Penelope cursed him$_i$ and slandered Peter$_i$.
   c. I saw George$_i$ yesterday. He$_i$ looked good.
   d. *I saw him$_i$ yesterday. George$_i$ looked good.

これに対し Larson (1990) は，(120c, d) のような文の連続も等位構造をなしていると主張し，さらに，等位構造は (121) のように，接続詞を主要部とする内心構造をしていると主張する．

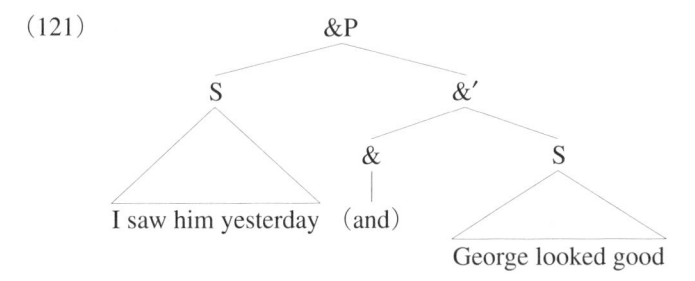

(121)
```
            &P
           /  \
          S    &'
              /  \
             &    S
             |
        I saw him yesterday  (and)  George looked good
```

そして Larson (1990, 596) は，(122) を提案する．(121) で，him を含む文は George を含む文を c 統御しており，(122) により (120d) は排除される．(120b) も同じ説明ができる．（なお，第1章1.2節で述べた one, do so, do it などの照応についての事実（第1章の例文 (11) から (15) まで）も，(122) を援用することで説明できる．）

(122) 2つの別の文に属する要素の照応関係の場合，指示表現を含む文は同一指示の句を含む文に c 統御されてはいけない．

次に，DP の等位の場合を考えよう．Munn (1993) は，等位構造は and,

or などのブール演算子（Boolean operator: B）を主要部とする構造をしていると主張する．(123b) は (124) のような構造を持ち，he は John を c 統御するので，(123b) は容認不可能となる．DP の等位構造が，(124) のような階層的な構造を持つと仮定した場合，(123b) の容認不可能性は先行条件に言及する必要はなく，c 統御の一般的原則で説明できる．

(123) a. John's$_i$ dog and he$_i$ / him$_i$ went for a walk.
   b. *He$_i$ and John's$_i$ dog went for a walk.

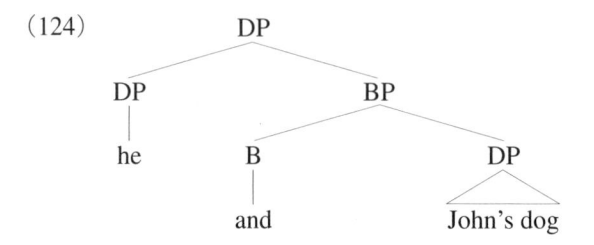

(124)

```
              DP
           /      \
         DP        BP
         |       /    \
         he     B      DP
                |      /\
               and  John's dog
```

2.5.5　先行詞と代名詞が別の節に属する場合

最後に，先行詞が代名詞とは別の節に属する場合について考えてみよう．McCawley (1998) は (125) のような事実をもとに，「代用形は，(i) 先行詞と同節要素である場合，あるいは，(ii) 先行詞に先行している場合には，先行詞を c 統御してはならない」とする．別の言い方をすると，「先行詞が代用形より先行していて，先行詞と代用形が同節要素でない場合は，先行詞は代用形に c 統御されてもよい」ということになる．

(125) a. *Near John$_i$, he$_i$ saw a snake.
   b. *Near John's$_i$ mother, he$_i$ saw a snake.
   c. Near the car that John$_i$ was repairing, he$_i$ saw a snake.
   d. *She$_i$ went home after Mary$_i$ had finished the report.

(125) について，McCawley は次のように説明する．(125a, b) では，John は he に c 統御され，そして John と he は同節要素であるので，John と he は非同一指示的である．(125c) では，John が he に c 統御されているが，John が he より先行していて，かつ John と he は同節要素ではない

ので，同一指示は可能である．(125d) の場合，she が Mary に先行しているため，she と Mary は同節要素ではないが，Mary と she は非同一指示的である．しかし，この McCawely の説明では，先行詞が代用形より先行する時と先行しない時ではなぜこのような違いがあるのか，原理的な説明ができない．

Reinhart (1981) も (126c) の事実を説明するため，束縛原理は下接の条件に従うと主張する．しかし，束縛原理が下接の条件に従うと考えると，なぜ (126d) が容認不可能なのか説明できないとし，これを未解決の問題として残している．

(126) a. *In Ben's$_i$ box, he$_i$ put his cigars.
b. *In Ben's$_i$ most precious Chinese box, he$_i$ put his cigars.
c. In the box that Ben$_i$ brought from China, he$_i$ put cigars.
d. *He$_i$ denied that the flowers which Dr. Levin$_i$ sent had been returned.

本書では，上記の事実を先行条件に言及しないで説明する．(126a) の場合，put は 3 項動詞であり，VP シェルの構造をしている．したがって，in Ben's box は vP の中に生成される．(126a) は，in Ben's box の前置の前には (127) の構造をしている．(なお (127) の his cigars は，in Ben's box より下の位置に生成された後，移動し，(127) のようになる．) 束縛原理 C はフェイズごとに適用されると考えると，(126a) は (127) の段階で he は Ben と非同一指示的とされる．(126b) も同じである．

(127) [$_{v\text{P}}$ he put his cigars in Ben's box]

(126c) は関係詞節を含んでいる．関係詞節など付加詞は移動後でも挿入可能であるとの Chomsky (1993) の仮定を採用すれば，(126c) の前置詞句の移動の前の構造は (128) である．

(128) [$_{v\text{P}}$ he put his cigars in the box]

束縛原理 C はこの段階でも適用されるが，(128) には指示表現はない．次に，in the box が「話題」(Top(ic)) という投射の指定部に移動すると

考えよう．その後で，(129b)のように関係詞節が挿入される．(129b)で Ben は he に c 統御されていない．このようにして (126c) が容認可能であることが説明できる．

(129) a. [$_{TopP}$ [$_{PP}$ in the box] [$_{Top'}$ Top [$_{IP}$ he put his cigars t_{PP}]]]
b. [$_{TopP}$ [$_{PP}$ in the box [that Ben brought from China]] [$_{Top'}$ Top [$_{IP}$ he put his cigars t_{PP}]]]

次に (125a) を考えてみよう ((130a) として再掲)．2.4 節で述べたように，(130c) は小節を含む構造をしている．(130a) の near John は，(131) のように，小節の述部として a snake の後に生成される．(以下，小節は (96) のように内部構造を明示せず，[$_{SC}$] と表記する．) 束縛原理 C がフェイズごとに適用されると考えると，この段階で he と John は非同一指示的であるとされる．

(130) a. *Near John$_i$, he$_i$ saw a snake.
b. *He$_i$ saw a snake hear John$_i$.
c. John$_i$ saw a snake near him$_i$.
(131) [$_{vP}$ he saw [$_{SC}$ a snake [near John]]]

これに対し，(125c) は関係詞を含んでいる．付加詞は移動後に挿入できるので，移動前の (132a) は束縛原理 C に違反しない．(129a) と同じように，near the car が Top の指定部に移動し，その後で that John was repairing が挿入されると，John は he に c 統御されることはない．以上のように，(125c) が容認可能であることは先行条件に言及しないで説明することができる．なお，Reinhart, McCawley とも，(125a–c), (126a–c) において，主語は前置された場所句を c 統御するとの立場をとっているが，本書は，主語は前置された場所句を c 統御しないとしていることに注意されたい．(130) は，移動後は (132d) の構造を持ち，この段階では he は John を c 統御していない．

(132) a. [$_{vP}$ he saw [$_{SC}$ a snake [near the car]]]
b. [$_{TopP}$ [$_{PP}$ near the car] [$_{Top'}$ Top [$_{IP}$ he [$_{vP}$ t_{he} saw [a snake

第 2 章　照応の特性と理論的意義　63

    t_{PP}]]]]
  c. [$_{TopP}$ [$_{PP}$ near the car [that John was repairing]] [$_{Top'}$ Top [$_{IP}$ he [$_{vP}$ t_{he} saw [a snake t_{PP}]]]]
  d. [$_{TopP}$ [$_{PP}$ near John] [$_{Top'}$ Top [$_{IP}$ he [$_{vP}$ t_{he} saw [a snake t_{PP}]]]]

次に (133) を見よう．(133a, b) は，Reinhart の S 構造における c 統御による説明に対する，反例として出されたものである．代名詞は補文の中にあり，その位置から指示表現を c 統御していない．しかし (133a, b) とも，容認不可能である．本書のように (133) の前置詞句が小節の中に生成されると考えると，(133c, d) に示すように，前置される前に容認不可能になる．

(133) a. *Near John$_i$, Bill said [$_{IP}$ he$_i$ saw a snake].
            （Lebeaux 1988, 403）
  b. *In John's picture of Mary$_i$, I think [$_{IP}$ she$_i$ found a scratch].
            （Guéron 1984, 144）
  c. [$_{vP}$ he saw [$_{SC}$ a snake [near John]]]
  d. [$_{vP}$ she found [$_{SC}$ a scratch [in John's picture of Mary]]]

次に (134) のような文を考えてみよう．(134) の前置詞句と pot との間に叙述の関係はなく，このような前置詞句は付加詞である．付加詞の前置詞句で文頭にあるものは，IP に付加されると考えよう．2.1 節 (26) の，Reinhart の同一範疇タイプについての枝分かれ節点の定義により，he は John を c 統御すると考える．(135) が容認不可能であることが説明できる．

(134) *In John's$_i$ apartment, he$_i$ smokes pot. （Lakoff 1968, 2）
(135) [$_{IP}$ [in John's apartment] [$_{IP}$ he smokes pot]]

Reinhart は，(125a) / (126a) の場合も (134) の場合も，前置詞句の中の指示表現が主語の代名詞に c 統御されるので，容認不可能になるとしている．本書は，(125a) / (126a) と (134) では，容認不可能になる理由が

異なると主張している．(134) では Reinhart と同様，前置詞句の中の指示表現は主語の代名詞に c 統御されていると考える．しかし，(125a) / (126a) では，前置詞句は前置された後は主語には c 統御されていない．(125a) / (126a) が容認不可能なのは，前置される前の段階で前置詞句の中の指示表現が主語位置の代名詞に c 統御されているからである．

(125a) / (126a) と (134) の違いは，代名詞が主語以外の位置にある場合に現れる．(136a), (137a) のように，前置詞句が付加詞の場合，代名詞が目的語位置にある時は容認可能である．しかし，(136b), (137b) のように動詞が put, find などの場合は，代名詞が目的語位置にあっても容認不可能である．

(136)　a.　In Mary's$_i$ apartment, a thief assaulted her$_i$.
　　　　　　　　　　　　　　　　　　　　　　(Lakoff 1968, 5)
　　　　b.　?? In John's$_i$ bed, Sam puts him$_i$.　(Solan 1983, 52)
(137)　a.　Next to Mary's$_i$ house, John kissed her$_i$.
　　　　　　　　　　　　　　　　　　　　(McCawley 1998, 357)
　　　　b.　* Next to Mary's$_i$ house, John found her$_i$.　(*ibid.*)

(125a) / (126a) と (134) についての Reinhart の説明では，この違いは説明できない．(136b), (137b) で前置された前置詞句の中の指示表現は，目的語の代名詞に c 統御されていないので容認可能になるはずである．

本書の説明では，(138a, b) のように，(136b) の前置詞は VP シェルの一部として，また，(137b) の前置詞句は小節の述部として，生成される．そして，指示表現はその位置で代名詞に c 統御され，代名詞と非同一指示的とされる．これに対し，(136a), (137a) では，(135) と同様，前置詞句は付加詞であるので，初めから文頭の位置に付加されている．前置詞句の中の指示表現は，目的語の代名詞に c 統御されていない．このようにして，(136a) / (137a) と (136b) / (137b) の対比を正しく説明することができる．

(138)　a.　[$_{vP}$ Sam [$_{v'}$ v [$_{VP}$ him [$_{v'}$ puts [in John's bed]]]]]
　　　　b.　John found [$_{SC}$ her [next to Mary's house]]

さらに (134) のような構造の文で，前置詞句が長い場合は文が容認可能になることが知られている．Reinhart (1983, 81) は，(139b) のような場合の PP は文修飾の PP であり，2.1.5 節の (28) の COMP より高い位置にあると主張して，この事実を説明する (⇒ 2.1.5 節 (29))．このように考えると，(139b) の John は he に c 統御されていない．中村 (1996) も，(139b) の前置詞句のように意味内容が豊かな前置詞句は，場面設定の機能を持つようになり，IP の外に生成されると主張する．Reinhart (1983) と中村 (1996) の説明は正しいように思われる．

(139) a. *In John's$_i$ apartment, he$_i$ smokes pot. (= (134))
    b. In John's$_i$ apartment near the railroad tracks in the Pamrapo district of Bayonne, N. J., he$_i$ smokes pot.
    (Lakoff 1968, 13)

次に，(140) (=(126b)) を見てみよう．(140) は容認不可能である．(140) の前置詞句は VP シェルの一部として生成され，その段階で Ben と he が非同一指示的とされる．前置された後に場面設定の機能を持ったとしても，Ben と he が同一指示的である解釈を得ることができない．

(140) *In Ben's$_i$ most precious Chinese box, he$_i$ put his cigars.

Lakoff (1968, 22) は，(134) (= (139a)) を容認する方言の存在について述べている．また，(141) は実際の会話で使われた文である (*cf.* Solan 1983, 76)．そして Lakoff は，(134) を容認する方言の人も (130a) は容認しないと述べている．(134) と (130a) が同じ理由で容認できないとしたら，このような方言の存在は説明できない．本書のように，(130a) と (134) では容認不可能性の理由が違うと考えると，両者を区別する方言が存在することが説明できる．(134) を容認する方言では，前置詞句が長くなくても場面設定の機能を持つことを許している場合，COMP より上に挿入されることを許すと思われる．

(141) In Reinhart's$_i$ thesis, she$_i$ says that order is irrelevant.

節を修飾する前置詞句が文頭にある場合，それは初めからその位置に生

成されると述べた．しかし，前置詞が修飾する節の外に移動された時は，修飾する節の中に生成されてから前置されると考えないと，修飾関係について正しい解釈は得られない．(142a, b) において，when 節は go to London を修飾しており，when 節は主節を修飾しているのではない．したがって，(142a, b) の when 節は，いったん従属節の中に生成された後，前置される．(142b) では，when 節が前置される前に，主文の she が従属節の中にある Rosa を c 統御しており，容認不可能となる．

(142) a. When she$_i$ finishes school, Rosa$_i$ promised Ben to go to London.
b. *When Rosa$_i$ finishes school, she$_i$ promised Ben to go to London.

Reinhart (1981; 1983) で扱われている例を，もう少し見てみよう．(143a) は文を修飾する前置詞句で，COMP より上に生成される．(143b) では (130a) と同様，in Ben's film of Rosa は小節の中に生成された後，前置される．Rosa は前置される前に she に c 統御されている．

(143) a. In Ben's film of Rosa$_i$, she$_i$ is riding a horse.
b. *In Ben's film of Rosa$_i$, she$_i$ found scratches.

Reinhart は，(144) のような道具の副詞は動詞句の中に生成され，その後に前置されるとしている．この考えを採用すると，(144a) の Rosa は vP の中で she に c 統御されており，その段階で Rosa と she は非同一指示的とされる．(144b) のように前置詞句を長くしても，容認可能性は変わらない．(144c) のように Rosa が関係詞節の中にあると，she と同一指示的になることが可能になる．関係詞節は，前置詞句が前置されてから挿入できるからである．

(144) a. *With Rosa's$_i$ feather, she$_i$ tickled Dr. Levin.
b. *With Rosa's$_i$ most magnificent peacock feather, she$_i$ tickled Dr. Levin.
c. With the feathers that Rosa$_i$ stole from the Salvation Army,

she$_i$ tickled Dr. Levin.

次に，文末の位置にある副詞を考えよう．(145a, b) は容認できない．場所の前置詞句は VP に付加されていると考える．(VP への付加については第 4 章 4.4 節でもう一度ふれる．) (26) の c 統御の定義に従えば，(145c, d) で him は Ben を c 統御している．

(145) a. *I met him$_i$ in Ben's$_i$ office.　　　(Reinhart 1983, 53)
　　　b. *I spoke to him$_i$ in Ben's$_i$ office.　　　(*ibid.*)
　　　c. [$_{vP}$ I [$_{v'}$ v [$_{VP}$ [$_{VP}$ met him] [$_{PP}$ in Ben's office]]]]
　　　d. [$_{vP}$ I [$_{v'}$ v [$_{VP}$ [$_{VP}$ spoke [$_{DP}$ to him]] [$_{PP}$ in Ben's office]]]]

最後に，Reinhart が論じている (146) について説明を試みよう．(146a) では (145a, b) と同じように，Dr. Levin は him に c 統御されており，Dr. Levin と him が非同一指示的とされる．しかし (146b) は容認可能である．

(146) a. *After days of search, they finally found him$_i$ in Dr. Levin's$_i$ hotel room.
　　　b. After days of search, they finally found him$_i$ in a sleazy hotel room that Dr. Levin$_i$ had rented under a false name.
　　　c. *After days of research, he$_i$ was finally found in a sleazy hotel room that Dr. Levin$_i$ had rented under a false name.

Saito (1991) は，(146b) では前置詞句は外置されていると主張する．この直感を採用し，さらに関係詞節は移動後に挿入可能であると考える．そうすると (146b) は，外置の前は (147a) の構造を持ち，外置の後は (147b) の構造をしている．次に関係詞節が外置後の前置詞句に挿入されると，(147c) の構造が派生される．(147c) では，Dr. Levin は him に c 統御されていない．したがって，(146b) は容認できる．これに対し (146c) では，he は Dr. Levin を c 統御しているため，容認できない．

(147) a. [$_{vP}$ they [found him [$_{PP}$ in a sleazy hotel room]]]
　　　b. [they finally [$_{vP}$ t_{they} found him t_{PP}] [$_{PP}$ in a sleazy hotel

room]]

  c. [they finally [$_{vP}$ t_{they} found him t_{PP}] [$_{PP}$ in a sleazy hotel room [that Dr. Levin had rented under a false name]]]

2.6 束縛原理 C について

2.6.1 代名詞による束縛と指示表現による束縛

 本節では，束縛原理 C についてもう一度考える．2.2.6 節で述べたように，束縛原理 C は Chomsky (1993) では (148) のように定式化されている．

(148) もし α が指示表現であるならば，α を c 統御するすべての句と非同一指示的であると解釈せよ．

Lasnik (1991, 12) も述べているように，束縛原理 C の違反には，「指示表現が指示表現を束縛する場合」と「代名詞が指示表現を束縛する場合」の 2 つの場合がある．そして 2.3.3 節で述べたように，代名詞が指示表現を束縛する場合 ((149)) のほうが，指示表現が指示表現を束縛する場合 ((150)) より，容認度がはるかに低い．

(149) a. **He$_i$ likes John$_i$.
   b. **He$_i$ thinks that John$_i$ is smart.
(150) a. *John$_i$ likes John$_i$.
   b. *John$_i$ thinks that John$_i$ is smart.

 また Lasnik は，タイ語，ヴェトナム語では，(150b) に対応するものは容認可能であるということを指摘している(例文は省略する)．そして (150a) に対応するものは，タイ語では可能であるが，ヴェトナム語では不可能であると言う．しかし，代名詞が指示表現を束縛している (149a, b) に対応するものは，タイ語でもヴェトナム語でも容認不可能である．

 そして英語でも，指示表現がもう 1 つの指示表現を束縛している時は，いつも容認不可能であるというわけではない．代名詞が指示表現を束縛する (151a) は，容認不可能である．しかし，指示表現が指示表現を束縛する (151b) は容認可能である．Culicover (1997, 82) も，(152) と (153)

の対比について述べている．(152)の各文は容認不可能であるが，(153)は容認可能である．

(151) a. *He$_i$ hit the man who insulted the man who praised John$_i$.
b. John$_i$ hit the man who insulted the man who praised John$_i$.
(152) a. *She$_i$ will call before Mary$_i$ goes out.
b. *She$_i$ will call when Mary$_i$ is ready to call.
c. *I introduced her$_i$ to Mary's$_i$ future spouse.
(153) a. Mary$_i$ will call before Mary$_i$ goes out.
b. Mary$_i$ will call when Mary$_i$ is ready to call.
c. I introduced Mary$_i$ to Mary's$_i$ future spouse.

このように，「指示表現が指示表現を束縛する場合」と「代名詞が指示表現を束縛する場合」とでは，容認可能性に違いがある．

2.6.2 束縛原理Cの適用レベル（再び）

さらに，Freidin (1997, 145) は，(154a) と (154b) の間に容認可能性の違いがあることを指摘している．そして Freidin が指摘するように，(154a) と (154b) の容認可能性の対比は，従来の束縛理論では説明できない．(155a), (155b) とも容認不可能であり，(154a) と (154b) の対比を wh 移動前の段階に言及して説明することはできない．wh 移動後の (154a) と (154b) の間にも，構造上の違いはない．

(154) a. *How many pictures of Alice$_i$ did she$_i$ really like t?
b. How many pictures of Alice$_i$ did Alice$_i$ really like t?
(155) a. *She$_i$ really liked four pictures of Alice$_i$.
b. *Alice$_i$ really liked four pictures of Alice$_i$.

代名詞による指示表現の束縛と，指示表現による指示表現の束縛の容認可能性の違いは，(156) でも見られる．(156a) は容認不可能であるが，(156b) は容認可能である．この場合も (157a, b) に見られるように，前置詞句が前置されていない場合はどちらも容認不可能である．

(156) a. *Near John's_i mother, he_i saw a snake.
　　　 b. 　Near John's_i mother, John_i saw a snake.
(157) a. *He_i saw a snake near John's_i mother.
　　　 b. *John_i saw a snake near John's_i mother.

　ここでは，(154a) と (154b) あるいは (156a) と (156b) の容認可能性の違いの説明を試みる．2.3.4 節で「束縛原理 C はフェイズごとに，そして LF においても適用される」と述べた．束縛原理 C は「指示表現が指示表現を束縛する場合」と「代名詞が指示表現を束縛する場合」の 2 つの場合があるという Lasnik (1991) の指摘に従い，束縛原理 C を，指示表現が指示表現を束縛する場合と代名詞が指示表現を束縛する時の場合の，2 つに分ける．そして 2.3.4 節で述べた，「束縛原理 C はフェイズごとに，そして LF においても適用される」という時の束縛原理 C は，代名詞が指示表現を束縛する場合に限ると考えよう．(154a) と (156a) が容認できないことは，今までどおりの説明が可能である．それぞれ wh 移動前，前置詞句前置の前の段階である (155a)，(157a) の vP の段階で，容認不可能とされる．

　これに対し，指示表現が指示表現を束縛する場合は，フェイズごとにすべての段階で適用されるのではなく，「派生の最後の段階で適用される」と考えよう．束縛原理 C は (154b)，(156b) とも，その段階でだけ適用される．その段階では，どちらの指示表現も，もう 1 つの指示表現に c 統御されておらず，(154a)，(156a) とも容認可能と判断される．

　なお (158) では，wh 移動後には，指示表現は指示表現に c 統御されていない．しかし (158) は容認できない．(158) が容認不可能な理由は，2 つの指示表現が近接して使われているからかもしれない．

(158) *Near Dan, Dan saw a snake. (= (25c))

　Lasnik (1991, 12) は，束縛原理 C のうち，「代名詞は指示表現を束縛してはならない」という部分は普遍的に成立するものである，と主張している．束縛原理 C を，代名詞が指示表現を c 統御する場合と，指示表現が指示表現を c 統御する場合に分けると，前者の場合は束縛原理 C は

（159）と表すことができる．

(159) もし α が指示表現であるならば，α を c 統御するすべての代名詞と非同一指示的であると解釈せよ．

本書は，(159) はフェイズごとに，そして LF においても適用されると主張する．そして，指示表現が指示表現を c 統御する場合の束縛原理 C は，(160) のようにまとめられる．

(160) もし α が指示表現であるならば，α を c 統御するすべての指示表現と非同一指示的であると解釈せよ．

(160) は，派生の最後の段階で適用される．（定式化は今後の課題としたい．）また，(160) は，(151b)，(153) のような場合には適用が緩められる．この点についても今後の課題としたい．

2.7 束縛原理の生得性

子供の束縛原理の獲得については多くの研究があるが，本節では Thornton and Wexler (1999) の研究を取り上げる．(161) の文は，英語の文としては文法的である．しかし，John と he が同一指示的であるという解釈はない．その意味で束縛理論の原則は，文法によって作り出された形に制限を加える．

(161) a. He laughed at John.
b. He said that Mary laughed at John.

そのような性質を持つものは，制約 (constraint) と呼ばれている．制約は否定的なものであり，経験を通して学ぶとは考えられないので，子供が生得的な知識として持っている普遍文法 (Universal Grammar: UG) の一部であると考えられている．

Thornton and Wexler (1999) はこの点について，(162) の文を例に説明している．(162a) は二義的である．1 つの意味は「すべての熊が自分の顔を洗っている」というものであり，もう 1 つは「すべての熊がある女

性の顔を洗っている」という意味である．この場合，子供は肯定的証拠で，確かめることができる．「すべての熊が自分の顔を洗っている」という状況で（162a）を聞き，また，別の場合に「すべての熊がある女性の顔を洗っている」という状況で（162a）を聞けば，（162a）がこの 2 つの意味を持つということに対する，肯定的な証拠を得ることができる．これに対し，（162b）の文は 1 つの意味しか持たない．「すべての熊がある女性を洗っている」という意味はあるが，「すべての熊が自分を洗っている」という意味はない．

(162)　a.　Every bear is washing her face.
　　　　b.　Every bear is washing her.

「すべての熊がある女性を洗っている」という状況でこの文を聞けば，子供はこの文がその意味を持つということに対する，肯定的証拠を得ることができる．しかし，この文が「すべての熊が自分を洗っている」という意味を持ちえないということは，肯定的証拠で確かめることはできない．すなわち，この文が「すべての熊が自分を洗っている」を持ちえないということを，経験から学ぶことはできない．したがって，子供はこの情報を別の所，すなわち生得的な普遍文法から得ると考えるのである．

　束縛原理が生得的であるとすると，子供は照応の事実に関し，束縛原理のとおりの反応をすることが予測されるが，子供は実際に予測どおりの反応をするだろうか．ある実験で，子供は，（163）の文は「シンデレラの姉（妹）が自分を指さした」という意味であることが理解できた．このことから，子供は束縛原理 A を理解していることがわかる．

(163)　Cinderella's sister pointed to herself.

束縛原理 C に関しても，子供は，代名詞が指示表現の左にある場合に束縛原理 C に違反している時は，文を間違っていると判断し，束縛原理 C に違反しない時は正しいものと判断するようである．3 歳から 6 歳までの子供で行なった別の実験では，子供は（164）の文を 73% の割合で正しいものと認め，（165）の文を 88% の割合で認めなかった．

(164) When she_i was outside playing, Strawberry Shortcake_i ate an ice-cream cone.

(165) a. *He_i washed Luke Skywalker_i.
b. *He_i ate the hamburger when the Smurf_i was in the fence.

また，発話させる実験では，子供は (166a) のままの形で発話するのを避け，(166b) のように発話した，と Thornton and Wexler (1999, 49) は述べている．ここで指示表現と代名詞の位置を入れ替えて発話したということは，(166a) で指示表現と代名詞が同一指示的であることを認識しているということを示している，と Thornton and Wexler は述べる．

(166) a. Because he heard a lion, Tommy ran fast.
b. Because Tommy heard a lion, he ran fast.

(164) と (166a) の文では，代名詞が補文の中にある．このような場合は，子供の反応は束縛理論の予測どおりであった．しかし，(167) のような場合は，子供は必ずしも束縛理論の予測どおりの反応をしない．Carden (1986a, 337) は (167) のような文に関し，子供の約 4 分の 3 が，予測に反して同一指示が可能であると判断していると述べている．

(167) a. *Under Mickey_i, he_i found a penny.
b. *Near Barbie_i, she_i dropped the earring.

この場合，Lebeaux (1988, 405) は，たとえ子供がこのように判断しても，子供が束縛原理 C を持っていないというわけではないと主張する．子供は (168a) の文を，69% の割合で正しく判断できる．子供は，先行条件だけで判断しているわけではない．さらに，子供も (168b) のような文は正しく排除するので，子供も束縛原理 C を持っている．しかし，子供と大人では束縛原理 C の適用の仕方に違いがある，と Lebeaux は主張する．

(168) a. Near him_i, Wayne_i found the programme.
b. *He_i found a penny under Mickey_i.

Lebaux は次のように述べる．大人は，(167a) は (168b) から前置詞句を前置させて派生されると考える．そして大人は，(168b) の段階で代名詞と指示表現は同一指示的ではないと判定し，それが (167a) にも持ち越される．子供の場合，(167a) の基底構造として (168b) があるとは考えず，(167a) の形が基底構造であると考えるので，指示表現と代名詞は同一指示的であると判断するのである．

以上のように，子供は束縛原理 A と束縛原理 C については正しく判断していると考えることができる．しかし，束縛原理 B に関しては，子供は正しく反応しないことが知られている．特に，(169b) のように数量詞を先行詞とする束縛代名詞の時は正しく反応するのに，それより簡単な (169a) のような文に対して，正しく反応できない．すなわち，子供は，(169b) に「すべての熊が自分の体を洗っている」という意味はないということは理解できるが，(169a) に「お母さん熊は自分の体を洗っている」という意味はないということを理解できない．

(169) a. *Mama Bear is washing her.
b. *Every bear is washing her.

この (169a) と (169b) に対する子供の反応の違いについては，Grimshaw and Rosen (1990), Grodzinsky and Reinhart (1993) など多くの説明が試みられてきたが，本書では Thornton and Wexler (1999) の説明に従って述べる．Thornton and Wexler (1999) は，束縛原理 B は生得的であり，子供の文法の中にあると考える．それにより，(169b) で同一指示の解釈が不可能であることを説明する．(Thornton and Wexler は，束縛原理 B は代名詞にも束縛代名詞にも適用されると考える．) 問題は，なぜ子供が束縛原理 B にもかかわらず，(169a) で同一指示の解釈を認めるかである．

大人の文法で，普通の状況では (169a) のような文には，Mama Bear と her が同一指示的である解釈はない．しかし，(170) のように特別な状況では，(169a) のような形の文でも同一指示が可能になる．(170) は，Heim (1998) が議論しているものである．Heim は，(170) が容認可能なのは，

第 2 章　照応の特性と理論的意義　75

(169a) と違って，これらが 2 つの違う姿 (guise) の Zelda を指しているからであると主張する．初めの Zelda は，今舞台の上で演説をしている Zelda の視覚的印象であり，もう 1 つは，話者の記憶の中にある Zelda である．

(170)　話者 A：　Is this speaker Zelda?
　　　　話者 B：　How can you doubt it. She praises her to the sky. No competing candidate would do that.

(171) は「お母さん熊が，人が予期するように他の人の体を洗わずに，そのかわり，人が予期もしていなかった，自分の体を洗うという行為をした」という意味を表す，と Thornton and Wexler は述べる．her にはストレスが置かれる．この文では，目の前の Mama Bear と，自分を洗うという Mama Bear らしくない行為をする別の姿の Mama Bear がいる，と Thornton and Wexler は述べる．

(171)　Mama Bear washed HER.

(169a) のような文は，普通の状況では同一指示は不可能である．しかし，(170)，(171) のように，束縛原理 B では同一指示が不可能とされる場合でも，特別のコンテクストでは同一指示が可能になる．そして Thornton and Wexler (1999) は，子供は特別のコンテクストがない (169a) のような場合にも別の姿を作り出す，と述べる．子供は，風船を持っている少年の絵が載っている絵本の話をする時，絵本を見ることができない位置にいる大人にも (172a) のように言うことがある．また，(172b) あるいは (172c) のように言うべき状況においても，(172d) を使うことがある．

(172)　a.　He is holding a balloon.
　　　　b.　John hit me.
　　　　c.　A boy hit me.
　　　　d.　He hit me.

Thornton and Wexler は，(169a) のように，特別のコンテクストがない

場合には同一指示が不可能であることを子供が知るには，経験が必要であると述べている．なお，(169b) のような場合，数量詞も束縛代名詞も指示的ではない（数量詞，束縛代名詞については第4章4.1節参照）．指示的ではないので，姿を持つことができない．

第 3 章　束縛理論と PRO

3.1　PRO とそれが生起する位置

3.1.1　PRO の設定

次の (1a) を考えよう．この文で，動詞 study の主語は John である．このことは，(1b) の文で John と数・性の一致する再帰代名詞が現れることでもわかる．(1a) は (1c) のような構造を持つと考えられている．

(1)　a.　Mary wants John to study hard.
　　　b.　Mary does not want John to hurt himself.
　　　c.　Mary wants [$_{CP}$ John to study hard]

(1a) の John は，study という補文の動詞の動作主（Agent）であり，そして Mary は，want という主文の動詞の経験者（Experiencer）である．では (2) の文を考えよう．(2) の文で study の主語(動作主)は，何であろうか．

(2)　Mary wants to study hard.

それは want の左にある Mary であろうか．もしそうであるとしたら，Mary は主文の動詞 want の経験者であるので，Mary は 2 つの θ 役割を担うことになる．しかしこれは，(3) で表される θ 基準の (a) の部分に違反する．(θ 基準については本シリーズ第 3 巻『文の構造』の 36 頁参照．)

(3)　a.　それぞれの項は 1 つの θ 役割を担わなければならない．
　　　b.　それぞれの θ 役割は 1 つの項に付与されなければならない．

このことは，study の主語が主文の Mary であるという考えに対し，疑問を呈す．θ役割についてさらに見てみるために，(4a) の文を考えてみよう．(4a) の文は，(4b) に NP 移動を適用して派生される．(4b) で John は，補文の IP の中で動詞 study の動作主の θ役割を担う．seem は，外項 (external argument) に θ役割を付与しない動詞であるので，John の NP 移動の後の (4c) の段階で John は新たに θ役割を担うことなく，θ基準に違反することはない．

(4) a. John seems to study hard.
　　 b. e seems [$_{IP}$ John to study hard]
　　 c. John$_i$ seems [$_{IP}$ t_i to study hard]

これに対し，(2)((5a) として再掲) の want の主語の Mary は，補文の中から移動されたものではない．θ役割が節ごとに付与されるとすると，(5a) で補文の中に study の θ役割を担う外項が必要となる．(5a) に，study の主語として音形のない要素があると仮定し，それを (5b) のように PRO として表そう．PRO は，(1c)((5d) として再掲) の John と同じ位置にある．

(5) a. Mary wants to study hard.
　　 b. Mary wants [$_{CP}$ PRO to study hard]
　　 c. Mary wants John to study hard.
　　 d. Mary wants [$_{CP}$ John to study hard]

この PRO は study の外項であり，study の動作主の θ役割を担う．そして，この PRO は主文の Mary を指すと解釈される (Mary に「コントロールされる」と言う)．なお Rosenbaum (1967) は，(5a) のような文は，その補部の主語位置に主文の主語と同じ語彙項目があり，そしてそれが，同一名詞句削除規則 (Equi NP Deletion) という変形規則により削除されると考える．この考えでは，(5a) は (6) の構造を持ち，補部の Mary が同一名詞句削除規則で削除される．しかし今では，補文の主語位置に PRO を設定し，それが主文の主語と同一と解釈する立場が普通である．

（6） Mary wants [Mary to study hard]

3.1.2 PRO 設定のさらなる根拠

第2章2.1.3節で述べた (7a, b) の照応についての事実を説明するためにも，PRO の設定が必要となる．これらの文の構造が (8a, b) のように，realizing の主語位置に何もない構造であるとすると，(8b) の Oscar は him に c 統御されていないので，(7b) は容認可能になるはずである．しかし，(7b) で Oscar と him が同一指示的であるとは解釈できない．

（7） a. Realizing that he$_i$ was unpopular didn't disturb Oscar$_i$.
　　　b. *Realizing that Oscar$_i$ was unpopular didn't disturb him$_i$.
（8） a. [[realizing [that he was unpopular]] didn't disturb Oscar]
　　　b. [[realizing [that Oscar was unpopular]] didn't disturb him]

この事実は，realizing の主語位置に PRO があると考えると説明できる．(9a) では，he は束縛領域の中で束縛されていない．これに対し (9b) では，Oscar は PRO に c 統御されているので，Oscar は PRO と同一指示的であるという解釈は不可能である．この場合，PRO は him にコントロールされており，その結果 Oscar は him と同一指示的になることはできない．このように，(7a) と (7b) の対比は，realizing の主語位置に PRO を設定することにより説明できる．

（9） a. [[PRO realizing [that he was unpopular]] didn't disturb Oscar]
　　　b. [[PRO realizing [that Oscar was unpopular]] didn't disturb him]

同じことが，派生名詞を含む文についても言える．(10a) で John が認識の主体である場合は，John と him が同一指示的である解釈は不可能である．この事実は，Abney (1987, 92) の DP 仮説を採用して，さらに (10b) のように realization の DP の指定部の位置に PRO があると考えると，(9b) と同じように説明することができる．(10a) で一般的認識の場合，あるいはそれを明示した (10c) では，John と him が同一指示的で

ある解釈は可能である．認識の主体が John ではないため，補文の中の John は束縛されていない．

(10) a. The realization that John would fail bothered him.
(Chomsky 1986, 168)
b. [[_DP PRO [_D' the [_NP realization [_CP that John might fail]]]] bothered him]
c. The widespread realization that John_i was stupid annoyed him_i. (McCawley 1998, 340)

次に，possibility の類の派生名詞を含む文を考えよう．(11a)は容認可能である．(11b)のように possiblility に対応する形容詞 possible は，realize とは異なり，外項を持たない．possibility も外項を持たず，(11c)のように PRO は設定されない．束縛原理 B，C ともに違反はなく，him と John が同一指示的であるという解釈は許される．このように realization と possibility の束縛に関する相違を説明するためにも，PRO を設定することは必要である．

(11) a. The possibility that John_i might fail bothered him_i.
(Chomsky 1986, 167)
b. It is possible that John might fail.
c. [[_DP the possibility [_CP that John might fail]] bothered him]

3.1.3 PRO の生起する位置

(5a)の want の補文の主語位置に PRO を設定したが，これ以外にも，try 類の不定詞節，remember 類の動詞の動名詞節にも PRO があると考えられている．

(12) a. John tried to study hard.
b. John remembered sending a letter to Mary.
(13) a. John tried [PRO to study hard]
b. John remembered [PRO sending a letter to Mary]

それでは，PRO はそれ以外の位置にも生起することができるであろうか．(14) の各文は非文であることから，(15) で示すように，PRO は定型文の主語の位置，ECM 動詞の主語の位置，目的語位置，所有格位置には生起できない．なお 3.1.2 節で述べたように，(10a) などの派生名詞の場合は PRO が可能である．派生名詞の場合の PRO の認可をどのように規定するかは，今後の課題である．

(14) a. *Studied hard.
b. *I believe to have studied hard.
c. *Mary injured.
d. *I like books. （I like my books. の意味で）

(15) a. *[PRO studied hard]
b. *I believe [PRO to have studied hard]
c. *[Mary injured PRO]
d. *[I like PRO's books]

3.2 PRO と格

GB 理論 (Government and Binding Theory: 統率束縛理論) では，PRO の生起は，「PRO は統率されてはならない」という PRO の定理により説明された．PRO の定理については第 6 章 6.4 節で詳しく述べるので，重複を避けるため，ここでは述べない．

PRO の分布について Chomsky and Lasnik (1993) は，PRO の格の観点から説明する．Chomsky and Lasnik は，PRO は空格 (Null Case) を付与されるとする．そして，不定詞の to と動名詞の ing が空格を付与すると主張する．PRO だけが空格を付与される．そして，to と ing だけが空格を付与する．したがって，PRO は to と ing の指定部に生起することになる．

Martin (1996) は，この Chomsky and Lasnik の考えをさらに発展させた．(16) のような ECM 動詞構文や繰り上げ構文では PRO は不可能であり，PRO が可能なのは，(17) のような try / want 類の構文だけであることを説明するため，Martin は，ECM 動詞構文や繰り上げ構文に見られ

る to と，want / try 類の構文に見られる to は別のものであるとする Stowell (1982) の主張に基づき，want / try 類の構文に見られる to だけが空格を付与する，と主張する．

(16) a. *Naomi believes [PRO to have solved the problem].
b. *It seems to Naomi [PRO to have solved the problem].
(17) a. Naomi tried [PRO to solve the problem].
b. Naomi wanted [PRO to solve the problem].

Stowell (1982) は (18) の文において，補部は主文のテンスの時点でまだ実現していないことを表しており，この場合の to は「可能な未来」というテンスを持つと主張する．これに対し，(19) の ECM 動詞と繰り上げ動詞の補部が示す時は主文のテンスと同時であり，この場合の to はテンスを持たないと Stowell は主張している．

(18) a. Jenny remembered to bring the wine.
b. Jenny tired to lock the door.
(19) a. Bill considers [himself to be the smartest].
b. John appears [t to like poker].

ECM 動詞や繰り上げ動詞の補部の to はテンスを持たない to であるので，テンスを持つ to だけが空格を付与すると考えると，(16a, b) のように，これらの動詞の補部の指定部には PRO が生じないことが説明できる．動名詞の ing も空格を付与すると考えれば，PRO が，テンスを持つ to と動名詞の ing の指定部にのみ生起することが説明できる．

さらに，Martin (1996, 109)，Bošković (1996, 277) は，try / want 類が受け身にならないのは，(20a, b) の補部の指定部は格位置であり，格位置からの移動は禁止されるという「最終手段原理」(Last Resort Principle) により移動が禁止されるからである，と述べる．

(20) a. *John was tried [t to park here].
b. *John was wanted [t to leave].

これに対し，(21)の the president は，ECM 動詞の補部の指定部では to から格を付与されない．また，主文の動詞が受け身形であるので例外的格付与を行なわず，その結果，補部の指定部の位置では格を付与されないので，主文へ移動する．このように，want / try 類の動詞の補部の to が格を付与すると考えると，PRO の分布だけでなく，want / try 類の受け身についての事実も説明できる．

(21) The president is believed [*t* to be guilty].

なお，Bošković (1996) は，(22a) では (22b) のように for に相当する音形のない補文標識があり，him は音形のない補文標識から格を付与されると考える．(22a) は，(22c) のような音形のある補文標識を含む文と平行的である．

(22) a.　I want him to leave.
　　　b.　I want [CP φ [IP him to leave]]
　　　c.　I want (very much) for him to leave.
　　　d.　I want [CP for [IP him to leave]]

3.3　PRO のコントロール

3.3.1　コントロール理論

　PRO とその先行詞(コントローラーと言う)の関係を明らかにしようとするのが，コントロール理論 (control theory) である．PRO とそのコントローラーの関係は，どのように捉えたらよいであろうか．PRO とそのコントローラーの関係を，照応形とその先行詞との関係と同一と捉えて，束縛原理 A に帰させようとする考えがある．しかし，PRO とそのコントローラーの関係と，照応形とその先行詞との関係の間には，種々の相違点がある (*cf.* Lasnik 1992; Martin 1996; Landau 2000)．まず第一に，PRO のコントロールの場合は，一般に先行詞は 1 つのものに限定される．(23a, b) のように，主動詞が tell の場合，PRO のコントローラーは主文の目的語であり，主文の主語ではありえない．しかし，照応形の場合は，(23c) では主文の目的語を，(23d) では主文の主語を先行詞とすることができる．

(23) a. John told Mary_i [PRO_i to leave].
b. *John_i told Mary [PRO_i to leave].
c. John told Mary_i about herself_i.
d. John_i told Mary about himself_i.

また一般に，(24a) のように，主文の述語の項は PRO のコントローラーになることができるが，(24b) のように主文の述語の項に埋め込まれている要素は，PRO のコントローラーになることはできない．しかし，(24c, d) のように，image, development など本人と分けられないものと考えられる場合は，その所有格が PRO のコントローラーになることができる．これに対し，照応形の場合，(24e) のように，本人と分けられないものと考えられる場合にも，その所有格は照応形の先行詞となることはできない．

(24) a. It helped Bill_i [PRO_i to behave himself in public].
b. *It would help Bill's_i friends [PRO_i to behave himself in public].　　　　　　　　(Landau 2000, 110)
c. It harmed John's_i image [PRO_i to expose himself in public].
　　　　　　　　(*ibid*., 118)
d. It would help Bill's_i development [PRO_i to behave himself in public].　　　　　　　　(Manzini 1983, 426)
e. *John's_i image harmed himself_i.　　(Landau 2000, 118)

John と John's car は，明らかに別のものを指す．しかし John's image などは，John の 1 つの側面に焦点をあてている．Landau (2000, 110) は，コントロールのためには，John's image は John とは異ならない（non-distinct）と考え，それを (25) のように表す．

(25)　　[X's_i NP] ⇒ [X's NP]_i

3.3.2　最短距離の原則

以上のように PRO のコントロールは，照応形とその先行詞の関係とは異なる性質を持ち，PRO のコントロールを束縛原理 A に帰することはできない．それでは，PRO のコントロールはどのように規定されるべきで

あろうか．(26a) では PRO のコントローラーは主文の主語，(26b) では主文の目的語である．このような事実をもとに Rosenbaum (1970) は，「PRO から一番近い DP が PRO のコントローラーとなる」という最短距離の原則 (Minimal Distance Principle) を提唱した．

(26) a.　John$_i$ wanted [PRO$_i$ to return home by 5:00 p.m.]
　　　b.　John persuaded Mary$_i$ [PRO$_i$ to return home by 5:00 p.m.]

最短距離の原則は (26) の事実を説明するが，promise を含む文はこの原則では説明できない．(27) で，PRO のコントローラーは一番近い Mary ではなく，それより遠い John である．

(27)　John$_i$ promised Mary [PRO$_i$ to return home by 5:00 p.m.]

Larson (1991) は Rosenbaum の「最短距離」の概念を，c 統御を使って (28) のように表す．そして Larson は，promise は (29) のように直接目的語と間接目的語をとるので，(27) も二重目的語構文/与格構文であるとし，(27) の D 構造は (30) であるとする．

(28)　最短距離の原則：ある述語 P の補部にある不定詞節は，P の機能複合 (Functional Complex) の中にあるそれを c 統御する最小の DP を，コントローラーとして選ぶ．(P の機能複合は，P の θ 役割が付与される領域のこと．)

(29) a.　John promised Mary a sports car.
　　　b.　John promised a sports car to Mary.

(30)
```
              VP
         ┌────┴────┐
        DP         V'
         │      ┌───┴────┐
       John     V        VP
                │     ┌───┴────┐
                e    DP        V'
                     │      ┌───┴────┐
                     e      V'        α
                         ┌──┴──┐   ┌──┴──┐
                         V    DP   PRO to return home
                         │     │   by 5:00
                      promised Mary
```

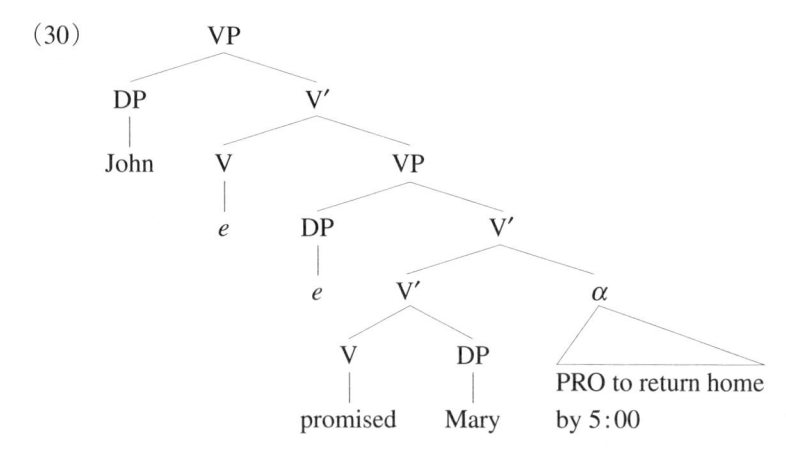

(30) の promise が空の V 位置に，そして Mary が空の DP 位置にそれぞれ上昇すると，(27) が派生される．そして Larson は，(30) の D 構造では Mary は不定詞節を c 統御しておらず，John が不定詞を c 統御する最小の DP であるので，(27) で PRO のコントローラーが主文の目的語ではなくて主文の主語であることは，例外的なことではなく，(28) の原則に違反していないと主張する．

　PRO のコントローラーを規定する最短距離の原則 (28) は，移動を最小のものに限定する「最小連結条件」(Minimal Link Condition) と似た性質を持つ (*cf.* Landau 2000).

(31) 最小連結条件： 要素 α が標的 K に移動できるのは，K に移動可能な，α よりも K に近い位置にある β が存在しない時である．(K が β と α とを c 統御している時，β が α を c 統御し，α が β を c 統御していないならば，β のほうが α よりも K に近い.)

ここで問題となるのは，(28) の PRO のコントロールが，(31) の最小連結条件と同じように説明できるかどうかである．(30) の Mary が空の位置に繰り上げられた段階では，Mary は不定詞節を c 統御している．したがって，最短距離の原則はこの段階に言及して適用されると考えることはできない．Larson は，最短距離の原則は D 構造で適用されるとしている．

しかし，(31) の移動の最小連結条件は D 構造に言及する条件ではなく，その点で移動の最小連結条件と Larson の最短距離の原則は，性格が異なるものである (*cf.* Landau 2000).

さらに，(28) の最短距離の原則では説明できない，PRO のコントロールについての多くの事実が指摘されている．promise は (27) のように，一般に PRO のコントローラーは主文の主語であるが，(32) のような場合は，主文の目的語が PRO のコントローラーとなる．Larson は，このような場合はコントロールの原則ではなく，含意という意味的なもので決定されると述べる．

(32) a. Mary$_i$ was never promised t_i [PRO$_i$ to be allowed to leave].
(Landau 2000, 184)
b. Grandpa promised the children$_i$ [PRO$_i$ to be able to stay up for the late show]. (*ibid.*)

また，Farkas (1988) は (33a) のような文で，主文の主語と目的語の両方を PRO のコントローラーと解釈する方言がある，と述べている．(Radford (1981, 382) は (33b) の文について，イギリス英語話者の場合は，PRO のコントローラーは Bill に限られるとするが，多くのアメリカ英語話者は，John をコントローラーとする解釈を好む，と述べている．)

(33) a. The pupil asked the teacher to leave early.
b. John asked Bill PRO to leave.

移動についての最小連結条件に方言差があるとは考えられないので，PRO のコントローラーに関してこのような方言差があることは，PRO のコントロールと移動の最小連結条件とでは性質が異なるということを示している．Chomsky (1981, 76) は，コントローラーの選択は θ 役割，あるいは動詞その他の意味的性質，さらに語用論的条件により決定されると述べる．(Nishigauchi (1984) も参照されたい．) もしコントローラーの選択が，θ 役割，意味的性質，語用論的条件により決定されるとしたら，PRO とそのコントローラーの関係を規定する条件は，移動を規定する条件とは

性質が異なるものであると思われる．

　移動の経済性を述べる（31）の最小連結条件が，意味的あるいは語用論的条件で決定されることはない．また，最小連結条件に方言差があることもない．このことから，PRO のコントロールと移動は，別のモジュールと考えるべきであろう．PRO のコントロールは，照応形の先行詞決定とも異なっている．移動，PRO のコントロール，照応は，それぞれ3つの独立したモジュールであると言える．

3.3.3　義務的コントロールと随意的コントロール

　（34）のような場合，PRO のコントローラーは文中にはない．この文で play するのは，話者を含む一般の人である．文の中の項がコントローラーになっていない場合を恣意的な（arbitrary）PRO と呼び，PRO_{arb} と表記する．

　　（34）　It is fun [PRO_{arb} to play baseball].

　（35a）で示すように，try 類の動詞は，不定詞節の意味上の主語と主文の主語が必ず同一でなければならない．補文の主語として，主文の主語 John とは異なる DP が選択されると，非文法的となる．しかし want 類の動詞は，（35b）に示すように，不定詞節の主語と主文の主語は同一でなくてもよい．（なお，（35b）のように want の直後に for が残る場合，容認度は人により異なる．（35c）のように for が want の直後にない場合は，ほとんどの人にとって容認可能となる．）

　　（35）　a. *John tried (for) Mary to win the game.
　　　　　　b. John wants (for) Mary to win the game.
　　　　　　c. John wants very much for Mary to win the game.

このような try と want の違いを，try は義務的コントロールの動詞であり，want は随意的コントロールの動詞であるとして説明する考えがある（*cf.* Williams 1980; Manzini 1983）．しかし，Landau（2000）は，義務的コントロールの動詞と随意的コントロールの動詞を（36）に示した基準で

区別すると，(37), (38) で示すように want も try と同様，義務的コントロールの動詞となると主張する．

(36) A. 恣意的なコントロールは，義務的コントロールの動詞では不可能で，随意的コントロールの動詞では可能である．
B. 長距離のコントロールは，義務的コントロールの動詞では不可能で，随意的コントロールの動詞では可能である．

(37a, b) では，PRO の恣意的なコントロールは可能であるが，(37c) では (37d) と同様に，PRO の恣意的なコントロールは不可能である．また，(38a) では PRO の長距離コントロールは可能であるが，(38b) では，(38c) と同様に不可能である．

(37) a. It is dangerous for babies [PRO$_{arb}$ to smoke around them].
(Kawasaki 1993, 48)
b. [PRO$_{arb}$ making a large profit] requires [PRO$_{arb}$ exploiting the tenants].
c. *John wanted [PRO$_{arb}$ to be quiet].
d. *John tried [PRO$_{arb}$ to be quiet].
(38) a. Mary$_i$ knew that it damaged John [PRO$_i$ to perjure herself].
b. *Mary$_i$ knew that John wanted [PRO$_i$ to perjure herself].
c. *Mary$_i$ knew that John tried [PRO$_i$ to perjure herself].

以上のように，義務的コントロールに関しては，want も try と同じような性質を持ち，want も義務的コントロールの動詞である，と Landau は述べる．しかし Landau は，want と try の間に重要な違いもあることを指摘している．(39a, b) が非文法的であることからわかるように，meet あるいは gather という動詞は主語が複数であることを要求する．同様に，(39c) のように together を含む場合も，主語は複数でなければならない．

(39) a. *John met at 6.
b. *The chair gathered during the strike.
c. *Mary applied together for the grant.

これらを try と want の補文に埋め込むと，try と want では文法性が異なる．try の場合は容認不可能であるが，want の場合は容認可能である．((40a) と (40d) の対比は Willimas (1980, 218) も指摘している．)

(40) a. *John tried [PRO to meet at 6].
b. *The chair tried [PRO to gather during the strike].
c. *Mary tried [PRO to apply together for the grant].
d. John wants [PRO to meet at 6].
e. The chair wanted [PRO to gather during the strike].
f. Mary wanted [PRO to apply together for the grant].

Landau は，try の場合は，PRO と主文の主語は完全に同じでなければならないと述べる．Landau はこのような場合を，完全なコントロール (exhaustive control) と呼ぶ．これに対し，want の場合は，PRO が指すものの一部として主文の主語が入っていれば容認可能となる，と主張する．そして，そのような場合を部分的コントロール（partial control）と呼ぶ．(40d) で John が望んでいるのは，John を含む複数の人が 6 時に会うことであり，同様に (40e) では，議長は，議長を含む複数の人が集まることを望んでいる．

日本語においても，主語が複数の場合 (41a, b) は容認可能である．しかし，主語が単数の場合，(41c) は可能であるが，(41d) では自然な解釈はできない．同じような現象が日本語にも見られるということは，完全なコントロール，部分的コントロールという概念が重要であるということを示している．

(41) a. 生徒たちはばらばらに集まりたがった．
b. 生徒たちはばらばらに集まろうとした．
c. ジョンはばらばらに集まりたがった．
d. ??ジョンはばらばらに集まろうとした．

以上のように Landau は，want も try も義務的コントロールの動詞であると主張する．では，(35a, b) の対比はどこからくるのであろうか．Landau は，Kiaparsky and Kiparsky (1970) の感情述語かどうかが関係

するという説をとる．そして want は感情述語であるので，for DP を許し，try は感情述語ではないので for DP を許さない，と言う．

Landau は，decide を want と同じ願望の動詞類に分類し，願望の動詞はすべて感情述語であると言う．しかし，decide は (42) のように for DP を許さない．どの動詞が for DP を許し，どの動詞が許さないかについては，さらに検討が必要であろう．

(42) *John decided for Bill to shave himself.
(Manzini 1983, 431)

Landau は try 類の他に，begin のような相の動詞や manage などの含意動詞（implicative verb）も try と同じように，完全なコントロールの動詞であるとする．相の動詞も含意動詞も，for DP を許さない．

(43) a. *John began [PRO to gather during the strike].
b. *John managed [PRO to meet at 6].
(44) a. *John began for Mary to study hard.
b. *John managed for Mary to open the key.

次に，(45) のような不定詞疑問節を含む文を考えよう．このような場合，(46a) のように，PRO のコントローラーが主文の主語である場合と，(46b) のように，PRO のコントローラーが主文の主語とは考えられない場合とがある．

(45) John wondered [how [PRO to win the game]].
(46) a. John asked [how [PRO to behave himself]].
(Manzini 1983, 427)
b. John asked [how [PRO to behave oneself]].　(*ibid.*)

従来，このような文は恣意的な PRO を許すと考えられてきた（*cf.* Williams 1980）．しかし，(47) で見られるように，不定詞疑問節の場合は複数の主語を要求する場合も可能であり，不定詞疑問節の PRO は恣意的コントロールではなく，部分的コントロールである，と Landau は述べる．さらに Landau は，(48) で長距離コントロールは不可能であるので，

(36B) の基準で見ても，不定詞疑問節を含む文は義務的コントロールの例となると主張する．

(47) Mary wondered whether [PRO to apply together for the grant].
(48) *Mary_i knew that it wasn't clear to John [how [PRO_i to perjure herself]].

以上のようにLandauは，不定詞疑問節は恣意的コントロールではなく，義務的コントロールであり，そして部分的コントロールであると主張する．そうすると，不定詞疑問節とwant類の不定詞補部は同じ性質を持つことなる．しかし，(46b)((49a)として再掲)のように，不定詞疑問節はその補部にoneselfを許すが，want類は(49b)のようにその補部にoneselfを許さず，その点で不定詞疑問節はwant類の動詞の補部とは性質を異にする．さらに検討が必要である．

(49) a. John asked [how [PRO to behave oneself]].
　　　b. *John wanted to shave oneself. 　(Manzini 1983, 430)

3.3.4 指定部位置か文末位置か

Grinder (1970) は，PROを含む節が文の指定部にあるか，文末位置にあるかで，PROのコントローラーの可能性に相違があることを明らかにした．PROを含む節が文の指定部にある時は，(50a) のように，その文の述語の目的語がPROのコントローラーになることもできるし，(50b) のように，より上位の文のDPがコントローラーになることもできる．(Grinderは，より上位の文のDPがコントローラーになる場合，非局所同一名詞句削除 (Super-Equi NP Deletion) により導く．) しかし，PROを含む節が文末位置にある時は，(50c) のように，その文の目的語はPROのコントローラーになることができるが，(50d) のように，より上位の文のDPはPROのコントローラーになることができない．このように，下位のDPによって上位のDPがコントローラーになることが阻止されることを，介在制約 (Intervention Constraint) があると言う．

(50) a. John said [_CP that [PRO_i making a fool of herself in public] disturbed Sue_i]].
b. John_i said [_CP that [PRO_i making a fool of himself in public] disturbed Sue]].
c. John said [_CP that it disturbed Sue_i [PRO_i to make a fool of herself in public]].
d. *John_i said [_CP that it disturbed Sue [PRO_i to make a fool of himself in public]].

しかし Landau (2000) は，(50d) のように文末位置にある時に，より上位の文の DP が PRO のコントローラーになることができないのは (すなわち介在制約があるのは)，述語が心理動詞の場合だけで，述語が心理動詞以外の時は，より上位の文にある DP も PRO のコントローラーになることができることを指摘した．(50c, d) の disturb は心理動詞であるが，(51a, b) の help は心理動詞ではない．そして help の場合は，PRO を含む節が文末位置にある時も，より上位の文にある DP が PRO のコントローラーになることができる．すなわち，心理動詞ではない help の場合は，介在制約はない．

(51) a. Mary thought [_CP that it helped John_i [PRO_i to speak his_i mind]].
b. Mary_i thought [_CP that it helped John [PRO_i to speak her_i mind]].

Landau は，Belletti and Rizzi (1988) の心理動詞の分析を取り入れてこの事実を説明する．細かい議論は省くが，(50c, d) のように心理動詞の場合は，PRO を含む節は VP (本書の vP に相当) の中に留まるが，(51a, b) のように心理動詞ではない場合は，PRO を含む節は外置され，VP の外にあるとする．そして (50a, b) のように PRO を含む節が文の指定部にある場合も，VP から IP の指定部に移動していて，VP の外にあるとする．Landau は，PRO を含む節が VP の中にある時は義務的コントロールであり，そして義務的コントロールの場合は，コントローラーはその

VPの中にあると主張する．VPの外にある場合は随意的コントロールであり，長距離コントロールが可能となる．このように，(50d)で文の外のDPがPROのコントローラーになることができないことが説明できる．コントロールと照応形の問題は，第4章で取り上げる．

3.4 PROと痕跡

従来，(52a)のJohnは初めから主文内にあり，(52a)では補文から主文への移動はないとされてきた．つまり，(52a)の文では(52b)のように，補文の主語位置にPROがあると考えられてきた．一方，(53a)のJohnは，補文の主語位置から主文にNP移動されると考えられてきた．すなわち，(53a)の補文の主語位置には，(53b)のように痕跡があると考えられてきた．

(52) a. John wants to win.
　　　b. John wants [PRO to win]
(53) a. John seemed to win.
　　　b. John$_i$ seemed [t_i to win]

これに対しHornstein (1999)は，(52a), (53a)の両方で，Johnが補文の中から主文へ移動されると主張する．そして両者の違いは，wantの場合は，移動前に補文内で主題役割を付与され，移動後にも主文で主題役割を付与されることができるのに対し，seemの場合は，移動前に補文内で主題役割を付与されるのみで，移動後には主題役割は付与されないとする．すなわち，Hornsteinは，1つのNPに2つ以上の主題役割が付与されることを許す．wantとseemの違いは，NPの移動の違いではなく，主題役割の付与の違いとする．O'Neil (1997)も同様の考えを提案している．

しかし，Chomsky and Lasnik (1993)は，痕跡とPROとの違いを次のように指摘している．eachは，それに対応する複数形の名詞が必要である．(54a)でone translator eachがthe visiting diplomatsに近い位置にあり，(54a)は容認可能である．(54b)ではone translator eachはthe visiting diplomatsよりかなり遠い位置にあるが，文法的である．この事

実は，one translator each がその痕跡 t の位置にあったとすれば，(54a) と同様に説明できる．(54b) の意味は (54c) のように表すことができる．

(54) a. One interpreter each was assigned *t* to the visiting diplomats.
b. One translator each was expected *t'* to be assigned *t* to the visiting diplomats.
c. It was expected that one translator each would be assigned to the visiting diplomats.

これに対し，(55) では one translator each と PRO は別の項である．痕跡の位置にあるかのように解釈されるのは PRO であって，one translator each ではない．したがって，(55) の one translator each は，the visiting diplomats から遠すぎる位置にあることになる．このように (54b) と (55) を区別するために，痕跡と PRO の区別が必要である．

(55) *One translator each hoped [PRO to be assigned *t* to the visiting diplomats].

さらに，3.3.3 節で述べたように，want は部分的コントロールを許し，(56) は容認可能である．これに対し，appear など繰り上げ動詞は，(57) のように部分コントロールを許すことはない (*cf.* Landau 2000)．このことも，痕跡と PRO の場合の違いを示している．

(56) John wants [PRO to meet at 6].
(57) a. *John is likely to meet tomorrow. (Landau 2000, 30)
b. *The chair appeared to be gathering once a week. (*ibid.*)

3.5 pro

英語では原則的に，主語を表現しなければならない．(58a) のような文は，非文法的である．ところがイタリア語では，(58a) に対応する (59a) は文法的である．そしてイタリア語では，(59a) のように主語を表現しなくてもよいし，(59b) のように表現してもよい．

(58) a. *Is happy.
　　　b. She is happy.
(59) a. ＿ è felice.（is happy）
　　　b. Lei è felice.（She is happy）

また，英語では天候動詞の場合，あるいは節が後置された場合，主語位置に it が必要であり，これらがない文は非文法的である．

(60) a. It is raining.
　　　b. *Is raining.
　　　c. It is clear that Gianni will go home.
　　　d. *Is clear that Gianni will go home.

これに対しイタリア語では，英語のこの it に相当するものがない．そして主語位置に代名詞 ciò を挿入すると，非文法的になる．

(61) a. Piove.（Rain.［pres, 3sg］）(Haegeman and Guéron 1999, 4)
　　　b. *Ciò piove.（It rains.［pres, 3sg］）　　　　　(*ibid.*)
　　　c. È chiaro [$_{CP}$ che Gianni tornerà a casa].（Is clear that Gianni will return to home.）　　　(*ibid.*, 599)
　　　d. *Ciò è chiaro [$_{CP}$ che Gianni tornerà a casa].（It is clear that Gianni will return to home.）　　　(*ibid.*)

英語に天候の it, 仮主語の it が存在するのは，英語が主語を表現しなければならない言語だからである．そしてイタリア語に，英語の天候の it, 仮主語の it に対応するものがないのは，イタリア語は主語を表現しなくてもよい言語であるからである．

　イタリア語は，主語が顕在的に現れていない時，主語位置に音形のない代名詞があると考えられている．それを，不定詞節，動名詞節の主語位置に現れる PRO と区別して，pro で表す．この pro は，代名詞の性質を持っていると考えられている．pro を許す言語では (62a) は可能であるが，(62b) は不可能である（イタリア語の場合の例だが，表現は英語で表記してある．）これは (62c, d) と平行的であり，pro が束縛原理に関し，音形

のある代名詞と同じ振る舞いをすることを示している((62)はChomsky and Lasnik (1993, 36))．

(62) a. The people that *pro*$_i$ taught admired John$_i$.
b. *pro$_i$ admired John$_i$.
c. The people that he$_i$ taught admired John$_i$.
d. *He$_i$ admired John$_i$.

イタリア語のように pro を許す言語は，空主語言語 (null subject language) と呼ばれる．他に，中国語，日本語も pro を許す言語であると考えられている．英語には pro はないと考えられている．イタリア語は，動詞の語形変化が複雑な言語であり，逆に中国語と日本語は，動詞の語形変化が見られない言語である．英語には語形変化はあるが，現在形の語形変化は，一般動詞では3人称，現在，単数の s に限られ，語形変化があまり複雑でない言語である．動詞の語形変化が複雑な言語と動詞の語形変化がまったくない言語が，pro を許すと考えられている．

第4章　その他の照応

4.1　束縛代名詞と交差の現象

4.1.1　束縛代名詞

次の(1)は，2通りに解釈できる．1つは，his がこの文では述べられていないある特定の人(たとえば John)を指す場合で，「誰が彼の(John の)犬を愛しているか」という意味である．もう1つは，「誰が自分の犬を愛しているか」という意味である．2番目の意味は(2)のように表される．

(1)　Who loves his dog?
(2)　For which x = a person, x loves x's dog

2番目の意味では，his は主語の who の解釈に依存して解釈を受ける．このような代名詞を，束縛代名詞(bound pronoun)と言う．(3a)においても「すべての少年は彼の(ある特定の人 John の)犬を愛している」という意味と，「すべての少年は自分の犬を愛している」という意味がある．後者の意味は束縛代名詞としての用法であり，(3b)のように表すことができる．(3c)のように否定辞を含む場合も，his は特定の人を指す場合と束縛代名詞としての用法の，両方がある．否定辞も数量詞であると考えると，(3c)は(3a)と平行的である．

(3)　a.　Every boy loves his dog.
　　　b.　For every x = a boy, x loves x's dog
　　　c.　No man should mistreat his friends.

以下，束縛代名詞の場合も（4a–c）のように，指標を付して説明する．ただし，この場合の指標は，（5）のような普通の代名詞の場合の指標と少し意味が違うことに注意する必要がある．すなわち（5）の場合，John という特定の人物と his が，同一指示的であるということを示している．しかし，（4）の各文で，who, every boy, no man という人物は存在しないので，（4a–c）には，（5）で見られるような代名詞と特定の人物が同一指示的であるという解釈はない．

(4) a. Who$_i$ loves his$_i$ dog?
　　b. [Every boy]$_i$ loves his$_i$ dog.
　　c. [No man]$_i$ should mistreat his$_i$ friends.
(5) John$_i$ loves his$_i$ dog.

次の文では，束縛代名詞の解釈は不可能である．(1), (3a, c) と (6a, b) の違いは，前者の文においては wh 句，数量詞を含む句が代名詞を c 統御しているのに対し，後者の文では (7) で表したように，wh 移動後，数量詞繰り上げ（Quantifier Raising: QR）後にそれらが代名詞を c 統御していないことである．

(6) a. *His$_i$ boss regrets that [no man]$_i$ is lucky.
　　　　　　　　　　　　　　　　　(Lasnik and Stowell 1991, 688)
　　b. *His$_i$ mother wonders who$_i$ Jane saw t.　　　(*ibid.*)
(7) a. [his boss regrets [$_{CP}$ that [$_{IP}$ no man [$_{IP}$ t is lucky]]]]
　　b. [his mother wonders [$_{CP}$ who [$_{IP}$ Jane saw t]]]

このことから，次のような束縛代名詞についての原則をたてることができる．

(8) 代名詞が束縛代名詞として解釈されるのは，wh 句，数量詞を含む句が代名詞を c 統御している時である．

4.1.2　交差の現象

代名詞は，(8) の場合にいつも束縛代名詞として解釈されるわけではな

い．(9)，(10) の文を考えよう．(9) の文の場合は，(1) と同じように代名詞は束縛代名詞として解釈できる．しかし，(10) の文の場合は，代名詞は束縛代名詞として解釈することはできない．

(9)　a.　Who$_i$ claimed Jack kissed her$_i$?
　　　　b.　Who$_i$ did you say made you visit him$_i$?
(10)　a.　*Who$_i$ did she$_i$ claim Jack kissed t?　(Postal 1971, 250)
　　　　b.　*Who$_i$ did you say he$_i$ made you visit t?
　　　　　　　　　　　　　　　　(Lasnik and Stowell 1991, 688)

(9a, b) の場合，wh 移動の前の構造はそれぞれ (11a, b) であり，そして wh 移動後の構造はそれぞれ (12a, b) である．wh 句は，wh 移動前も wh 移動後も代名詞の左にある．

(11)　a.　[$_{CP}$ [$_{IP}$ who claimed [Jack kissed her]]]
　　　　b.　[$_{CP}$ [$_{IP}$ you said [who made [you visit him]]]]
(12)　a.　[$_{CP}$ who [$_{IP}$ t claimed [Jack kissed her]]]
　　　　b.　[$_{CP}$ who did [$_{IP}$ you say [t made [you visit him]]]]

これに対し，(10a, b) の wh 移動の前の構造はそれぞれ (13a, b) であり，wh 移動後の構造はそれぞれ (14a, b) である．wh 句は，wh 移動の前は代名詞の右にあり，wh 移動の後は代名詞の左にある．すなわち，wh 句は代名詞を交差して移動している．それゆえ，(10a, b) のような場合は「交差の現象」(crossover phenomena) と呼ばれる．

(13)　a.　[$_{CP}$ [$_{IP}$ she claimed [Jack kissed who]]]
　　　　b.　[$_{CP}$ [$_{IP}$ you said [he made [you visit who]]]]
(14)　a.　[$_{CP}$ who did [$_{IP}$ she claim [Jack kissed t]]]
　　　　b.　[$_{CP}$ who did [$_{IP}$ you say [he made [you visit t]]]]

束縛代名詞として解釈できない (10a, b) の wh 移動後の構造は，(14a, b) であり，代名詞 she, he は wh 句の痕跡を c 統御している．この wh 句の痕跡は，LF において変項 (variable) として機能する．変項も指示表現であると考えると，この指示表現は代名詞類に c 統御されているので，束縛

原理 C の違反となる．すなわち，(10a, b) が容認できないことは束縛原理 C により説明できる．

次に (15a) を考えよう．(15a) の wh 移動前の構造は (15b) であり，wh 移動後の構造は (15c) である．wh 句は代名詞 his を交差して移動している．したがって，この場合も交差の現象と呼ばれる．しかし，(15a) の容認可能性は (10a, b) ほど低くはない．このため，(10a, b) の場合は「強い交差現象」(strong crossover phenomena)，(15a) は「弱い交差現象」(weak crossover phenomena) と呼ばれる．

(15) a. ??Who$_i$ does his$_i$ mother like?
 b. [$_{CP}$ [$_{IP}$ [his mother] likes who]]
 c. [$_{CP}$ who does [$_{IP}$ [his mother] like t]]

(10a, b) の場合，(14a, b) において wh 句の痕跡は代名詞に c 統御されている．これに対し (15a) の場合，(15c) において wh 句の痕跡は代名詞 his に c 統御されていない．したがって，この場合は束縛原理 C の違反はないので，別の説明が必要となる．

容認可能な (16) (= (1)) では，wh 句の痕跡 (wh 句に束縛されている変項) は代名詞を c 統御している．これに対し，容認不可能な (15a) では，(15c) において wh 句の痕跡は代名詞を c 統御していない．

(16) [$_{CP}$ who [$_{IP}$ t loves his dog]]

数量詞に関わる場合も，数量詞が数量詞繰り上げを受けると同じ状況になる．容認可能な (3a) ((17a) として再掲) と容認可能性が低い (18a) の数量詞繰り上げ後の構造は，それぞれ (17b) と (18b) である．(17b) で数量詞の痕跡 (数量詞に束縛されている変項) は代名詞を c 統御しているが，(18b) では，数量詞の痕跡は代名詞を c 統御していない．

(17) a. Every boy loves his dog.
 b. [every boy [t loves his dog]]
(18) a. ??His$_i$ mother loves everyone$_i$.
 b. [everyone [his mother loves t]]

以上のことから，弱い交差について (19) のような記述的一般化が得られる (*cf.* Lasnik and Stowell 1991)．また，(20a) のような場合も，(20b) のように，顕在的統語部門で移動しなかった wh 句が LF で移動すると考えると，同じ説明ができる．(19) の記述的一般化を説明するものに Koopman and Sportiche (1982 / 1983) がある．詳しくは同論文を参照されたい．

(19) 代名詞は，wh 句，数量詞，否定辞を含む要素に束縛されている変項に c 統御されている時にのみ，束縛代名詞として解釈される．

(20) a. ??I don't know when his$_i$ mother saw who$_i$.
(Safir 1984, 623)
b. I don't know [when + who [[his mother] saw *t*]]

以上，束縛代名詞に関し，束縛という概念を使って説明してきた．しかし (21) のように，束縛の要件 (c 統御) を欠いている場合でも束縛代名詞として解釈される場合がある．Ruys (2000) は，スコープ (scope) の観点からこの問題に取り組んでいる．詳しくは Ruys (2000) を参照されたい．

(21) a. (?)[Every boy's$_i$ mother] loves him$_i$.
(Higginbotham 1980, 229)
b. [Every farmer [who owns a donkey$_i$]] beats it$_i$.
c. The woman [that every Englishman$_i$ loves] is his$_i$ mother.

4.2 絵画名詞句内の照応形，意識主体照応性，長距離照応形

4.2.1 絵画名詞句内の照応形

(22) のイタリックで表された名詞は，絵画名詞 (picture noun) と呼ばれている．(絵画名詞の包括的なリストについては Warshawsky (1976) を参照のこと．) なお，(23) も同じ扱いをするとすると，「絵画名詞」という用語は適切ではないかもしれないが，Warshawsky に従い，絵画名詞という用語を使う．

(22) a. John$_i$ saw a *picture* of himself$_i$.
　　 b. Each other's$_i$ *pictures* would please the boys$_i$.
　　 c. John$_i$ heard a *description* of himself$_i$.
(23) Each other's$_i$ *health* worried the students$_i$.

(Pesetsky 1987, 127)

照応形が絵画名詞の補部位置にある時，あるいは (22b) のように絵画名詞の指定部にある時 (以下，両者の場合を合わせて「絵画名詞句内の照応形」と呼ぶ) は，普通の照応形には見られない振る舞いをする．まず第一に，普通の照応形は，第 2 章 2.2 節で述べたように，文中に必ず先行詞を必要とする．これに対し (24) のように，絵画名詞句内の照応形は，先行詞が文中にない場合も許される (*cf*. Pollard and Sag 1992, 268).

(24) John$_i$ was furious. The picture of himself$_i$ in the museum had been mutilated.

また，普通の照応形の場合は，(25a) のように，先行詞が名詞句の一部である場合，照応は不可能であるが，絵画名詞句内の照応形の場合は，(25b) のように先行詞が名詞句の一部の場合でも照応が可能な場合がある．

(25) a. *John's$_i$ image harmed himself$_i$.　(= 第 3 章 (24e))
　　 b. These rumors about himself$_i$ caught John's$_i$ attention.

絵画名詞句内の照応形のその他の特異性については，Nakajima (1984 / 1985) を参照されたい．

4.2.2　絵画名詞句内の照応形と心理動詞

(26a) は，Belletti and Rizzi (1988) の心理動詞の分析を採用して，(26b) のような構造から派生されると考え，そして stories about himself が LF で (26c) の t の位置にあると解釈されると，himself は John に c 統御されている．このように考えると，(26a) が容認可能であることが説明できる．

(26) a. Stories about himself$_i$ worry John$_i$.

b. [$_e$ [$_{I'}$ I [$_{VP}$ [$_{v'}$ worry [stories about himself]] John]]]
c. [[stories about himself] [$_{VP}$ [$_{v'}$ worry t] John]]]

しかし，絵画名詞句内の照応形に関し，(26a)のような場合の他に，(27a–d)のような場合が指摘されてきた．

(27) a. Stories about himself$_i$ always make John$_i$ worry.
(Campbell and Martin 1989, 45)
b. Pictures of himself$_i$ give Bill$_i$ a headache. (*ibid.*, 46)
c. Those stories about himself$_i$ cause John$_i$ pain.
(Lebeaux 1984 / 1985, 346)
d. The pictures of each other$_i$ with Ness made [Capote and Nitty]$_i$ somewhat nervous. (Pollard and Sag 1992, 264)

(27a–d)の場合，動詞が心理動詞ではないので，(26b)のような分析はできない．(27a–d)の場合，(28a, b)で表されているように，照応形の先行詞は照応形をc統御していない．(27a–d)はどのように説明できるだろうか．

(28) a. [$_{vP}$ [$_{DP}$ stories about himself] [$_{v'}$ v [$_{VP}$ make [$_{IP}$ John worry]]]]
b. [$_{vP}$ [$_{DP}$ pictures of himself] [$_{v'}$ v [$_{VP}$ Bill [$_{v'}$ give a headache]]]]

(27a, c, d)では，先行詞は使役動詞の補部の主語である．そして(27b)では，先行詞はVPシェルの中にある．(27a)のmakeの補部の主語のJohnは，makeにより格を照合される．その意味で，(27a)のstories about himselfとJohnは，同じvPの要素となっている．同じことが(27c, d)についても言える．(27b)のような，先行詞が絵画名詞句と同じVPシェルの中にある場合も，絵画名詞句と先行詞は同じvPの要素である．

(27a–d)とは対照的に，先行詞が定型補文の中にある(29)のような場合は，容認不可能である．(27a–d)とは違って，(29)ではJohn, Tomは絵画名詞句と同じvPの要素ではない．

(29) a. ?*[Pictures of himself$_i$ show [$_{CP}$ that John$_i$ is crazy]].
(Lebeaux 1984 / 1985, 349)

b. *[The fact that there is a picture of himself$_i$ in the post office proves [$_{CP}$ that Tom$_i$ is ugly]]. (Jackendoff 1972, 136)

c 統御の他に，(30) のような p 統御 (p-command. p は phase (フェイズ) の頭文字) を仮定してみよう．そうすると，絵画名詞句内の照応形について (31) のような一般化ができる．

(30) 節点 A を支配する最初の CP, DP, vP が B を支配する場合，A は B を p 統御する．
(31) もし α が絵画名詞句内の照応形であるならば，束縛領域において α を p 統御する句と同一指示的であると解釈せよ．

(29) の場合，John, Tom は補文の CP の中にあり，絵画名詞句内の照応形を p 統御しない．これに対し (28a) の John は，himself を p 統御している．したがって，(31) により容認可能とされる．((28a) の絵画名詞句には照応形の先行詞になりえるものがないので，束縛領域は vP となる．) (28b) においても，Bill は himself を p 統御している．

(32) のような例は，第 3 章で述べた (33) により，John は himself を p 統御していると考える．

(32) These rumors about himself$_i$ caught John's$_i$ attention. (= (25b))
(33) [X's$_i$ NP] ⇒ [X's NP]$_i$ (= 第 3 章 (25))

さらに (34) のように，先行詞が (27) と同じような位置にあっても，容認不可能である場合が指摘されている．絵画名詞句内の照応形の先行詞は照応形 (anaphor) ではなく，意識主体照応形 (logophor) であり，その先行詞は「意識する主体」でなければならないと主張されることがある．(意識主体照応形については Reinhart and Reuland (1991; 1993) を参照のこと．また，意識主体照応形を使った説明については，Iwata (1995) も参照されたい．)

(34) *Pictures of himself$_i$ sent John$_i$ a message.
(Campbell and Martin 1989, 45)

意識する主体という直感を取り入れて，統語的説明を試みる．(27) の各文を見てみると，先行詞はすべて「経験者」(Experiencer) である．(27b) においても，Bill は頭痛を感じている．これに対し，容認不可能な (34) では John は「着点」(Goal) であって，「経験者」ではない．

さらに，(35a) と (35b) では容認可能性に相違がある．(35a) で John は「経験者」だが，(35b) の John は「経験者」ではない．「経験者」が照応形を p 統御する時だけ容認可能であり，(31) を (36) のように改める．

(35)　a.　Pictures of himself$_i$ made John$_i$ angry.

　　　　　　　　　　　　　　　　(Endo and Zushi 1993, 40)

　　　b.　??Pictures of himself$_i$ made John$_i$ famous.　　(*ibid.*)

(36)　もし α が絵画名詞句内の照応形であるならば，束縛領域において α を p 統御する「経験者」と同一指示的であると解釈せよ．

次に (37) のような例を考えよう．

(37)　a.　[$_{CP}$ That [a picture of himself$_i$] was hanging in the post office] disturbed Tom$_i$.

　　　b.　[$_{DP}$ The fact [that there is [a picture of himself$_i$] hanging in the post office]] frightens Tom$_i$.　(Jackendoff 1972, 132)

(37) は，絵画名詞句を含む節，あるいは絵画名詞句を含む節を補部にとる the fact などの DP が，先行詞と同じ VP シェルの要素である場合である．(37) の CP あるいは DP の中には，照応形の先行詞となりうるものはなく，この中では照応は原理的に適用できない．第 2 章 2.2.4 節の束縛領域についての議論が，ここでもあてはまる．「α を含み，その中で α に対する束縛原理が原理的に適用できる最小のフェイズ」を束縛領域とすると，(37) は (36) により説明することができる．

今までの例は，絵画名詞句内の照応形の先行詞が「経験者」の場合であった．しかし絵画名詞句内の照応形の先行詞は，「経験者」以外の時も可能である．(38) の文では，絵画名詞句内の照応形の先行詞は「経験者」ではない．(38a) の John は「動作主」(Agent) で，Tom は「着点」である．同様に (38b) において，先行詞 John は「着点」である．

(38) a. John_i told Tom_j a story of himself_{i/j}.

(Jacekndoff 1972, 132)

b. I would never show a photo of himself_i to John_i.

(Radford 1981, 33)

　(38)と，(27a–d)/(35a)とでは，絵画名詞句内の照応形とその先行詞の間の統御関係が異なる．(27a–d)/(35a)では，「経験者」は絵画名詞句内の照応形を(p統御はしているが)c統御していない．これに対し(38a)では，先行詞が絵画名詞句内の照応形をc統御している．(38b)についても，第2章2.5.1節で述べたように，与格構文が二重目的語構文から受動化と似た操作で生成されると考え，絵画名詞句がLFで元の位置にあると解釈されるとしよう．そうすると(38b)のhimselfは，LFでJohnにc統御されている．

　(39)のように先行詞が「経験者」以外の場合は，絵画名詞句内の照応形をc統御していなければ，p統御していても容認不可能である．(38)のような先行詞が「経験者」以外の場合は，c統御が関わっている．第2章2.2.6節で述べた束縛原理Aがこの場合にも適用されると考えると，(38)と(39)の対比が説明できる．(36)を(40)のように改める．

(39) *Pictures of himself_i sent John_i a message. (= (34))

(40) もしαが絵画名詞句内の照応形であるならば，束縛領域の中でαをc統御する句か，あるいはαをp統御する「経験者」と同一指示的と解釈せよ．

　絵画名詞句内の照応形は，一般の照応形にあてはまる原理以外に，先行詞が「経験者」の時にc統御をp統御まで拡張できると考えられる．なお，Campbell and Martin (1989)は(27a, b)のような場合に，補文の「経験者」をLFで上昇させる分析をしている．そのような「経験者」のLFでの上昇があると考えると，c統御の概念だけで説明できる．(40)のような選言的な一般化がよいか，LFでの移動による一般化がよいかは，今後の課題としたい．なお大庭(2003)は，広範囲にわたる事実を本書とは別のアプローチで解明している．

4.2.3　絵画名詞句内の照応形と非局所同一名詞句削除

絵画名詞句内の照応形と非局所同一名詞句削除（Super-equi NP deletion）との間に，平行性があると述べられてきた（*cf.* Grinder 1970; Jacobson and Newbauer 1976; Lebeaux 1984 / 1985; Landau 2000）．まず第一に，非局所同一名詞句削除が非有界（unbounded）であるように，絵画名詞句内の照応形も非有界である．

(41)　a.　John$_i$ thought [that it was likely [that [PRO$_i$ shaving himself$_i$] would disturb Mary]].
　　　　　　　　　　　　　　　　　　（Jacobson and Neubauer 1976, 434）
　　　b.　John$_i$ thought [that it was likely [that a picture of himself$_i$ would appear in the newspaper]].　　（*ibid.*, 435）

そして，非局所同一名詞句削除に介在制約があるように，絵画名詞句内の照応形にも介在制約がある．非局所同一名詞句削除の場合は，(42)で，(42a)のように PRO のコントローラーは John でもよいし，(42b)のように Mary でもよい．これに対し (43) では，(43a)のように John をコントローラーとすることができず，(43b)のように PRO のコントローラーは Mary に限られる．絵画名詞句内の照応形も同様である．(44)では，照応形の先行詞は (44a)のように John でもよいし，(44b)のように Mary でもよい．しかし (45) では，照応形の先行詞は Mary に限られる．((42), (43) は Jacobson and Neubauer (1976, 434).)

(42)　a.　John$_i$ thought [that [PRO$_i$ shaving himself$_i$] would bother Mary].
　　　b.　John thought [that PRO$_i$ shaving herself$_i$] would bother Mary$_i$].
(43)　a.　*John$_i$ thought [that Mary would be bothered by [PRO$_i$ shaving himself$_i$]].
　　　b.　John thought that [Mary$_i$ would be bothered by [PRO$_i$ shaving herself$_i$]].
(44)　a.　John$_i$ thought [that [a picture of himself$_i$] was given *t* to

Mary].
- b. John thought [that [a picture of herself$_i$] was given t to Mary$_i$].
(45) a. *John$_i$ thought [that Mary was given t [a picture of himself$_i$]].
- b. John thought [that Mary$_i$ was given t [a picture of herself$_i$]].

本節では，絵画名詞句内の照応形についての非有界の事実および介在制約の事実が，(40) により説明できるか検討する．さらに，絵画名詞句内の照応形と PRO が本当に同じ性質を持つか，検討する．(44) と (45) の対比 ((46) と (47) として構造つきで再掲) で見られるように，照応形を含む絵画名詞句が vP の中に留まると，先行詞はその vP の中になければならないが，照応形を含む絵画名詞句が vP の外に出ていると，先行詞は vP の中にあってもよいし，vP の外にあってもよい．

(46) a. John$_i$ thought [$_{CP}$ that [a picture of himself$_i$] was [$_{vP}$ given t to Mary]].
- b. John thought [$_{CP}$ that [a picture of herself$_i$] was [$_{vP}$ given t to Mary$_i$]].
(47) a. *John$_i$ thought [$_{CP}$ that Mary was [$_{vP}$ given t [a picture of himself$_i$]]].
- b. John thought [$_{CP}$ that Mary$_i$ was [$_{vP}$ given t [a picture of herself$_i$]]].

移動された要素は，LF で連鎖の 1 つの位置にあると解釈される．(46a) では，a picture of himself が移動後の位置にあると考える．補文の中では，照応形に対する束縛原理が原理的に適用されず，束縛領域は主文となる．himself は，束縛領域の中で John に c 統御されている．(46b) の場合は，a picture of herself が LF で受動化に似た操作の前の位置にあると考えると，herself は Mary に c 統御されている (⇒ 第 2 章 2.5.1 節)．(47a) では，John は vP の外にある．(47b) では Mary が t の位置にあると考えると，herself は束縛領域の中で Mary に c 統御されている．このように，(46), (47) の事実は (40) から導かれる．

4.2.1 節で述べた (48a) (= (24)) のような，先行詞が文中にない場合は，束縛領域が拡大したと考えることができるかもしれない．第 2 章 2.2.5 節で，(48b) のような himself が主格である場合は，格照合と再帰代名詞の先行詞との一致の両立はできないと述べた．(48a) の himself の場合は内在格 (inherent case) を持つので，himself が主格である時のような問題は起こらないと考えられる．

(48) a. John$_i$ was furious. The picture of himself$_i$ in the museum had been mutilated.
b. *John$_i$ believes himself$_i$ is clever.

さらに，(49) のような文において絵画名詞句内の照応形は，主文の主語も間接目的語も先行詞にとることができる．(Chomsky (1986) はこのような場合，先行詞は主語に限られると述べているが，Pollard and Sag (1992) ならびに Progovac and Franks (1992) は，間接目的語も可能としている．) (49) が (50) の構造を持つと考えると，each other は they にも us にも c 統御され，束縛原理を原理的に満足できる束縛領域である tell の vP のフェイズで，they とも us とも関係づけることができる．

(49) They$_i$ told us$_j$ [that [pictures of each other$_{i/j}$] would be on sale].
(50) [$_{vP}$ they [$_{v'}$ v [$_{VP}$ us [$_{v'}$ told [that [pictures of each other] would be on sale]]]]]

次に，心理動詞とそれ以外の動詞の場合についての事実を見てみる．第 3 章 3.3.4 節で述べたように，Landau (2000) は，心理動詞とそれ以外の動詞の場合では，非局所同一名詞句削除における振る舞いが異なるということを指摘した．動詞が心理動詞で，PRO を含む節が文末にある場合，(51) のように介在制約がある．これに対し，help のような心理動詞以外の動詞の時は，(52) のように介在制約はない．

(51) a. John said [$_{CP}$ that it disturbed Sue$_i$ [PRO$_i$ to make a fool of herself in public]].
b. *John$_i$ said [$_{CP}$ that it disturbed Sue [PRO$_i$ to make a fool of

himself in public]].
(52) a. Mary thought [$_{CP}$ that it helped John$_i$ [PRO$_i$ to speak his$_i$ mind]].
  b. Mary$_i$ thought [$_{CP}$ that it helped John [PRO$_i$ to speak her$_i$ mind]].

絵画名詞句内の照応形について，同じ現象が見られるか見てみよう．心理動詞の場合，(53a) のように，絵画名詞句内の照応形を含む節が文末位置にある時には，介在制約がある．これに対し，help など心理動詞以外の場合，(53b) のように，絵画名詞句内の照応形を含む節が文末位置にある時，介在制約はない．この事実は，第 3 章 3.3.4 節で述べたように，心理動詞以外の場合には，節が vP の外に外置されるという Landau の仮定を採用すると説明できる．

(53) a. *John$_i$ thought [that it disturbed Mary [that [a picture of himself$_i$] was hanging in the post office]].
        (Jacobson and Newbauer 1976, 458)
  b. John$_i$ thought [that it helped Mary [that [a picture of himself$_i$] was hanging in the post office]].

以上，絵画名詞句内の照応形についての，非有界の事実および介在制約の事実が，(40) により説明できることを明らかにした．絵画名詞句内の照応形と非局所名詞句削除は，平行的であるように見える．しかし，両者が平行的であったとしても，絵画名詞句内の照応形と PRO が同じような性質を持つということにはならない．Richardson (1986, 258) は (54a) のように，PRO のコントローラーが PRO を含む節を c 統御していない文も，容認可能であるとしている．絵画名詞句内の照応形の場合，(54b, c) が容認不可能であることからわかるように，c 統御されるか，あるい「経験者」によって p 統御されている必要がある．

(54) a. (?) PRO$_i$ perjuring himself proved [$_{CP}$ that Mr. Jones$_i$ is an unreliable witness].
  b. ?*Pictures of himself$_i$ show [$_{CP}$ that John$_i$ is crazy].

(= (29a))
  c. *The fact that there is a picture of himself$_i$ in the post office proves [$_{CP}$ that Tom$_i$ is ugly]. (= (29b))

絵画名詞句内の照応形と PRO とは，性質が異なる．絵画名詞句内の照応形は (40) で説明される．それに対し，PRO のコントロールの問題には第 3 章 3.3.2 節で述べたように，意味的，語用論的要因が絡んでいる．コントロールと束縛は，別のモジュールに属するのである．

4.2.4 意識主体照応性

意識主体照応性（logophoricity）という概念は，絵画名詞句内の照応形以外にも必要であると主張されている．Kuno (1987, 107) は，(55a, c) は容認可能であるが，(55b) は容認不可能であると述べている．((55b) についての容認可能性の判断は Kuno のものである．) そして Kuno は，これらの文は，(56) のような直接の談話を含む構造から派生されると考え，(56) の I が人称の一致で he となると述べる．さらに Kuno は，(56) の I が John という形で具現化することはなく，その結果 (55b) は容認不可能になると述べる．

(55) a.　John$_i$ anticipated that he$_i$ would be elected.
     b.　*That John$_i$ would be elected was anticipated by him$_i$.
     c.　(?) That he$_i$ would be elected was anticipated by John$_i$.
(56) [John anticipated, ["*I* will be elected."]]

Kuno は，(57) についても同じ現象が起こっていると述べる．(55) は先行詞が主節の主語の場合であり，(57) は先行詞が主節の目的語の場合である．Kuno は「補文が主節の思想を表している時，主節の 1 人称と 2 人称は，補文中では非代名詞で表すことができない」と述べる．

(57) a.　The statement that he$_i$ was vain was often made to Churchill$_i$.
     b.　??The statement that Churchill$_i$ was vain was often made to him$_i$.
     c.　[People often made to Churchill the statement ["*You are*

vain."]]

話し手あるいは聞き手という点での意識主体照応性の概念については，他の場合にも論じられている．(58) の照応形の先行詞は文中にはないが，myself / yourself の時だけ容認できる (*cf.* Reinhart and Reuland 1991)．

(58) a. Apart from myself only three memebers protested.
b. Physicists like yourself are a godsend.
c. This paper was written by Ann and myself.
d. A picture of myself would be nice on that wall.

4.2.5 長距離照応形

英語では (59a) のような場合，先行詞は，再帰代名詞を含む最小の節の中になければならない．(59a) では，himself の先行詞は Harry 以外のものは許されない．これに対し，中国語では (59b) のように，照応形は離れた節の中にある DP を先行詞とすることができる．(以下，英語以外の言語の例文は英語で表記してある．) (59b) の照応形の先行詞は，Zhangsan でもよいし，Lisi でもよいし，Wangwu でもよい．中国語は，長距離照応を許す言語であると言える．((59)～(62) は Cole and Sung (1994).)

(59) a. Tom$_i$ thinks Bill$_j$ knows Harry$_k$ likes himself$_{*i/*j/k}$.
b. Zhangsan$_i$ think Lisi$_j$ know Wangwu$_k$ like self$_{i/j/k}$.
'Zhangsan thinks Lisi knows Wangwu likes him / himself.'

長距離照応の場合の先行詞は，主語に限られている．(60a) のアイスランド語で，長距離照応の照応形は目的語を先行詞とすることができない．同じアイスランド語でも，(60b) のように，長距離照応ではない照応形は目的語を先行詞とすることができる．

(60) a. Jon$_i$ told Maria$_j$ that you loved self$_{i/*j}$.
'Jon told Maria that you loved him.'
b. I sent Harald$_i$ clothes for self self$_i$.
'I sent Harald clothes for himself.'

(61)のように中国語は長距離照応を許すが,人称の異なる DP が介在すると,長距離照応は不可能になる.(61)では,照応形の先行詞は Wangwu だけが可能である.

(61) Zhangsan$_i$ think I$_j$ know Wangwu$_k$ like self$_{*i/*j/k}$.
'Zhangsan thinks I know that Wangwu likes himself.'

これに対し,イタリア語などでは,このような場合でも長距離照応は可能である.(62)で,照応形の先行詞は Gainni でもよいし,you でもよい.

(62) Gainni$_i$ supposes that you$_j$ are in love with self's$_{i/j}$ wife.
'Gianni supposes that you are in love with his / your wife.'

一般に,長距離照応を許す照応形は,単一形態素の X^0 の要素であると言われている.長距離照応を許さない照応形は,英語の himself あるいは(60b)のように多形態素の X^{max} の要素であると言われている.長距離照応についての言語間の違いについて,多くの研究が活発にされている.中村 (1996), Progovac and Franks (1992), Cole and Sung (1994) などを参照されたい.

4.3 one 照応

4.3.1 one 照応とは

本書はこれまで,主として代名詞,再帰/相互代名詞の照応を扱ってきたが,本節以降はそれ以外の照応を扱う.本節では第 1 章で簡単にふれた one の照応(以下 one 照応という)を扱う.(63a)のように代名詞 it を使用する場合は,it は前半の a unicorn と同一指示的である.これに対し,(63b)のように one を使用した場合は,one は前半の a unicorn と「同種,同類」のものであることを示す.指標は,2 つの要素が同一指示的であることを示すために用いられるが,本書では便宜的に,同種,同類を示す one 照応にも指標を使い,(63b)を(64)のように表す.

(63) a. Steve saw a unicorn, and I saw it, too.
b. Steve saw a unicorn, and I saw one, too.

(64) Steve saw a unicorn$_i$, and I saw one$_i$, too.

oneには，(63b)のように単独で使用される場合と，(65)のように他の語句を伴って使用される場合がある．そして(66)が容認不可能であることからわかるように，名詞の補部はoneの外に現れることはできない．(67)のように名詞の補部がoneの外に出ない場合は，容認可能となる．これに対し，(68)のように，付加部はoneの外に現れることができる．

(65) The grey pigeon$_i$ began eating as soon as the white one$_i$ finished.
(66) a. *The student$_i$ of chemistry was older than the one$_i$ of physics.
　　　　　　　　　　　　　　　　　(Hornstein and Lightfoot 1981, 19)
　　　b. *I met the king$_i$ of England and Sam met the one$_i$ of Spain.
　　　　　　　　　　　　　　　　　　　　　　(Lakoff 1970, 629)
(67) a. This [student of chemistry]$_i$ is older than that one$_i$.
　　　b. The present [king of England]$_i$ is more popular than the last one$_i$.　　　　　　　　　　　　　　　　(Radford 1988, 175)
(68) a. The student$_i$ with long hair is dating the one$_i$ with short hair.
　　　　　　　　　　　　　　　　　　　　　　　(*ibid.*, 186)
　　　b. The [student of chemistry]$_i$ with long hair is dating the one$_i$ with short hair.
　　　b. I bought the car$_i$ from England and Sam bought the one$_i$ from Spain.

DP仮説では，(67a, b)の前半はそれぞれ(69a, b)のような構造をしていると考えられる．oneは，(69a, b)のNPの部分の代用をすると考えることができる．(70a-c)のような場合，oneはそれぞれstudent of chemistry, handsome student of chemistry, tall handsome student of chemistryの部分を指す．

(69) a. [$_{DP}$ this [$_{NP}$ student [$_{PP}$ of chemistry]]]
　　　b. [$_{DP}$ the present [$_{NP}$ king [$_{PP}$ of England]]]
(70) a. [$_{DP}$ The tall handsome [student of chemistry]$_i$] is dating [the short dark [one$_i$]].

b. [_DP_ The tall [handsome student of chemistry]_i_] is dating [_DP_ the short [one_i_]].
c. [_DP_ This [tall handsome student of chemistry]_i_] is dating [_DP_ that [one_i_]].

名詞を修飾する限定形容詞句は，付加部である．付加は，構造保持の性格を持つと考えられる (*cf.* Chomsky 1993, 10)．(70c) は (71) のような構造を持つ．one の先行詞は NP であると一般化することができる．そして，たとえば，(70b) の the short one という DP は，the short handsome student of chemistry という意味を持つ．

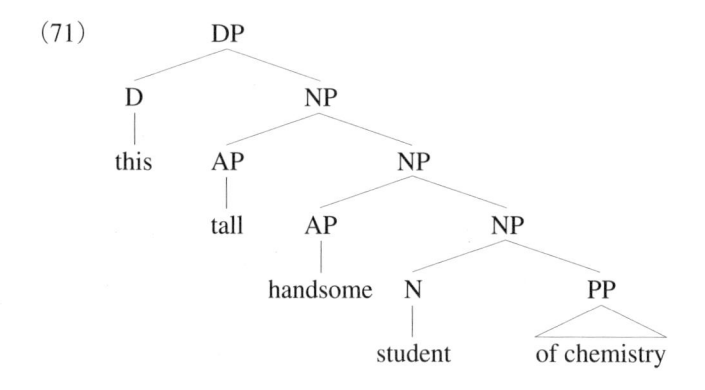

(71)
```
        DP
       /  \
      D    NP
      |   /  \
     this AP   NP
          |  /  \
         tall AP   NP
              |   /  \
          handsome N   PP
                  |   /\
               student of chemistry
```

4.3.2　one 照応と先行条件

McCawley (1998, 358) は，(72a) のような one を含む文について論じている．(72a) は容認可能であり，第 2 章 2.5.5 節で議論した (72b) が容認不可能であるのと対比をなす．

(72)　a.　Near the little robin_i_, the big one_i_ saw a worm.
　　　b.　*Near John_i_, he_i_ saw a snake.

McCawley は，(72) の文の主語は前置された PP を c 統御するという Reinhart (1981; 1983) の仮説を採用し，(72b) では he は John を c 統御するので，容認不可能であると述べる．そして one は DP の一部であるので，(72a) において one は robin を c 統御しないと述べる．では，(73a)

のように PP が前置されない場合を考えよう．(73a) は容認不可能である．この点で (73a) は (73b) と平行的である．しかし McCawley の考えでは，(73a) で one は robin を c 統御しないので，(73a) が容認可能であることを予測する．しかし，(73a) は容認不可能である．c 統御条件だけでは，(72a) と (73a) の対比を説明できない．

(73)　a. *The big one$_i$ saw a worm near the little robin$_i$.
　　　b. *He$_i$ saw a snake near John$_i$.

Carden (1986b) は，(73a) で one が robin をある意味で統御をしているので，(73a) は容認不可能になると述べている (Carden は X-command という用語を使う)．そして，(72a) が容認可能なのは，(72a) では代用形 one が先行詞に後続しているからであると述べる．すなわち，Carden は照応の問題を捉えるのに，先行条件が必要であるという立場をとっている．

本書は，照応を考える時，代用形とその先行詞の間の先行関係に言及しない立場をとっている．また，(72) の主語は前置された PP を c 統御しない，という立場をとっている．この 2 つの立場を維持しつつ，(72a) についての説明を試みる．MacCawley, Carden とも，one と robin の間の統御関係 (McCawely は c 統御，Carden は X 統御) の問題としたが，本書では，the big one という DP と the little robin という DP の間の c 統御関係を考えることにする．(73a) で，the big one は the little robin を c 統御している．したがって，one 照応を the big one と the little robin との間の c 統御関係であると考えると，(73a) が容認できないことは (73b) が容認できないことと同じ説明ができる．そして，主語は前置された PP を c 統御しないという本書の立場をとれば，(72a) が容認可能なことは説明できる．

第 2 章 2.6 節で，代名詞による指示表現の束縛と，指示表現による指示表現の束縛には違いがあると述べた．また，代名詞による指示表現の束縛はフェイズごとに，そして LF においても適用し，指示表現による指示表現の束縛は派生の最後の段階で適用されると述べた．the big one による the small robin の束縛も，指示表現による指示表現の束縛と同じように，

派生の最後の段階でのみ適用されると考えよう．(72a) は，(73a) の段階に言及することなく容認可能と判断される．これに対し，代名詞による指示表現の束縛である (72b) は，(73b) の段階に言及し，その段階で容認不可能と判断される．

同じことが，(74) のような wh 疑問についても言える．(74a) は容認可能である．この場合も，束縛原理 C が派生の最後の段階でのみ適用されると考えると，(74a) が容認可能であることが説明できる．

(74) a. Which picture of the old teacher$_i$ did the new one$_i$ like t?
b. *The new one$_i$ liked that picture of the old teacher$_i$.

以上のように，one 照応についても，先行条件に言及することなく説明することができる．

4.4　動詞句照応 (**do so, do it,** イギリス英語の **do**)

本節では，do so と do it の照応，そしてイギリス英語に見られる do について述べる．

4.4.1　do so と do it の照応

do so の do は，(75a) に見られるように，do 支持 (*do*-support) を引き起こす．さらに do so の do は，(75b) のように動名詞形になることができる (*cf.* Déchaine 1994)．このことから，do so に見られる do は VP の要素であることがわかる．(76) に見られるように，do it の場合も同じである．

(75) a. He said that he would change his socks, but he didn't do so.
b. Lucy's playing the concerto nude and Jan's doing so clothed surprised us.
(76) a. He said that he would change his socks, but he didn't do it.
b. Lucy's playing the concerto nude and Jan's doing it clothed surprised us.

さらに (77) で示すように，do so は法助動詞，相の助動詞の部分を指す

ことはできない (*cf.* Kaplan 1989, 220). do it についても同じである(例文省略). 法助動詞は屈折 (Infl(ection)) の要素であり, (77e) のように相 (Asp(ect)) の助動詞は相の投射 (AspP) の要素であると考えると (*cf.* Tenny 1987; 有元 1988), (77) の事実も, do so, do it が VP の要素であるということを示している.

(77) a. Max may have been [studying], but Mo may have been doing so too. (doing so = studying)
b. *Max may have [been studying], but Mo may have done so too. (done so = been studying)
c. *Max may [have been studying], but Mo may do so too. (do so = have been studying)
d. *Max [may have been studying], but Mo does so too. (does so = may have been studying)
e. [IP Max may [AspP have [AspP been [VP studying]]]]

また, (78) の事実は, do so は VP の中の項をすべて置き換えることを示している. (78b) のように, VP の中の項を do so の外に残すことはできない. 特に, send のような 3 項動詞の場合, (78c) のように動詞の後の 2 つの項のどちらをも含めなければならず, (78d) のように, 項の 1 つを do so の外に残したものは容認できない.

(78) a. Barry [hired a big Jaguar], and Milly did so too.
b. *Barry [hired] a big Jaguar, and Milly did so a Volkswagen.
c. Lenny [sent Will a postcard], and Gemma did so too.
d. *Lenny [sent Will] a postcard, and Gemma did so a present.
(Aarts 1997, 199–200)

(79a, b) の「置く」という意味の put も 3 項動詞であり, on the chair は put の項である. do so は, on the chair をその先行詞の一部として含まなければならない. したがって, (79b) は容認できない. これに対し, (79c, d) の read は 2 項動詞であり, on the chair は項ではなく付加詞である. この場合, do so は (79c) のように on the chair を含んでもよい

し，(79d) のように on the chair を含まなくてもよい．(79c, d) の do so
は，それぞれ read the book on the table, read the book を指す．

(79) a. John [put the book on the table], and Mary did so too.
 b. *John [put the book] on the table, and Mary did so on the chair.
 c. John [read the book on the table], and Mary did so too.
 d. John [read the book] on the table, and Mary did so on the chair.

(79c, d) の前半は，次のように派生される．まず (80a) が生成され，それ
に on the table が付加される．付加は構造保持の性格を持つと考えられ
るので，on the table が付加された後も全体は VP である．次に vP が生
成される．(80c) で，read the book の部分も，read the book on the table
の部分も，VP として表されている．すなわち，do so の先行詞は VP で
あるとの一般化が得られる．

(80) a. [$_{VP}$ read [the book]]
 b. [$_{VP}$ [$_{VP}$ read [the book]] on the table]
 c.

```
              vP
             /  \
          John   v′
                /  \
               v    VP
                   /  \
                  VP   PP
                 /  \   |
                V   DP  on the table
                |   |
              read the book
```

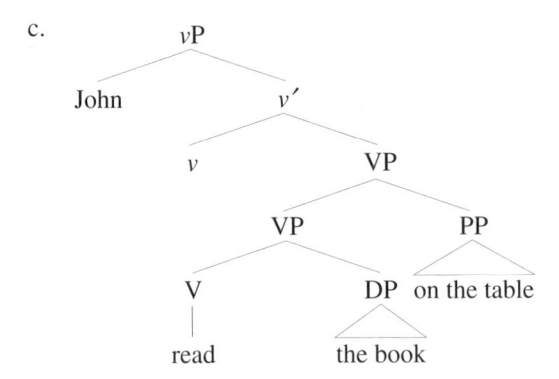

4.4.2 do so と do it の先行詞

すべての VP が，do so と do it の先行詞となることができるというわ
けではない．動詞の種類により，先行詞となることができるものとできな

いものがある．(81) のように，do so は，know などの状態動詞を含む VP を先行詞とすることはできない．

(81) a. *Bill knew the answer, and Harry did so, too.
(Lakoff and Ross 1966, 5)
b. *Mary likes Sam, and Chris does so too.
(Stroik 2001, 367fn.)

do it の場合は，(81) と同じような制限があるだけでなく，do so より厳しい制限がある．(82) で示すように，do so は「過程」を表す VP を先行詞とすることができる．しかし (83) に示すように，do it は過程を表す VP を先行詞とすることはできない (*cf.* 中右 1994, 424)．(84) のような動作動詞の場合は，do so も do it も可能である．

(82) a. The river broadened. As it did so (= broadened), the valley widened. (Crymes 1968, 63)
b. The house belongs to him now. It does so (= belongs to him now) by the terms of this will. (*ibid.*)
(83) a. The river broadened. *As it did it (= broadened), the valley widened.
b. The house belongs to him now. *It does it (= belongs to him now) by the terms of this will.
(84) A: Rover is scratching the door.
B: Yes, he always does it / does so (= scratches the door) when he wants attention. (Quirk et al. 1985, 986)

do it の先行詞の制限の説明については，いくつかの提案がある．Quirk et al. (1985, 879) は，do it は動的で意図的意味の場合に限られる，と述べる．今西・浅野 (1990, 309) は，do it 照応は意志によって行なう行為であって，非総称的行為を表す VP を先行詞とする，と述べる．また，岡田 (2002) は，Hopper and Thompson (1980) の他動性 (transitivity) のパラメータの概念を援用し，do it は他動性の高い事象とだけ呼応する，との一般化を示す．

なお，(85a) で do it の代わりに do so を使用することは可能であるが，do it のほうが好まれる．また (85b) においても，do so の代わりに do it を使用することは可能であるが，do so のほうが好まれる (*cf.* Quirk et al. 1985, 877)．同一の行為の時は do it が，同種の行為の時は do so が好まれるようである．

(85) a. Martin is painting his house. I'm told he does it every four years.
　　 b. Martin is painting his house. I'm told this is merely because his neighbour did so last year.

以上の do so と do it の相違は，どこに由来するのであろうか．(86a) で示すように，do it の it は受動化が可能であることから，do it の it は DP であり，do は他動詞であると考えることができる．そして，(86b) のように do so は受動化が不可能であり，do so の so は DP ではない．do so の so は副詞であると考えることは，充分可能である (*cf.* Bouton 1969; 岡田 2002)．do it の it が DP であり，do so の so は DP ではないことから，上記の do it と do so の相違が生じると考えることができる．

(86) a. Ben did it. → It was done by Ben.
　　 b. Ben did so. → *So was done by Ben.

なお，do so と do it の do は *v*P システムにおける *v* であるとの主張もあるが (*cf.* Stroik 2001)，(81) から (83) で述べた do so と do it の先行詞に対する制限が，そのような主張のもとでどのように説明できるかは，明らかではない．

4.4.3 深層照応と表層照応

第 1 章 1.3 節で述べた深層照応と表層照応の区別について，do so と do it に関し，別の例を使ってもう一度述べる．(87a, b) のように，do it, do so とも，文の前半の stand on their head を先行詞とすることができる．しかし，(88) のような状況の場合，すなわち，文として述べられる

のではなく，そのような動作がなされた場合，do it は可能であるが，do so を使った場合は容認可能性がかなり低い（cf. Wasow 1986, 114）．すなわち，do it は場面に言及することができるが，do so は場面に言及することはできず，(87b) のように文の中で使用されているものしか先行詞にとることができない．

(87) a. Everyone tried to stand on their head, but only Pat succeeded in doing it.
　　 b. Everyone tried to stand on their head, but only Pat succeeded in doing so.
(88) a. ［状況：Pat watches Chris and Lee unsuccessfully trying to stand on their heads, and says:］
　　 b. I can do it.
　　 c. ??I can do so.

また，(89a, b) では，do it, do so とも tape our conversations を先行詞とすることができるが，(89c, d) のように前半が受動態になると，do it だけが可能であり，do so の場合は，容認可能性がかなり低くなる（cf. Wasow 1986, 115）．

(89) a. The FBI taped our conversations, but I don't know why they did it.
　　 b. The FBI taped our conversations, but I don't know why they did so.
　　 c. Our conversations were taped by the FBI, but I don't know why they did it.
　　 d. ??Our conversations were taped by the FBI, but I don't know why they did so.

第1章で，場面に言及することができて，また先行詞と平行的でなくても可能な照応を，深層照応とし，場面に言及することができなくて，さらに先行詞と構造上平行的でなければならない照応を，表層照応とした．do it は深層照応であり，do so は表層照応である．第1章で DP だけが深層

照応になることができると述べたが，do it の it は DP であり，do so の so は DP ではないことからも，この一般化は支持できる．

4.4.4 イギリス英語の do

動詞句削除は (90) のように，助動詞を後に残して VP を削除する（動詞句削除については第 II 部で詳しく述べる）．イギリス英語においては，(90) のような動詞句削除の可能性の他に，(91) のような助動詞の後に do を持つ形が可能である．この do は，「イギリス英語の do」と呼ばれる (*cf.* Baker 1984)．

(90) a. The Americans are reducing their defence expenditure this year. I wonder if the Russians will ϕ too.
    (Quirk et al. 1985, 875)
  b. I'm not sure that John checked out a book, but he may have ϕ.
(91) a. The Americans are reducing their defence expenditure this year. I wonder if the Russians will do too.
    (Quirk et al. 1985, 875)
  b. I'm not sure that John checked out a book, but he may have done. (Baker 1984, 155)

イギリス英語の do は，(92a) のように，前半が状態動詞を含む VP の場合でも可能である．この点で，(92b) のような動詞句削除の場合と平行的である．そしてその点で，(92c) のような状態動詞を含む VP を先行詞とすることができない do so と，対比をなす．

(92) a. This cheese didn't cost a great deal of money, but the other one may have done.
  b. This cheese didn't cost a great deal of money, but the other one did ϕ.
  c. ?*This cheese didn't cost a great deal of money, but the other one may have done so.

また，(93) のような比較構文においても，(93a) のようなイギリス英語の

do と (93b) のような動詞句削除は平行的であり，(93c) の do so とは対比をなす．

(93) a. John stole more money than he should have done.
b. John stole more money than Bill did φ.
c. *John stole more money than he should have done so.

さらに，(94a, b) のように助動詞が短縮形の時 (すなわち，助動詞が主語に接語化している時) は，イギリス英語の do は不可能である (Halliday and Hasan 1976, 116; 安井・中村 1984, 152)．この点においても，イギリス英語の do は (94c, d) の動詞句削除と平行的である．

(94) a. *He'll do.
b. *He's done.
c. *He'll φ.　(*cf*. He will φ.)
d. *He's φ.　(*cf*. He has φ.)

動詞句削除の現象は，音形のない要素が VP の部分を占めていると考えられる．イギリス英語においては，動詞句削除の手立ての他に，do が VP の部分を占める手立ても許すと考えられる．なお，(95a) に見られるように，イギリス英語の do は不定詞の to の後には不可能であり，この点で (95b) の動詞句削除と異なる．イギリス英語の do は定形の Infl 要素によって認可される，と言うことができる．

(95) a. A. Peter hunts rabbits.
B. *"Yes, he wants me to do, too."
(Quirk et al. 1985, 875)
b. B. "Yes, he wants me to φ, too."

4.5　文の照応 (**it** と **so**)

第 2 章で扱った代名詞，再帰代名詞の先行詞は，DP である．そして，前節で扱った do it と do so の先行詞は，VP である．その他に，(96) のように文(節)を先行詞とする it と so がある．

(96) Paul thinks that complementation is partly semantic and Carol believes it / so too. (Cushing 1972, 195)

(96) では，it と so の両方が可能であるが，(97) のように，いつもそうであるというわけではない．

(97) a. Noam said that deep structure exists, and I believe it / *so.
　　　　　　　　　　　　　　　　　　　(Cushing 1972, 186)
b. George asked me whether deep structure exists; I said that I believe so / *it. (ibid.)
c. He said that someday we would prove the existence of deep structure, and I said, "I hope so / *it." (ibid.)
d. John regretted that Bill had done it, and Mary regretted it / *so too. (Kiparsky and Kiparsky 1970, 166)

文照応の it と so の生起に関し，Cushing (1972)，中右 (1983)，今西・浅野 (1990)，岡田 (1998) など，多くの説明がある．今西・浅野 (1990, 251) は，明確な断定や疑いを表す述語は，so の生起を許さず，it の生起を許し，発話動詞や思考・知覚の動詞，不確実さを表す述語は，so の生起を許すと述べる．前者の述語には，assert, doubt, find out などがあり，後者の述語には，say, think, see, be afraid などがある．岡田 (1998) は，Hopper and Thompson (1980) の他動性のパラメータの点から，it の場合と so の場合の他動性について論じている．そして，目的語の位置にある命題に関して主語要素の関与の度合いが強いか，また，目的語の位置にある命題が個別化しているかどうかの観点から it と so を論じ，it のほうが他動性が強いとの一般化をしている．(97a) と (97b) を比べると，(97a) では，他者が主張した命題内容に主語が賛同している場合であり，(97b) では，真偽が判然としない命題に対し主語は真偽の判断を強く主張しているわけではない．(96) で it を使用した場合，Carol は Paul の意見に同調しているが，so を使用した場合は，Carol は Paul の意見に同調しているかどうかわからず，Carol が Paul の考えを知らないことさえありうる (cf. Cushing 1972, 195)．すなわち，(96) で it の場合は特定の命

題であり，より個別化が強い命題であると言える．do it / do so の場合と同様，it と so の生起に他動性が関わり，文照応の it と so の生起の相違も，it が DP であり，so が DP でないという点に帰するのである．

第 II 部

削　　除

はじめに：削除に関する 3 つの不思議

　削除（deletion）（あるいは省略（ellipsis））とは，文中で一定の要素が，音あるいは文字で表れないにもかかわらず，その意味が解釈されうる現象である．見えない要素の意味を，人はなぜ一様に解釈するのだろうか．たとえば，(1) を見てみよう．

（1）　a.　Kyle read Kiki's story, and Richard read Nini's [ϕ].
　　　b.　Kyle sings, and Richard does [ϕ] too.
　　　c.　Kyle asks that we go to the party, and Richard wants to know when [ϕ].

(1a) は N′ 削除（N-bar（N′）deletion，あるいは N-bar ellipsis），(1b) は動詞句削除（Verb Phrase（VP）deletion，あるいは VP ellipsis），そして (1c) はスルーシング（sluicing（間接疑問文縮約），あるいは S ellipsis）と称される．英語を母語とする話者は一様に，各文の音をもたない句（[ϕ]）が，それぞれ (2) に示すように，story, sing, we go to the party という意味であると解釈する．（斜字体は先行詞となる部分を示し，字消し線は削除（省略）を示す.）

（2）　a.　Kyle read Kiki's *story*, and Richard read Nini's [story].
　　　b.　Kyle *sings*, and Richard does [sing] too.
　　　c.　Kyle asks that *we go to the party*, and Richard wants to know when [we go to the party].

　さらに不思議なことには，削除されて「見えない（聴こえない）」はずの部分が，文法的には実在することを示唆する現象も見られる．(3a) では，it は a camel を指すことができない．ところが，Grinder and Postal (1971), Hankamer and Sag (1976) などが指摘するように，(3a) の文

に動詞句の削除された文（but Ivan has [φ]）を加えると，(3b)に示すように文法的な文となるのである．

(3) a. *I've never ridden a camel, and it stank horribly.
b. I've never ridden a camel, but Ivan has [φ], and he says it stank horribly.

これは，消失先行詞（missing antecedent）現象と呼ばれ，削除規則による削除文の派生が実際に存在することを裏づける事実の1つと考えられている．(4)を見てみよう．

(4) a. Harry doesn't have a wife but Bill does [VP have a wife$_i$] and she$_i$ is a nag.
b. Harry doesn't *have a wife* but Bill does [VP have a wife] and she is a nag.
c. *Harry doesn't have a wife$_i$ and she$_i$ is a nag.

(4a)の代名詞 she の先行詞は，a wife である．同様に(4b)についても，代名詞 she は，意味のうえでは a wife を先行詞とする．ところが，(4c)が非文であることから明らかなように，実は(4b)に表れている a wife は，代名詞 she の先行詞にはなりえない．では，なぜ(4b)において，代名詞 she は a wife と同一指示となりうるのか．Grinder and Postal (1971) は，(4b)が文法的である事実は，とりもなおさず，動詞句削除（VP 削除）操作という文法操作が存在することを示すものである，と述べている．すなわち，(4b)が(4a)から削除規則により派生されると仮定すると，(4b)が文法的であるのは，削除の操作が適用される前に，(4b)の代名詞 she に対して適切に先行詞の付与がなされているためと考えられる．

そして，削除に関する3つ目の不思議は，「日本語」における現象である．日本語には，(1b)の英語の例に対応するような VP 削除が見られない (Hinds, 1973)．

(1) b. Kyle sings, and Richard does [φ] too.
(5) a. *先生が [VP 歌い]，こどもも歌う．

b.　先生が [$_{VP}$ 歌い]，こどもも歌う．

(5a) の「先生が，こどもも歌う」という文は，非文である．この種の「削除」は，なぜ日本語において許されないのだろうか．

　日本語を母語とする人は皆，「先生が，こどもも歌った」という文が非文であると一様に判断することができる．一方，英語を母語とする人は，(1b) のような文を文法的に適格であると判断し，見えない(聴こえない)要素は sing を意味すると，一様に解釈することができる．言うまでもなく，このような文法知識が，後天的かつ直接的に学習されたとは考えにくい．人が言語環境から得る文には，どの文が非文であるかについての表示はない．また，削除されて見えない(聴こえない)要素は何を意味するのかについての表示もない．にもかかわらず，(1b) や (5a) などについて，それぞれの母語話者は，(当該の文がなぜ文法的あるいは非文法的なのかを説明できなくても)皆，同じように文法判断ができる言語知識を持っている．いったい人は，削除に関して，どのような言語知識を持つのであろうか．

　第5章では，削除を照応現象として位置づけ，その一般的性質を概観する．第6章においては，Lobeck (1990) および Saito and Murasugi (1990) による統語分析を紹介したうえで，その理論的帰結について述べる．さらに第7章では，日本語の削除現象を取り上げ，より普遍的な立場から削除現象についての議論を展開する．第8章では，削除現象の統語研究に関する現時点での問題を概説し，削除が論理形式 (LF) か音声形式 (PF) かのいずれのレベルで分析されるのかについて考える．最後に第9章では，日本語における VP 削除に関する，現時点での研究課題を取り上げる．

　見えない(聴こえない)削除(省略)された語句の意味を，人はどのように解釈するのだろうか．それは人間の「心」に実在する，どのような普遍的な原理に基づいているのだろうか．どの要素が，どのような統語構造において，削除されうるのだろうか．先行詞と削除される要素との構造関係は，どのように一般化されうるのだろうか．日本語に削除現象は存在するのだろうか．この第II部では，削除現象に関する文法のメカニズムを探っていこう．

第 5 章　削除現象の一般的性質

5.1　表層照応と深層照応

　Hankamer and Sag（1976）は，代用される要素に相当する先行詞が，同じ文脈中に言語的に顕在化しなければならない場合と，言語的に顕在化しなくてもよい場合があることを指摘している．前者は，語用論的コントロールを許容しない表層照応（surface anaphora）と呼ばれ，後者は，語用論的コントロールを許容する深層照応（deep anaphora）と呼ばれている．（1）と（2）を比較してみよう．

- （1）a.　Can you bring coffee tomorrow morning?
  - b.　Yes, I can do that.
  - c.　Yes, I can ϕ.
- （2）a.　（手品師が手品をするのを見て）
  - b.　I can do that.
  - c.　*Yes, I can ϕ.

（1c）の動詞句削除（VP 削除）は，表層照応の例である．VP 削除では，（2c）との対比から明らかであるように，語用論的コントロールによって削除が許されることはない．この場合には，（1a）にあるような言語的に顕在化する先行詞（linguistic antecedent）が必要となる．一般的に統語的な操作としての「削除」と呼ばれるのは，この種の削除である．一方，深層照応は，（文脈中に言語的に顕在化する先行詞がなくても）非言語的な場面によってコントロールされていれば文法的となるような照応現象であり，

(2b) がその典型的な例である．手品師が手品をするのを見て，話者が do that を非言語的な先行詞（手品をすること）に代用することができる．

　VP 削除が言語的な先行詞を必要とすることを示す例を，もう 1 つあげよう．(3) においては，言語的な先行詞が存在しないために，VP 削除は適用されない．一方 (4) では，言語的な先行詞が存在するために削除が適用される．

(3)　a.　Context: [Sag produces an uncooked egg and goes into a wind up motion as if in preparation for throwing the egg into the audience.]
　　　 b.　Hankamer: #Don't be alarmed, Ladies and Gentlemen. He never actually does [φ].
(4)　a.　Audience member: I am afraid Sag will throw an egg.
　　　 b.　Hankamer: He never actually does [φ].

VP 削除において言語的な先行詞が必要とされるのと同様に，また N′ 削除においても言語的な先行詞が必要である．Lasnik and Saito (1992) で示された N′ 削除の例を見てみよう．

(5)　a.　Context: [Lasnik and Saito are in a yard with several barking dogs belonging to various people.]
　　　 b.　Lasnik: #Harry's [φ] is particularly noisy.
(6)　a.　Saito: These dogs keep me awake with all their barking.
　　　 b.　Lasnik: Harry's [φ] is particularly noisy.

(5) に示すような語用論的なコンテクストだけでは N′ 削除は不適格であり，削除された位置 ([φ]) が dog であるとして解釈されるためには，(6) に示すような言語的な先行詞が必要となる．

　表層照応と深層照応のもう 1 つの相違は，先行詞が構成素かどうかという点にある．表層照応の場合は，先行詞が構成素をなさなくてはならないという，統語構造上の依存関係を持つ．一方，深層照応の場合（代用形の do it や it など）はその限りではない．たとえば (7) に示すように，表層照応では，削除される要素の意味を表す文脈があるだけでは，充分ではない．

(7) a. *The oats_i had to be [_VP taken t_i down to the bin], so Bill did φ.
b. The oats_i had to be [_VP taken t_i down to the bin], so Bill did it.

(7a)において，照応形の先行詞となる take the oats down the bin は，構成素として，目に見える形では文内に現れていないのである．

Hankamer and Sag (1976) は，深層照応と表層照応に該当する照応形式を，以下のように分類している．

(8) 深層照応
a. *do it*:
Conni Garette smiled and said, "Please don't worry about it." It was the smile that did it.
b. definite pronouns:
Mary smokes a pot in the apartment she rent.
c. sentential *it*:
His arms started to twitch again and Stela, suddenly aware of it, pressed against it with his other hand.
d. *one*:
Max wanted to ride a big camel and May wanted to ride a small one.
e. Null Complement Anaphora (NCA):
I asked Bill to help me, but he refused φ.

(9) 表層照応
a. VP-deletion:
When we can φ, we try rehabilitation instead of punishment.
b. Sluicing:
We were looking for somebody, but I can't remenber who φ.
c. Stripping:
Alan likes to play baseball, but not Sandy φ.
d. Super Equi:
Harry thought that φ washing himself would be a good idea.

この分類の中で本論で対象とする削除現象は，表層照応として分類される

ものである．

5.2　ゆるやかな同一性（スロッピー解釈）

　削除現象には，代名詞がある場合には観察されないような，解釈上の特徴がある．削除操作が適用された文においては，「ゆるやかな同一性」（sloppy identity）と呼ばれる解釈が可能となるのである．まず，(10c)を見てみよう．

(10)　a.　John loves his father, and Bill does too.
　　　b.　John *loves his father*, and Bill does [~~love his father~~] too.
　　　c.　John loves his father, and Bill loves him too.

いずれの例においても，代名詞 his が指示表現（R-explessoin）John を先行詞としており，等位される最初の文が「ジョンが自分の父親を愛している」という意味を持つとしよう．(10c) では，代名詞 him は his father と同一指示となりうる．このような例においては，「ジョンが愛しているのは自分（ジョン）の父親であり，ビルが愛しているのもジョンの父親である」という解釈が可能である．これを厳密な（strict）解釈（ストリクト解釈）と呼ぼう．

(11)　John loves his father, and Bill loves him too.
　　　ストリクト解釈：「ジョンが愛しているのは自分（ジョン）の父親であり，ビルが愛しているのもジョンの父親である．」

　一方，(10a) は VP 削除の例であるが，この (10a) には 2 種類の解釈がありうる．ここでも，「ジョンが愛しているのは自分（ジョン）の父親であり，ビルが愛しているのもジョンの父親である」というストリクト解釈が可能である．ところが (10a) の場合には，「ジョンが愛しているのは自分（ジョン）の父親であり，また，ビルが愛しているのも自分（ビル）の父親である」という解釈も可能となる．これがゆるやかな（sloppy）解釈（スロッピー解釈）であり，「ゆるやかな同一性」と称される現象である．このようなスロッピーな意味解釈は，削除操作が適用された文に特有の現象である

と考えられている．

では，削除文において，なぜスロッピー解釈が可能なのか．Sag (1976) および Williams (1977) は，この問題を解決するために，論理形式 (LF) のレベルを仮定した分析を提案している．(12) を例にとりながら，彼らの分析を概観しよう．

(12) John loves his cat, and Bill does [love his cat] too.
    a. ストリクト解釈：「ジョンが愛しているのは自分（ジョン）の猫であり，ビルが愛しているのもジョンの猫である．」
    b. スロッピー解釈：「ジョンが愛しているのは自分（ジョン）の猫であり，ビルが愛しているのも自分（ビル）の猫である．」

John loves his cat の LF としては，(13a, b) が可能である．

(13) a. For x = John, x loves x's cat
    b. For x = John, x loves his (= John's) cat

一方，VP 削除を伴う Bill does too の LF は，(14) のように示すことができる．

(14) For x = Bill, $[_{VP}\phi]$

(14) の $[_{VP}\phi]$ の先行詞として，(13a) の $[x$ loves x's cat$]$ が採用されれば，(15) に示すように，スロッピー解釈が得られる．

(15) For x = Bill, x loves x's cat

そして，(13b) の $[x$ loves his (= John's) cat$]$ が採用されれば，(16) のストリクト解釈が得られる．

(16) For x = Bill, x loves his (= John's) cat

したがって (12) は，(12a, b) の 2 種類の解釈を持つことになる．

このように，Sag (1976) および Williams (1977) は，双方ともに，LF 表示が削除現象の分析において重要な役割を果たすとしているが，削除文の派生については異なる提案をしている．Williams (1977) が，LF にお

いて，先行詞が空である動詞句の位置に「コピーされる」とするのに対して，Sag (1976) は，LF 表示の同一性を条件に，動詞句が「削除される」としている．

「省略」される文法要素は，基底ではその位置に存在せず，LF で先行詞がその位置にコピーされるのか，それとも，その文法要素は基底からその位置に実在し，PF レベルで「削除」されるのか．この問題は，現在もなお，削除操作に関する重要な研究テーマとして議論が続くところである．この点については，第 8 章において再度取り上げることにしよう．

5.3 空所化と削除

削除とよく似た現象に，空所化 (gapping) がある．Ross (1967) が，(17a, b) のいずれもが空所化の現象であるとするのに対し，Jackendoff (1971) は，(17b) のような例は空所化現象ではなく，削除現象であるとしている．ここで，空所化と削除の違いを押さえておこう．

(17) a. Sachiko met Masaru at Nanzan and Mamoru [φ] at MIT.
b. Sachiko met Masaru on Wednesday, but Sonoko didn't [φ] until Sunday.

空所化に関しては，Neijt (1980), Pesetsky (1982), Goodall (1984) などに詳細な記述があるが，ここでは，Jackendoff (1971) に示されている議論を紹介する．Jackendoff (1971) は，Ross (1967) がもともと空所化として定義づけたもののうち，VP 削除および N′ 削除は，空所化と区別して扱われるべきであると提案している．では，いったい，これらの 2 つの統語的現象はどのように異なるのだろう．

VP 削除と空所化の第一の相違としては，空所化では，空所が音形を伴う語彙的な要素に挟まれていなくてはならないのに対して，VP 削除にはそのような条件は適用されないことがあげられる．

(18) 空所化
a. Mary met Bill at Berkeley and Sue φ at Harvard.
b. *Mary met Bill at Berkeley and Sue φ.

(19) VP 削除
　　a. John talked to Bill on Tuesday but Mary didn't φ until Wednesday.
　　b. John talked to Bill but Mary didn't φ.

空所化の例（18a, b）において，(18b) は，空所が文末にあって語彙的な要素に挟まれていないがために非文となるが，(19b) に示すように，VP 削除によって生じた空所は，文末に現れることができる．

第二に，空所化による空所は，(20a) が示すように，従属節の中に現れることができない．これに対して，(20b) に見られるように，VP 削除は従属節内でも適用される．

(20) a. *Mary met Bill at Berkeley although Sue φ at Harvard.
　　b. Mary met Bill at Berkeley although Sue didn't φ.

第三に，空所と先行詞との位置関係に違いが見られる．空所化による空所は，先行詞に先行することができない（(21a, b)）．それに対して，VP 削除によって生じた空所は，先行詞に先行することができる（(21c)）．

(21) a. *Because Sue φ meat, John ate fish.
　　b. *Sue φ meat, and John ate fish.
　　c. Because Sue didn't φ, John ate fish.

第四に，空所化と VP 削除が適用される要素には，違いがある．空所化は句を単位とする必要がないのに対して，VP 削除は句の単位のみに適用される．

(22) a. Mary met Bill and Sue φ John.
　　b. *Mary will meet Bill at Berkeley because she didn't φ John.

空所化は (22a) に示すように，主要部（ここでは動詞）のみに適用されることが可能な場合がある．一方，VP 削除は，主要部（動詞）のみに適用されることは許されず，動詞句に適用されなくてはならない（(22b)）．

ここまで空所化と VP 削除との相違を 4 点見てきたが，Lobeck (1995)

は，N′削除やS削除（S deletion）に関して，これらが空所化よりもVP削除に近い性質を持つことを示している．第一に，N′削除やS削除も，文末の要素に適用でき，また，従属節においても適用できる．(23a)はN′削除，(23b)はS削除の例である．

(23) a. John calls on these studens becuase he is irriated with [$_{NP}$ Susan's [ϕ]].
　　　b. We know someone bought the Van Gogh, even though we aren't sure [$_{S'}$ who [ϕ]].

第二に，N′削除，S削除の空所は，先行詞に先行することができる．

(24) a. Because the professor is irritated with [$_{NP}$ Mary's [ϕ]], we will only call on Susan's students.
　　　b. Even though we aren't sure [$_{S'}$ who [ϕ]], we know that someone bought the Van Gogh.

第三に，N′削除においてもS削除においても，主要部のみが空所となることはできない．

(25) a. *Although the professor didn't like [$_{NP}$ Bill's [$_N$ ϕ] of Chomsky], she liked John's criticism of Quine.
　　　b. *Even though we aren't sure [$_{S'}$ who [$_V$ ϕ] the painting], we know that someone bought the Van Gough.

次章では，以上のような性質を持つ「削除」の統語的メカニズムについて考えてみよう．

第6章　削除現象の統語分析

　生成文法理論は，いくつかの重要な変革をとげながら，より説明力の強い理論の構築を進めている．生成文法理論の発展において，いわゆる変形規則の中核をなすものが，「移動」と「削除」である．削除現象は1980年代まで，英語を中心として，そのメカニズムの解明が進められてきた．Ross (1967), Jackendoff (1971), Wasow (1972), Hankamer and Sag (1976), Sag (1976), Williams (1977), Napoli (1983), Sag and Hankamer (1984), Chao (1987) などの研究が代表的なものである．本章では，Lobeck (1990), Saito and Murasugi (1990) で提示されている削除現象の統語分析を中心にして，削除現象のメカニズムと統語理論への示唆について考えてみよう．

6.1　削除現象の問題点

「削除」（省略）の典型的な例を，再度見よう．

（1）　N′ 削除：
　　　John's *criticism of Bush* is interesting, but [Bill's [$_{N'}$ ~~criticism of Bush~~]] is annoying.
（2）　VP 削除：
　　　Mary *left* because John did [$_{VP}$ ~~leave~~].
（3）　S 削除（スルーシング）：
　　　Somebody *just left* — Guess [$_{S'}$ who [$_S$ ~~just left~~]].

字消し線の部分が，削除された（省略された）要素を示している．(1) では，

名詞句内で削除が生じており，その先行詞は斜字体で示す N′ (= criticism of Bush) である．(2) は VP 削除の例であり，(3) は S′ 内で wh 句を残して S を削除する，スルーシング (sluicing) と称される現象である．

まず，(1) と (2) において，削除される要素に注目しよう．(1) では N′ が，そして (2) では VP が削除されている．1980 年代までの削除現象に関する研究においては，このように N′ および VP が削除されると論じられていた．しかしながら，この考え方では，削除される要素に統語的共通点が見られないことが問題となる．すなわち，VP 削除においては，動詞 (V) の最大投射 (VP) が削除されているのに対して，かたや名詞句内の削除では，N′ という X′ レベルの範疇が削除されている．さらに，(4) の句構造規則に基づいて，S′ が INFL の投射であり，COMP を指定部に持つと仮定すると，(3) に示す S 削除においても，やはり，最大範疇の S′ ではなく S という非最大投射の範疇が削除されることになる．

(4) a. S (= INFL′) → NP INFL VP
　　b. S′ (= INFL″) → COMP S

このように，N′ 削除，VP 削除，S 削除の従来の分析では，N′, VP, S というように異なるバー・レベルに対して統語的操作が適用されることになる．すなわち，削除される側の範疇に一般性がなく，これらの 3 つの現象の共通点が，体系的に捉えられていない．

また，それぞれの削除現象について，削除が成り立つためのいくつかの統語的な条件がある．たとえば，N′ 削除では，所有格の名詞句がなくてはならない．(5), (6) に示すように，指定部の位置に属格が付与される名詞句がない場合，N′ を削除することができない．

(5) a. *I wanted to read a book, so I bought [NP a [N′ φ]].
　　b. *I read about the person, and now, I want to see [NP the [N′ φ]].
(6) a. *I wanted to eat apples, so I bought [NP [N′ φ]].
　　b. *I looked for water, and I found [NP [N′ φ]].

また，(7) に示すように，形容詞(句)は，必ず主要部の N とともに削除さ

れなくてはならない.

(7) a. *I have John's blue *book*, but I don't have Bill's green ~~book~~.
(*cf.* I have John's *blue book*, but I have Bill's ~~blue book~~.)
b. *I like new *books*, but I don't like old ~~books~~.

そして，S 削除では COMP に wh 句がなくてはならない．(8) に示すように，補文標識の that がある場合には，S 削除は適用できない．

(8) *Mary thinks that John is smart, but I don't think [$_{S'}$ that [$_S \phi$]].

さらに，S 削除を認可する wh 句の要素は，S 内から COMP に移動したものでなくてはならない．(9) に見られるように，COMP に基底生成される whether は，補文標識の that と同様，S 削除を許さない．

(9) *Mary said that she went to Boston, but I don't know [$_{S'}$ whether [$_S \phi$]].

なぜ，N′ 削除は所有格の名詞句を，そして，S 削除は wh 句を必要とするのだろうか．この事実は，削除操作が適用されるための一般的条件として捉えることができるのだろうか．whether は，wh 句であるにもかかわらず，なぜ他の wh 句とは異なり，S 削除を認可しないのだろう．さらに一般的な問題として，どのような範疇が削除の対象となりうるのか，削除操作を認可(ライセンス)する条件とはどのようなものか，などの問題が生じる．こうした問いは，1980 年代の X′ 理論 (X′ theory) の進展を経て初めて，より体系的に追求されることが可能になり，80 年代以降，削除についての統語研究は大きな理論的展開をみる．次節では，削除のメカニズムを探るうえできわめて重要な意味を持つ，80 年代の X′ 理論研究を概観しておこう．

6.2　1980 年代における X′ 理論の展開

Chomsky (1970) において提唱された X′ 理論は，以下のような句構造

規則に基づくものであった．

(10) a. VP → V ...
b. PP → P ...
c. N′ → N ...
d. S → NP INFL VP
(11) a. NP → ... N′
b. S′ → COMP S (= INFL′)

(10a–c)は，主要部—補部構造として(12a)のような形式に一般化され，(11a, b)は，指定部の構造として(12b)の形式で捉えられている．

(12) a. X′ → X ...
b. XP → ... X′

しかし，文の構造を示す(10d)はX′理論の対象外とされ，句構造規則として残されたのである．

文構造をX′理論によって捉える契機となったのは，Stowell (1981)によるCOMP主要部説である．この仮説を支持する最も強い証拠は，日本語のように主要部が補部の後に位置する，主要部後置（head-final）言語から得られる．英語では(12)に示すように，主要部が補部に先行し（主要部前置：head-initial），また，指定部も句の先頭に現れる（指定部前置：Spec-initial）．したがって，英語におけるCOMPとSの語順を見ているかぎり，COMPが指定部であるのか主要部であるのかは定かではない．しかし，日本語のような，主要部後置で指定部前置の言語は，(12)ではなく，(13)のような構造を持つと考えられる．

(13) a. X′ → ... X
b. XP → ... X′

この仮説が正しければ，COMPが指定部であればSの前に，主要部であればSの後ろに現れることになる．そして，事実として，日本語の補文標識「と」は，補文内で最後尾に位置する．したがって，COMPはSの主要部であると言える．

(14) a. John thinks [$_{S'}$ that [$_S$ Mary is a genius]].
　　b. 太郎が [$_{S'}$ [$_S$ 花子が天才だ] と] 思っている．

　Chomsky (1986a) は，Stowell (1981) の COMP 主要部説を採用し，X′ 理論に合致する形で，(11b) を (15)，そして (10d) を (16) として再定式化する．

(15) a. CP (= S′) → ... C′
　　b. C′ 　　　→ COMP S
(16) a. IP (= S) → ... I′
　　b. I′ 　　　→ INFL VP

ここに至って，X′ 理論は初めて，句構造を総体的に捉えることが可能になったと言える．

　(15) に示される構造は，COMP に関する伝統的な問題（COMP のパラドックス）をも解決する．従来，COMP は補文標識が現れる位置であり，また同時に wh 句の移動先であると仮定されてきた．しかし，補文標識は「語」であり，それ自体で「句」を構成するとは考えにくい．したがって，補文標識を主要部として扱う仮説のほうが妥当であると言える．それに対して，COMP に移動する wh 句は，明らかに最大投射の範疇である．ここにパラドックスが生ずる．従来の句構造に関する仮説に基づくと，主要部と最大投射が同じ位置に現れることになってしまうのである．すなわち，COMP を指定部とすると，wh 句の移動先としてはよいが，補文標識が現れる位置としては適切ではない．他方，COMP を主要部とすると，wh 句の移動先として不適切であることになる．しかしこのパラドックスは，(15) のように，補文標識は CP の主要部の位置に現れ，wh 句は CP の指定部の位置に移動するとする分析によって解消する．

　以上に述べたように，(15) および (16) に示される仮説は，句構造理論を大きく進展させるものであった．しかし同時に，(16) を仮定することによって，新たな問題も生ずることになった．その1つの例が，構造と θ 役割付与との関係に関する問題である．(17) の構造を見てみよう．

(17)	S (= IP)
       ／｜＼
      NP I VP
              │
              V′
             ／＼
            V   NP

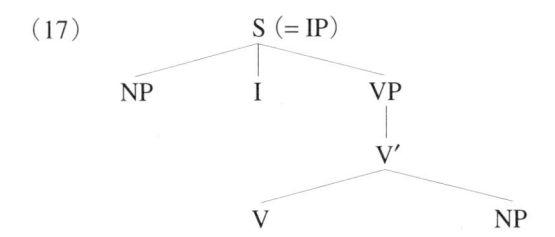

θ役割の付与は，構造上の姉妹関係を前提とする．V と目的語の NP は姉妹関係にあり，したがって，動詞が目的語に θ 役割を与えることができる．他方，V と主語の NP は姉妹関係にはなく，動詞は主語に直接 θ 役割を与えることができない．主語は，姉妹関係にある VP から θ 役割を受ける．しかし，(16) によって生成される (18) の構造では，事態が異なる．

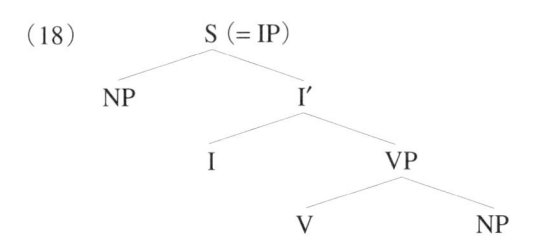

(18)	S (= IP)
       ／＼
      NP I′
         ／＼
        I   VP
           ／＼
          V   NP

この構造では，θ 役割を与える VP と θ 役割を受ける主語が，姉妹関係にない．

この問題に解決を与えるのが，Koopman and Sportiche (1985)，Kitagawa (1986)，Fukui and Speas (1986)，Kuroda (1988) などによって提案された，いわゆる VP 内主語仮説 (VP-internal subject hypothesis) である．ここで簡単に，VP 内主語仮説について述べておこう．

VP 内主語仮説の契機の 1 つとなったのは，Stowell (1981) の提案した小節 (small clause) の分析である．Stowell (1981) は，小節において，V(erb)，A(djective)，P(reposition) の指定部に主語が現れることを指摘している．その典型的な例として，(19a, b) をあげることができる．

(19) a. John saw [$_{VP}$ Mary walk].

b. John considers [$_{AP}$ Mary intelligent].

Koopman and Sporticheg (1985) は，この分析を通例の文にも一般化し，θ 役割を担う主語は常に VP 内に基底生成される，と提案する．この VP 内主語仮説によれば，(20a) は (20b) の構造を持つことになる．

(20) a. John saw Mary.

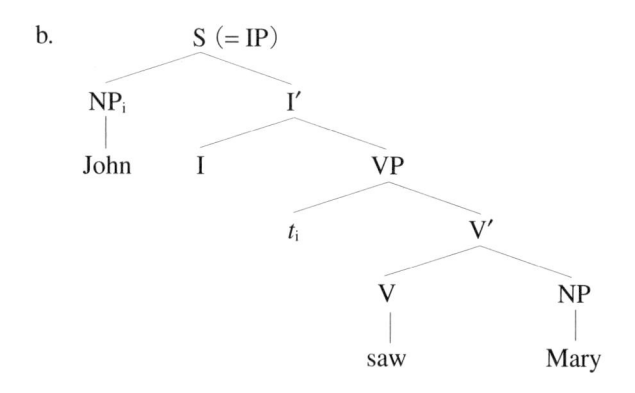

b.
```
           S (= IP)
          /        \
        NPᵢ         I′
         |        /    \
        John    I       VP
                       /  \
                     tᵢ    V′
                          /  \
                         V    NP
                         |     |
                        saw   Mary
```

この構造では，主語は V′ から姉妹関係において θ 役割を与えられている．主語は，I から主格を受ける(認可される)ために，I の指定部に移動する．この VP 内主語仮説に基づけば，上述した問題，すなわち提案された X′ 理論のもとでは θ 役割を与える VP と θ 役割を受ける主語が姉妹関係にない，という問題は解決される．

　以上の X′ 理論の展開を受けて，Abney (1987), Fukui and Speas (1986), Kuroda (1988) は，名詞句の構造について再分析を試みる．先に述べたように，従来の文構造分析，すなわち COMP を補文標識の位置とし，さらに wh 句の移動先とする分析は矛盾を含むものであった．なぜなら，補文標識は主要部であり，移動する wh 句は最大投射であるからである．この COMP のパラドックスと同様のパラドックスが，実は従来の名詞句の分析についても生じていた．(21) および (22) の例を見てみよう．

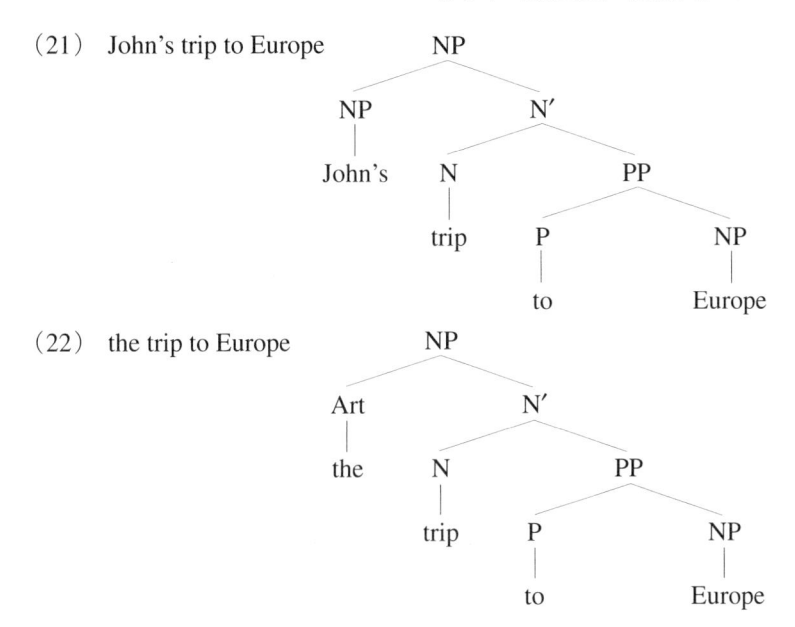

(21) John's trip to Europe

```
         NP
        /  \
       NP   N'
       |   / \
    John's N   PP
           |  /  \
         trip P   NP
              |    |
              to  Europe
```

(22) the trip to Europe

```
         NP
        /  \
      Art   N'
       |   / \
      the N   PP
           |  /  \
         trip P   NP
              |    |
              to  Europe
```

NPの指定部を見てみよう．(21)では名詞句 John's があり，(22)では冠詞 the がある．冠詞は，補文標識（C）と同様，主要部として扱われるべきものであるので，NPの指定部は，句が生じる位置であると同時に主要部が生じる位置でもあることになってしまう．

この問題を処理するために提案されたのが，DP (determiner phrase) 仮説である．この分析に従えば，冠詞は DP の主要部となり，(22)は(23)の構造を与えられる．

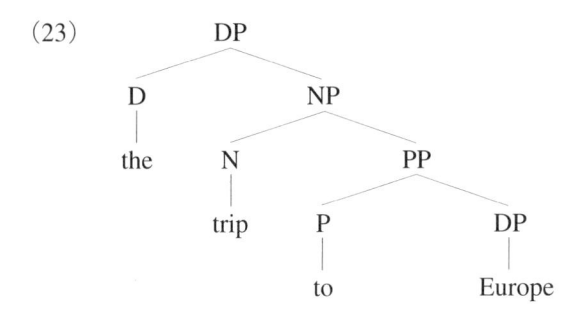

(23)
```
         DP
        /  \
       D    NP
       |   / \
      the N   PP
           |  /  \
         trip P   DP
              |    |
              to  Europe
```

さらに文の主語が VP 内に生成されるように，名詞句の主語は NP 内に生成され，属格を付与(認可)されるために，D の指定部に移動すると仮定すると，(21) の構造は (24) のようになる．これは，文を表す (20b) とパラレルな構造である．

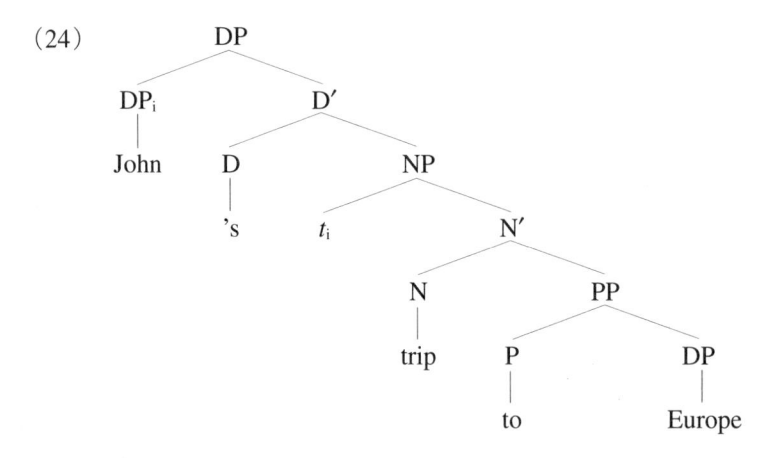

(24)
```
              DP
           /      \
        DP_i       D'
         |       /    \
        John    D      NP
                |       |
                's     t_i
                        N'
                      /    \
                     N      PP
                     |    /    \
                   trip  P      DP
                         |       |
                        to     Europe
```

ここに至り，文の構造と名詞句の構造の類似性という伝統的な問題は，(20b) と (24) のような形で説明されることになる．

6.3 Lobeck (1990) と Saito and Murasugi (1990) の削除に関する一般化

以上に概観した X' 理論の展開を受けて，削除現象の構造とメカニズムを捉え直した論文が，Lobeck (1990) および Saito and Murasugi (1990) である．まず，N' 削除の場合について考えてみよう．

(25) John's *criticism of Bush* is interesting, but [Bill's [$_{N'}$ criticism of Bush]] is annoying.

N' 削除の第一の問題点は，VP 削除の場合とは異なり，削除される要素が最大投射ではないという点である．VP 削除の場合に削除される要素は，VP，すなわち V の最大投射である．もし，N' 削除で削除される要素が N' であるとすれば，名詞句では最大投射ではなく，X' レベルの範疇が削除の

対象になることになる．文法操作の対象となる要素が，主要部と最大投射に限られるという一般的仮説に従うと，X′ レベルの要素の削除はありえない．

ところが，この問題は DP 仮説を採用することによって，自動的に解消する．名詞句が DP 構造を持つと仮定すれば，(26) に示すように，N′ 削除を NP 削除として捉え直すことが可能になるからである．

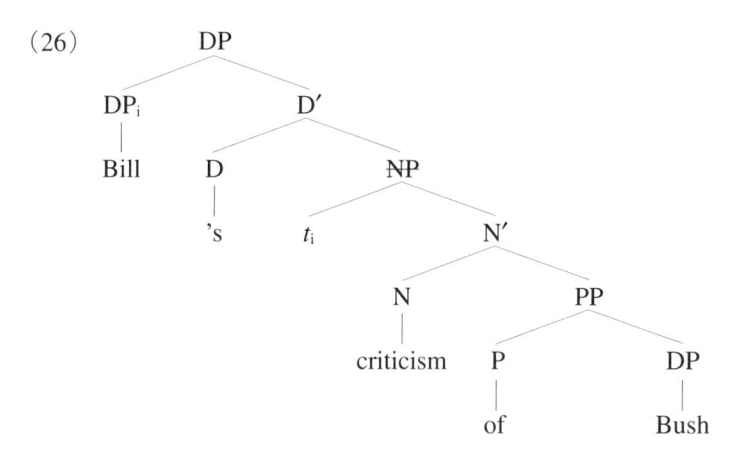

(26)
```
           DP
          /  \
        DPᵢ   D′
         |   / \
        Bill D   NP
             |    \
             's   N′
                tᵢ / \
                  N   PP
                  |   / \
             criticism P  DP
                      |   |
                      of  Bush
```

このように，DP 仮説に基づけば，N′ 削除を NP 削除として捉え，文法操作の対象となる要素が，主要部と最大投射に限られるという一般的仮説を保持できることを，Lobeck (1990) および Saito and Murasugi (1990) は指摘する．

S 削除現象においても，同様の「捉え直し」が可能である．

(27) Somebody just called — Guess [s′ who [s ~~just called~~]].

S = INFL′，S′ = INFL″ と仮定すると，(27) において削除されているのは，X′ レベルの INFL′ となってしまう．一方，(15) に示した CP 仮説を採用すると，(28) に示すように，S 削除が最大投射 IP の削除として分析される．

(28)

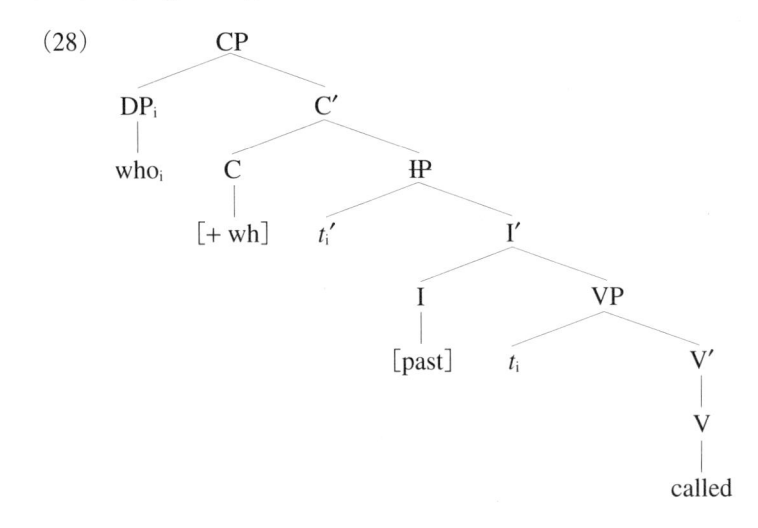

```
                CP
           ╱         ╲
        DPᵢ            C'
         │         ╱        ╲
        whoᵢ      C           IP
                  │        ╱      ╲
                [+wh]    tᵢ'       I'
                               ╱       ╲
                              I          VP
                              │        ╱   ╲
                           [past]    tᵢ    V'
                                           │
                                           V
                                           │
                                         called
```

N′ 削除現象に関して,従来の分析の第二の問題点は,それが常に属格の名詞句を必要とすることである.N′ 削除が適用されるための条件は,NP の指定部にどんなものでも何か要素さえあればよいということではない.NP の指定部には,属格を伴った名詞句が必要である.たとえば,(29) に示すように,冠詞 (a や the) は N′ 削除を認可しない.

(29) a. *I wanted to read a book, so I bought [NP a [N′ φ]].
    b. *I read about the person, and now, I want to see [NP the [N′ φ]].

S 削除においても,COMP に wh 句が存在することが要求される.(30) のように,補文標識の that が COMP の位置にある場合には,S は削除されることができない.

(30) *Mary thinks that John is smart, but I don't think [S′ that [S φ]].

さらに,(31) に示すように,wh 句は S 内から COMP に移動したものでなくてはならず,COMP の位置に whether や if が基底生成されている場合には,S 削除は不可能である.

(31) a. Mary said that somebody went to Boston, but I don' know [$_{S'}$ who [$_S$ ϕ]].
  b. *Mary said that she went to Boston, but I don' know [$_{S'}$ whether [$_S$ ϕ]].

Lobeck (1990), Saito and Murasugi (1990) で論じられているように，これらの事実も，CP 仮説や DP 仮説のもとでは，きわめて自然に一般化される．CP 仮説によれば，that, whether, if は CP の主要部の位置にあるのに対して，wh 句の移動先は，C の指定部と考えられる．したがって，S (= IP) 削除操作は，C 指定部に要素がある時に，C の補部が削除される現象として捉えることができる．より厳密には，C 指定部の要素が C 主要部と一致を起こしていることが，S 削除の必要条件となるようである．wh 句は，移動先の C 指定部で，C 主要部の [+ wh] 素性と「一致」する．(27) や (31a) に見たように，このような場合には，S 削除が認可される．他方，(32) の t_i' のように C 主要部と一致しない中間痕跡は，S 削除を認可しない．

(32) *John said somebody just called — Guess [$_{S'}$ who$_i$ [$_S$ he said [$_{S'}$ t_i' [$_S$ ~~t_i just called~~]]].

したがって，S 削除とは，CP において指定部・主要部の一致が起こる時，CP の補部が削除される現象である．

同様の一般化が N' (= NP) 削除にも適用される．冠詞が DP の主要部にある時，それは N' 削除を認可しない．他方，属格の名詞句は，DP 指定部にあって，D 主要部から属格を付与（認可）される．N' 削除は，DP において指定部・主要部の一致が起こる時，DP の補部が削除される現象であると考えられる．

以上の一般化をさらに支持する証拠を，Takahashi (1994a) および Martin (1996) は VP 削除現象から提示している．(33) を見てみよう．

(33) *John believes [$_S$ Mary to *be a genius*], but I don't believe [$_S$ her to ~~*be a genius*~~].

S (= IP) の指定部には，代名詞 her がある．にもかかわらず，この場合には VP 削除を適用することができない．これは，代名詞 her が主文動詞によって目的格を付与(認可)されており，補文の INFL (I) とは一致しないことが原因と考えられる．よって (33) は，(32) と同様，指定部・主要部の一致が削除の必要条件であることを示す例である．

このように，CP 仮説，DP 仮説，IP 仮説のもとでは，削除現象が統一的に捉えられる．削除の対象となるのは，機能範疇の補部にある最大投射の範疇であり，削除が適用されるのは，機能範疇が指定部と一致を起こす時のみである．このことを図示すると，次のようになる．

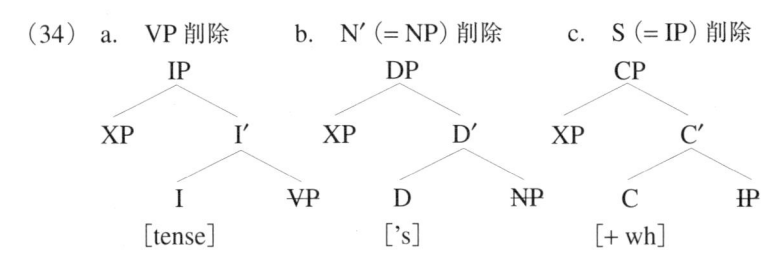

(34)　a.　VP 削除　　b.　N′ (= NP) 削除　　c.　S (= IP) 削除

```
        IP                  DP                  CP
       /  \                /  \                /  \
      XP   I′             XP   D′             XP   C′
          / \                 / \                 / \
         I   V̶P̶              D   N̶P̶              C   I̶P̶
       [tense]              [′s]              [+ wh]
```

削除現象は，理論的な説明を必要とする部分が未だに多く残されている．特に，本論で述べた一般化についても，今後理論的な説明が必要である．しかし，この一般化は，削除に関して説明されるべき事実を，初めて明確な形で提示したものであると言えよう．また，もしこの一般化が正しいとすれば，この分析は，この一般化に至る鍵となった CP 仮説，IP 仮説，DP 仮説を支持する，きわめて強い証拠であると言える．

6.4　削除に関する一般化から導き出される理論的帰結

前節で紹介した削除に関する一般化は，多くの理論的帰結を有する．本節では，その中で Martin (1996) において議論されている PRO の分布に関するものを取り上げる．PRO とは，不定詞節や動名詞の主語の位置に現れる空範疇である．Chomsky (1981) の統率束縛理論 (GB 理論) では，「PRO は統率されてはならない」という PRO 定理 (PRO Theorem) によって，PRO の分布が説明されていた．しかし生成文法の展開の中で「統

率」の概念が統語理論から除去され，PROの性質について新たな説明が必要とされるようになった．この過程で提案されたのが，Chomsky and Lasnik (1993) および Martin (1996) による空格仮説 (Null Case hypothesis) である．本節では，前節の一般化が，この仮説を支持する証拠を提供する点を見ることにする．

まず PRO と格の関係を簡単に見ておこう．

(35)　John wants [PRO to win the race].

統率束縛理論では，PRO は代名詞的照応形 (pronominal anaphor) と考えられ，代名詞類の性質と照応形の性質の両方を合わせ持つとされていた．この仮説によれば，PRO は，束縛原理 A および B の適用を受け，統率されない位置(すなわち，不定詞や動名詞の主語の位置)のみに現れることになる．これは PRO 定理と称される．この定理によると，PRO は統率されないため，格を受けることができない．この帰結は，(36)に示す格フィルター (Case Filter) と合致するものである．

(36)　格フィルター：音形を伴った名詞句は，格を持たなくてはならない．

PRO は，音形を伴わない空範疇である．したがって，(36)に示す格フィルターの適用の対象とはならず，格を付与される必要がない．

しかし，格フィルターそのものについては，いくつかの反例が指摘されている．その代表的なものが，(37a–c)である．

(37)　a.　I consider [him [my best friend]].
　　　b.　John, I like him very much.
　　　c.　*Who$_i$ is it likely [t_i to win the race]?

言語には，音形を伴った名詞句でありながら，格を持たない例が存在する．たとえば，(37a)において小節内の述部として機能する my best friend は，名詞句であるにもかかわらず，格を付与される必要がない．動詞 consider は，小節の主語 John に目的格を付与しているが，my best friend には格を与えない．左方転位 (left dislocation) 構文 (37b) の主題 John に

ついても，同様である．この名詞句も，音形を伴う名詞句でありながら，格を持たない．他方，(37c) は，wh 移動の痕跡が音形を伴わないにもかかわらず，格を必要とすることを示している．

こうした反例を考慮し，格フィルターに代わる条件として提案されたのが，(38) に示す Aoun (1979) の可視条件 (visibility condition) である．

(38) 可視条件： 格を有する名詞句のみが，θ 役割を受けることができる．

格フィルターとは異なり，この条件は，音声を伴うすべての名詞句が格を持つことを要求しない．格を，θ 役割が与えられるための必要条件とすることによって，θ 役割を受ける名詞句のみが格を持たなければならないとする．この条件を (37a, b) に適用してみよう．(37a, b) における問題の名詞句は，いずれも項 (argument) ではない．したがって，これらの名詞句は θ 役割を与えられず，格を持つ必要もない．他方，wh 移動の痕跡は，(変)項として解釈される．よって，wh 移動の痕跡は空範疇ではあるが，格を受けなければならない．このように，格フィルターへの反例となっていた (37) の例にも，理論的に統一的な説明が与えられる．

しかし，可視条件にとっても問題となる例が存在する．その 1 つは，(39b) のような存在の there を含む例である．

(39) a. *It is likely [John to win the race].
   (cf. John$_i$ is likely [t_i to win the race].)
   b. *It is likely [there to be a man in the room].
   (cf. There$_i$ is likely [t_i to be a man in the room].)

(39b) の there は，項ではない．にもかかわらず，(39a) の John と同様に格を必要とし，(39b) には (39a) と同様の非文法性が認められる．

この問題について，Chomsky (1986b) は以下のような解決を試みている．まず，PF 表示におけるすべての要素が音声解釈を受け，LF 表示においては意味解釈を受ける要素のみが現れると仮定する．これは，表示の経済性を要求する原理であり，完全解釈の原理 (Principle of Full Interpretation) と称される．この仮定のもとでは，(40a, b) のような存在文に

おいて，意味解釈を受けない there は，LF で除去されなければならない．

(40) a. There is a man in the room.
b. There are men in the room.

では，there の除去はどのように行なわれるのか．ここで，通常の文においては主語と動詞の一致が見られるのに対して，there 構文では，動詞の補部にある不定名詞句が動詞と一致することに注目されたい．このことは，LF 表示において，不定名詞句が主語の位置にあることを示している．そこで Chomsky (1986b) は，LF において不定名詞句が主語の位置に移動し，結果として there が除去されるとする分析を提示している．(40a, b) の LF 表示は，(41a, b) に示すとおりである．

(41) a. A man$_i$ is t_i in the room.
b. Men$_i$ are t_i in the room.

この LF 移動の実在性を示すさらなる証拠として，次の例をあげることができる．

(42) a. *John$_i$ seems to t_i [that Mary is smart].
b. *There seems to a man [that Mary is smart].

(42a) は，格を受ける位置にある名詞句が，主語の位置に移動できないことを示す例である．この事実は，「移動は，移動する要素にとって必要な時のみ適用される」とする「最終手段原理」(Last Resort Principle) によって説明される．この原理は，格を必要とする名詞句のみが主語の位置へ移動することを許容し，すでに格を付与されている名詞句の移動を排除する．したがって，(42b) の非文法性は，a man が there の位置に移動すると仮定すると，(42a) と同じように，最終手段原理の違反として説明される．

一方，文法的な (40a) では，LF において名詞句 a man が格を付与されない位置にある．したがって，a man は，最終手段原理に抵触することなく，there の位置に移動することができる．このことは，a man が，主語の位置に移動することによって初めて主格を認可(付与)されることを意

味する．したがって，存在の there が格を受ける位置になければならない理由は，there が格を必要とするからではなく，項である不定名詞句が there の位置で格を認可（付与）されなければならないからである．

ここで，可視条件の反例であると思われた (39b) に戻ろう（例文再録）．

(39) b. *It is likely [there to be a man in the room].
　　　　(cf. There$_i$ is likely [t_i to be a man in the room].)

上記の議論をふまえると，(39b) の非文法性は次の2点に起因すると考えられる．第一に，there が格を認可（付与）されない位置にあるため，最終手段原理によって，a man は there の位置に移動することができない．したがって there が除去されず，LF 表示が完全解釈の原理に抵触する．第二に，a man は格を持たないため，可視条件によって，項であるにもかかわらず θ 役割を受けることができない．

(39b) について以上のような説明が与えられてもなお，未解決の問題として残るのが PRO の問題である．(43) に示すのは，可視条件に対する「反例」であると思われる例である．

(43)　John wants [PRO to win the race].

PRO は明らかに項であり，θ 役割を受ける．したがって，可視条件の仮説のもとでは，PRO には格が付与されねばならない．Chomsky (1986b) はこの問題を避けるために，可視条件を (44) のように定式化する．

(44)　格を有する名詞句と PRO のみが，θ 役割を受けることができる．

しかし (44) は，明らかに問題を一時的に棚上げしたにすぎず，Chomsky and Lasnik (1993) においては，(45) のような例に基づいて「PRO は格を受ける」との提案がなされる．

(45)　Everyone wants [PRO$_i$ to be respected t_i by his / her colleagues].

この例では，PRO が目的語の位置から主語の位置に移動している．「移動は，移動する要素にとって必要な時のみ適用される」とする最終手段原理によれば，主語の位置への移動は，移動する要素が格を受ける必要がある

場合にのみ適用される．よって，PRO は，補文主語の位置で格を認可（付与）されると考えなければならない．このことから，Chomsky and Lasnik (1993) は，PRO が INFL (I) の位置にある to から空格（Null Case）を認可されると提案する．

Martin (1996) は，さらに PRO 定理を否定し，空格仮説による，より正確な PRO の分布の説明を試みている．この分析において，まず，PRO が to によって認可される空格を必要とすると仮定することにより，PRO が目的語の位置に現れえない事実は説明される．しかし，一方で PRO 定理によって説明されていた (46a) と (46b) との対比が，問題として残る．

(46) a. John wants [$_{CP}$ PRO to be smart].
　　　b. *John believes [$_{IP}$ PRO to be smart].
　　　　(*cf.* John believes [$_{IP}$ Mary to be smart].)

ここで Martin (1996) は，to には，未来時制を表すものと時制を持たないものの 2 種があるという，Stowell (1982) の提案に着目する．(46a) の補文の時制は主文に対して「未来」であるが，(46b) に見られるように，believe の補部の時制は主文と同じである．Martin (1996) は，未来時制を表す to のみが空格を認可できるとして，PRO の分布を説明する．

以上の議論をふまえ，Martin (1996) は空格仮説を強く支持する例として，(47b, c) のような削除現象に関する対比を提示する．

(47) a. Although Mary believes he is smart, I don't believe [he is [ϕ]].
　　　b. *Although Mary believes him to be smart, I don't believe [him to [ϕ]].
　　　c. Although Mary wants him to attend the meeting, he doesn't want [PRO to [ϕ]].

(47b) の非文法性は，前節の (33) において取り上げたのと同じケースである．(47a) の場合は，VP 削除が許される．この削除は，I が主語の格を認可（付与）しており，he と is との間に指定部・主要部の一致現象があるために可能であると考えられる．それに対して，(47b) では，削除が適

用されるために必要な主語とI(to)の一致が見られない．したがってこの例では，VP削除は許されない．ところが，(47b)と同様に to が現れる (47c)においては，VP削除が許容される．6.3節で述べたVP削除に関する一般化が正しければ，(47c)の文法性は，PRO と I に一致があることを示している．これは，まさに空格仮説の予測するところである．PRO に関する空格仮説は，主に理論的な理由で提案されたものであるが，(47)のVP削除に関するパラダイムによって，より直接的な経験的証拠が与えられたと言えよう．

6.5 削除と移動のパラレリズム

すでに述べたように，生成文法理論において，変形規則の中核をなすものが「移動」と「削除」である．これらは，別々の独立したモジュール(機能単子)をなす統語操作でありながら，同時にいくつかの共通する特性を示す．ここでは，削除と移動を対比させながら，削除のメカニズムについて考えてみよう．

Zagona (1982) は，動詞句削除(VP削除)と動詞句前置(VP前置: VP-preposing)に，同様の条件が課せられることを指摘している．すなわち，VPが削除されうるコンテクストでは，VPの前置も可能である．このことを示す一例として，(48)と(49)の対比を見てみよう．

(48) a. I believed that Mary would *win the race*, and she did [$_{VP}$ win the race].
b. I believed that Mary would win the race, and [$_{VP}$ win the race]$_i$, she did t_i.

(49) a. *Mary believes Bill to *be smart*, but I don't believe him to [$_{VP}$ be smart].
b. *Mary believes Bill to be smart, but [$_{VP}$ be smart]$_i$, I don't believe him to t_i.

Zagona (1982) が指摘するように，削除に課せられる制約が，削除の位置に生じる空範疇に課せられるものであれば，それが移動の痕跡にも適用されると考えるのは，自然である．この点で，VP削除とVP移動との間

に共通性があるのは，当然のことであるかのように思われる．

しかし，N′ (= NP) 削除，S (= IP) 削除に対応する移動現象をも考慮すると，事態はさほど単純ではない．NP と IP は，いかなるコンテクストでも前置できないからである．この事実は，6.3 節において紹介した削除現象の統一的分析にとって，問題となるのだろうか．以下，この問題に対する Saito and Murasugi (1999) の議論を紹介する．

まず，IP 前置の場合について考えてみよう．

(50) *[$_{IP}$ Bill will visit tomorrow]$_i$, I think [$_{CP}$ (that) t_i].

先に述べたように，S (= IP) 削除は，CP において指定部と主要部との間に一致がある時のみ許される．(50) の IP は，この条件を満たさない位置にある．したがって IP 削除が許されない．そして，これと同じ理由により，IP 前置もまた許されないと考えられる．

では，CP で指定部・主要部の一致があり，削除が許されるコンテクストでは，IP 移動が可能なのだろうか．CP 内で指定部と主要部との間に一致が起こるためには，wh 句が，IP 内から CP の指定部に移動していなくてはならない．(51a) ではこの条件が満たされているので，IP 削除が可能である．ところが，(51b) に示すように，この文脈で IP 前置は不可能である．

(51) a. John bought something, but I don't know [$_{CP}$ what [$_{IP}$ ~~he bought~~]].
b. *[$_{IP}$ John bought t_j]$_i$, I don't know [$_{CP}$ what$_j$ t_i].

しかし，(51b) が非文であるのは，IP 前置の条件とは異なる制約によると考えることができる．すなわち (51b) では，wh 移動の痕跡 t_j が what$_j$ により c 統御されておらず，束縛されていない．この構造は (52) と同様に，「痕跡はその先行詞によって束縛されていなくてはならない」とする「適正束縛の条件」(Proper Binding Condition (Fiengo 1977)) によって排除されると考えられる．(束縛の定義については第 1 章を参照されたい．)

(52) a. *I asked t_i to find out who$_i$ Mary likes John.

b. *[Which picture of t_j]$_i$ does John wonder who$_j$ Mary saw t_i?

(52a)は，下方移動の例である．主文の wh 句が補文の CP 指定部に移動したため，痕跡が束縛されず，「適正束縛の条件」を満たさない．(52b)は，(51b)に類似する例である．この例では，who$_j$ の痕跡 t_j を含む名詞句が who$_j$ よりも高い位置に移動したため，結果として t_j が束縛されない構造が形成される．したがって，IP 前置が許されないという (51b) の事実は，「適正束縛の条件」によって説明されうる．このように，(51a) では IP 削除が可能であるのに対して，(51b) では IP 前置が不可能であるという対比は，削除と移動の平行性を否定する根拠にはならない．IP 削除と IP 前置が同様のコンテクストで認可されるとしても，IP 前置の構造は独立の理由で排除されるのである．

次に NP 前置について考えよう．(53) の例を考察の対象とするかぎり，IP 前置の場合と同様の説明が可能であるように見える．

(53) a. *[$_{NP}$ Book]$_i$, I read [$_{DP}$ a / the t_i]
 b. *[$_{NP}$ t_j destruction of the city]$_i$, I witnessed [$_{DP}$ the barbarians'$_j$ t_i]

(53a)では，DP 内で指定部・主要部の一致がない．(29) に見たように，このような場合には NP 削除が許されないことから，NP 前置も不可能であることが予測される．また，(53b)では，前置された NP の主語の位置に the barbarians' の痕跡があり，これは束縛(c 統御され同じ指標を有することを)されていない．

しかし，NP 前置の場合は，状況はより複雑なようである．(53)を見てみよう．DP 内で指定部・主要部の一致がある(53b)のような例の非文法性を，「適正束縛の条件」への抵触に帰することには，大きな問題が生ずる．第一に，(54) が示すように，wh 移動の痕跡とは異なり，A 移動の痕跡に「適正束縛の条件」が適用されるか否かは，明らかではない．

(54) [How likely [t_i to win the race]]$_i$ is John$_j$ t_i?

また，VP 内主語仮説に従えば，VP 前置もまた束縛されない A 移動の痕跡を伴うが，結果は「適正束縛の条件」によって排除されない．

(55) ..., and [$_{VP}$ t_j win the race]$_i$, he$_j$ did t_i.

第二に，所有の名詞句は，DP 指定部に属格を伴って基底生成されると考えられるが，(56)が示すように，DP 指定部に所有の名詞句 (John's) が現れる場合においても，NP (book) は前置されることができない．

(56) *[$_{NP}$ Book]$_i$, I read [$_{DP}$ John's t_i].

この例は，束縛されない痕跡を含んでおらず，「適正束縛の条件」を適用することができない．以上のことから，(53b) と (56) の非文法性については，「適正束縛の条件」とは独立した，別の原理による説明が必要となる．

では，(53b) と (56) は，いかなる原理に抵触するがゆえに非文となるのだろう．まず，DP 指定部が，A / A′ の両方の性質を持つことに注目されたい．属格を持つ名詞句が DP 指定部に移動する場合は，文主語の IP 指定部への移動と同様に，A 移動である．他方，Stowell (1989) は，(57)，(58) のような例を根拠として，wh 移動が DP 指定部を中間的な移動先とすることを提案している．

(57) a. Who$_i$ did you sell [$_{DP}$ t_i′ [a picture of t_i]]?
     b. Who$_i$ does Jane regret [$_{DP}$ t_i′ [the dismissal of t_i]]?
(58) a. ??Who$_i$ did you sell [$_{DP}$ Mary's [picture of t_i]]?
     b. ??Who$_i$ does Jane regret [$_{DP}$ Bob's [dismissal of t_i]]?

(59a) に示す wh 島の制約 (wh-island condition) に抵触する例は，wh 移動が循環的に起こり，可能な中間的移動先に立ち寄っていかなければならないと仮定することによって説明される．（この点については，特に Chomsky (1986a)，Rizzi (1990)，Chomsky and Lasnik (1993) を参照されたい．）

(59) a. ??What$_i$ does John wonder [$_{CP}$ where$_j$ [Mary put t_i t_j]]?

b.　What_i does John think [_CP t_i' [Mary put t_i on the table]]?

　(59b)では，what が補文の CP 指定部を通って循環的に移動している．一方，(59a)では，補文の CP 指定部に where があるため，what はこの可能な移動先を通過せざるをえない．Stowell (1989) は，(58a, b) の非文法性は，(59a) の非文法性の要因と同様，wh 句が可能な移動先であるはずの DP 指定部を通過したことによると提案している．この分析は，DP 指定部が A′ 位置としての性質を持つことを含意している．

　そして，(56) についてもまた，同様の説明が可能である．NP の book が前置される時，まず DP 指定部に移動しなければならない．しかし，その位置はすでに John's によって占められている．すなわち，DP 指定部に Mary's や Bob's がすでにあるために移動が許されなかった (58a, b) の場合と同じ理由により，(56) の非文性も説明されうる．しかし，奇妙なことに (56) と (58a, b) の間には，明らかに非文法性の程度に差がある．この非文法性の差異は，何に起因するのだろうか．Saito and Murasugi (1999) は，(56) と (58a, b) の対比が，(60) と (59a) の間に観察される対比と同様の要因による可能性を指摘する．

　(60)　*Who_i does John wonder why_j t_i left early t_j?

　これは，空範疇原理（Empty Category Principle: ECP）と下接の条件（Subjacency Condition）に抵触する文に見られる，有名な非文法性の差異である．

　(60) と (59a) の非文法性の差異は，伝統的には空範疇原理と下接の条件に帰せられるが，Chomsky (1991)，Chomsky and Lasnik (1993) はこの対比について，以下のような説明を与えている．まず，移動は循環的に起こり，可能な中間的移動先を通過した際には，残された痕跡に「*」が付与される．Chomsky (1986a) に従って，VP 付加が可能であり，IP 付加は許されないと仮定すると，(59a) と (60) の派生は，それぞれ (61) と (62) に示すようなものであると考えられる．

　(61)　[_CP What_i [does John [_VP t_i'' [_VP wonder [_CP where_j [_IP Mary [_VP $t_i'^*$

第 6 章 削除現象の統語分析 165

[$_{VP}$ bought t_i t_j]]]]]]]]
(62) [$_{CP}$ Who$_i$ [does John [$_{VP}$ t_i' [$_{VP}$ wonder [$_{CP}$ why$_j$ [$_{IP}$ t_i^* [$_{VP}$ left early] t_j]]]]]]

次に，LFにおいて，演算子・変項の連鎖を形成するために中間痕跡を削除すると，(61) と (62) は，それぞれ，(63) と (64) に示すようなLF表示を持つことになる．

(63) [$_{CP}$ What$_i$ [does John [$_{VP}$ wonder [$_{CP}$ where$_j$ [$_{IP}$ Mary [$_{VP}$ bought t_i t_j]]]]]]
(64) [$_{CP}$ Who$_i$ [does John [$_{VP}$ wonder [$_{CP}$ why$_j$ [$_{IP}$ t_i^* [$_{VP}$ left early] t_j]]]]]

ここで，(63) では「*」を付与された痕跡が削除されている．それに対して，(64) では「*」を伴った痕跡が LF 表示に残っている．この考察をもとに，Chomsky (1991) は，痕跡に「*」が付与された場合，それがLFで削除されれば (59a) のような弱い違反が生じ，その痕跡が LF 表示に現れると (60) のような強い違反が生じる，と提案する．

この分析を，(58a, b) および (56) に適用してみよう．(58a) と (56) の派生は次のようになる．

(65) [$_{CP}$ Who$_i$ [did you [$_{VP}$ t_i''' [$_{VP}$ sell [$_{DP}$ Mary's [$_{NP}$ $t_i''^*$ [$_{NP}$ picture [$_{PP}$ t_i' [$_{PP}$ of t_i]]]]]]]]]
(66) [[$_{NP}$ Book]$_i$ [$_{IP}$ I [$_{VP}$ t_i' [$_{VP}$ read [$_{DP}$ John's t_i^*]]]]]

(65) では，「*」が中間痕跡に付与されており，この痕跡は LF において削除される．他方，(66) では，移動した NP の基底の位置にある痕跡が「*」を付与される．この痕跡は，LF 表示に現れるものであり，したがって，(56) が (60) と同程度の非文法性を示すことが正しく予測される．

最後に，IP 前置の例である (51b) を，もう一度 (67) として見てみよう．(67) は，「適正束縛の条件」に加えて，上記と同じ理由で排除される．

(67) *[$_{IP}$ John bought t_j]$_i$, I don't know [$_{CP}$ what$_j$ t_i].

IPの最初の可能な移動先は，補文のCP指定部である．しかし，この位置はwhatにより占められているため，IPはここを通過して主文のVPに付加せざるをえない．したがって，(68)に示すように，IPの基底位置の痕跡が「*」を付与される．

(68)　[[$_{IP}$ John bought t_j]$_i$ [$_{IP}$ I don't [$_{VP}$ t_i' [$_{VP}$ know [$_{CP}$ what$_j$ t_i^*]]]]]

ここでも(66)の場合と同様に，「*」を伴った痕跡がLF表示に現れることになる．これに対して(69)のようなVP移動では，(70)に示すように，そもそも痕跡に「*」が付与されない．

(69)　..., [$_{VP}$ win the race]$_i$, she did t_i.
(70)　[[$_{VP}$ win the race]$_i$ [$_{IP}$ she did t_i]]

VPはIPの指定部を超えて移動するが，この移動は，可能な移動先を通過するものではない．IP指定部は，CP指定部やDP指定部とは異なって厳密なA位置であり，VPにとって可能な移動先ではないからである．

以上のVP移動，NP移動，IP移動の分析が正しければ，削除と移動が同一の条件に従うというZagona (1982)の提案は，維持される．削除に関わる条件を再度見ておこう (= (34))．

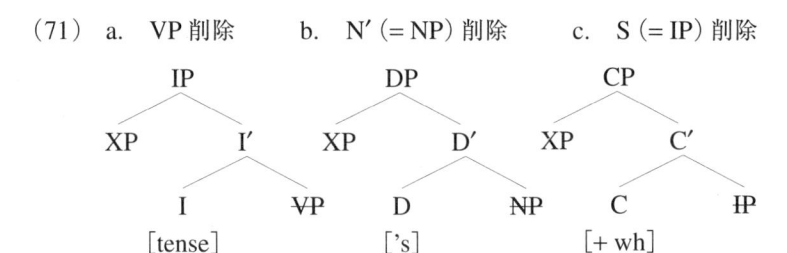

(71)　a.　VP削除　　　b.　N′(= NP)削除　　　c.　S (= IP)削除

```
         IP                    DP                      CP
        /  \                  /  \                    /  \
       XP   I′               XP   D′                 XP   C′
            / \                   / \                     / \
           I   V̶P̶                D   N̶P̶                   C   I̶P̶
        [tense]                 ['s]                   [+ wh]
```

VP, NP, IPが削除されるためには，I, D, Cの投射において，指定部と主要部の一致がなければならない．VP, NP, IPの前置に同様の条件が課せられるとすると，NPとIPの移動が不可能であることが正しく予測される．NP移動にとってはDPの指定部が，そしてIP移動にとってはCPの指定部が，最初の可能な移動先となる．しかし，(71b, c)に示され

た構造では，指定部にすでに所有格の名詞句あるいは wh 句があるため，NP，IP は最初の可能な移動先を通過せざるをえない．したがって，NP，IP の基底位置に現れる痕跡は必ず「*」を付与され，(60) と同様の非文法性が予測される．他方，VP 移動の場合には，IP 指定部が可能な移動先ではないため，この問題は生じない．移動が削除と同様の条件に従うと仮定することによって，VP 削除，NP 削除，IP 削除に対応する移動として，VP 移動のみが存在することが説明されるのである．

第 7 章　日本語における削除現象

　削除現象は 1980 年代まで，英語を中心として，そのメカニズムの研究が進められてきた．主要な統語操作の 1 つである削除現象は，統語理論を構築していくうえでも重要な位置を占める．その理論的重要性に鑑みれば，削除操作のメカニズムを解明するために，他言語の分析に基づく貢献が求められることは言うまでもない．本章では，Kuno (1978) の分析を簡単に紹介した後，1980 年代から 90 年代にかけて提示された日本語削除現象の分析を概観する．

7.1　VP 削除の欠如をめぐる Kuno (1978) の議論

　先に述べたように，日本語には VP 削除が見られないことが，Hinds (1973) によって指摘されている．

（1）　a.　太郎が [$_{VP}$ 帰った] ので，私も帰った．
　　　b.　*太郎が [$_{VP}$ ~~帰った~~] ので，私も帰った．

(1b) の「太郎がので，私も帰った」という文は，非文である．この事実を説明する可能性の 1 つは，日本語特有の性質として削除現象が存在しないとするものである．そしてもう 1 つの可能性は，日本語に削除現象はあるものの，(1b) は適切な削除の適用例ではないという可能性である．まず前者の可能性を探ってみよう．

　Kuno (1978) は (1b) の非文法性について，VP 削除が (2) に示すように，独立した語としての助動詞 (auxiliary verb) を要求する事実に着目する．

（2） a. I left because John *(did) [$_{VP}$ φ].
　　　b. If Mary can read it, John *(can) [$_{VP}$ φ] too.

そして，VP 削除が普遍的に「助動詞」を要求する性質を持つのであれば，日本語における VP 削除の欠如は予測されるものであると指摘する．日本語の助動詞は独立した語ではなく，接尾辞であるためである．たとえば，can read に対応する yom-e-ru（読める）について考えてみよう．英語では，can が独立した語であるので，read を含む VP の削除が可能である．それに対して，日本語では事情が異なる．can に対応する -e が，動詞ではなく助動詞であるかどうかは疑問の残るところであるが，たとえそうであったとしても，-e は yom- から独立して現れえない．このため，この要素を残して，yom- を含む VP を削除することはできない．

　また，日本語には，(2a) に見られる do 支持（*do*-support）の現象も存在しない．英語では，時制は接尾辞として隣接する（助）動詞とともに現れる．

（3） a. John kicked it.
　　　b.
```
          IP
         /  \
        NP    I′
        |    / \
       John  I   VP
             |  / \
          [past] V  NP
                 |   |
                kick it
```

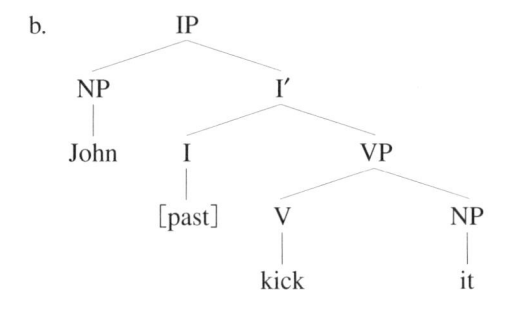

時制に隣接する（助）動詞がない時には，INFL (I) に do が挿入され，時制は do の接辞として現れる．これが do 支持と称される現象である．(4a) は，否定の not が時制と動詞の間に介在する場合であり，(4b) は I が C に移動したため，主語が時制と動詞の間に介在する場合である．いずれの場合にも時制が動詞 solve に隣接しないため，do 支持が適用され，solved ではなく did という形で過去の時制が表される．

(4) a. John did not solve it.
　　b. Did John solve it?

　(2a) の VP 削除は，do 支持によって可能となる例である．動詞を含む VP が削除されているため，時制は動詞とともに現れることができない．そこで do が挿入され，時制が表される．ところが日本語には，この do 支持に対応する操作が存在しない．したがって，日本語において (2a) と同様の VP 削除が適用された場合，時制が孤立し，表現されえない．(1b) の非文法性はこのように説明され，また，より一般的に，日本語における VP 削除の欠如は，独立した語としての助動詞の欠如に起因するものと考えることができる．

　Kuno (1978) の仮説は，VP 削除の普遍性を前提とし，なぜ日本語に VP 削除がないのかを説明しようとしたものである．その後，文法理論の発展の中で，より一般的な統語仮説として，Fukui (1986; 1988) などにより，日本語は機能範疇(特に補文標識 (complementizer: C) と限定詞 (determiner: D)) を持たない言語であるとの提案がなされる．この提案は，日本語において顕在化する D が存在せず，また，英語のように INFL を介在する主語と動詞の一致が見られないことを直接的な根拠とする．たとえば，「その」は一見 the に対応するように見えるが，日本語では主要部が後置されるため，「その」が D であるとすれば，「その本」ではなく，「*本その」という語順になるはずである．前節で見たように，削除とは，機能範疇の投射において，指定部と主要部の一致がある時に補部が削除される現象である．したがって，もし Fukui (1986; 1988) の仮説が正しいとすれば，日本語に削除現象が存在しなくても不思議ではない．

　しかし，1980 年代から 90 年代にかけて，日本語に削除現象が存在するとする提案が，次々に発表されていくことになる．N′ (= NP) 削除を扱った Saito and Murasugi (1990)，VP 削除を扱った Otani and Whitman (1991)，S (= IP) 削除に関する Takahashi (1994a) などである．日本語には機能範疇があり，削除という操作が存在する．この可能性が追求される歴史を，以下の議論の中で見ていくことにしよう．

7.2 代名詞「の」と NP 削除

日本語には，英語の N′ (= NP) 削除に似たものとして，「の」を用いた次のような形式がある．

(5) a. この本は，ジョンのだ．
b. This book is John's (book).

(5a)では，一見，名詞句内で，属格「の」が付与された名詞句「ジョンの」を残して，「本」が削除されているように見える．しかし，この例から，日本語に NP 削除があると早急に判断することはできない．日本語において「の」で表される要素は，属格のみではないからである．

日本語には，属格としての「の」のみならず，代名詞としての「の」（英語における one と共通する特性を持つ）がある．(6)を見てみよう．

(6) a. りんごがおいしそうですね．赤いのを2つください．
b. 新しい本は比較的安価だが，古いのはむしろ高価だ．

この例に見られる「赤いの」，「古いの」という表現は，NP 削除によって派生されるとは考えにくい．ここで，英語の NP 削除の特徴を思い出してみよう．NP 削除では，DP 内で指定部と主要部の一致を引き起こす属格の名詞句が必要であった．

(7) a. I like John's apples, but I don't like Bill's ϕ.
b. *I like new apples, but I don't like old ϕ.

そこで，(6)の「の」が属格かどうか考えてみよう．結論を先に言えば，この「の」は属格ではないようである．(6)において「の」が現れるが，それは属格が挿入されうる位置にはない．日本語の属格は，形容詞(句)と名詞(句)との間には挿入されない．

(8) a. 赤い(*の)りんご
b. 古い(*の)本

(6)の「の」が属格ではないことは，富山方言や熊本方言などからのデー

タによっても裏づけられる．これらの方言では，属格は「の」で示されるけれども，(6)のような例の場合，富山方言では「が」，そして熊本方言では「と」が用いられる．(以下，富山方言では「が」，熊本方言では「と」として現れる部分と関連する以外については，標準語の語彙で表記する．なお，属格が「の」で現れるのに対して，分裂文などの補文標識や代名詞としての「の」が富山方言では「が」(熊本方言では「と」)で現れることに関する議論については，Murasugi (1991)，村杉 (1998) などを参照されたい．)

(9) 富山方言
　　a. 赤いがを2つください．
　　b. 新しい本は比較的安価だが，古いがはむしろ高価だ．
(10) 熊本方言
　　a. 赤かとを2つください．
　　b. 新しか本は比較的安価だが，古かとはむしろ高価だ．

富山方言と熊本方言のいずれにおいても，属格は「ジョンの本」のように「の」という音声表現を持つのであるから，(6)の「の」が属格であれば，(9)と(10)にも「の」が現れるはずである．ところが，事実はこの予想に反するものである．そして，(6)の「の」が属格ではないとすると，(6a, b)はNP削除の条件を満たしていないことになる．

また，NP削除では，(11)が示すように，形容詞は必ず削除される部分に含まれなくてはならない．

(11) a. *I have John's blue book, but I don't have Bill's green ϕ.
　　 b. I have John's blue book, but I don't have Bill's ϕ.

(6)では，形容詞である「赤い」，「古い」が削除されずに残っており，この条件も満たされていない．

奥津 (1974) は，(6)の「の」を代名詞として分析したうえで，(5a)の「ジョンの」は，(12)の構造から，2つ連続して現れる「の」を1つに削ることによって派生されると提案する．

(12) [[ジョン] の [N の]]

　この分析を支持する証拠もまた，方言のデータから得られる．長野方言，新潟県の一部の方言，愛知県の一部の方言などでは，(12) のような2つの「の」の連続を許す．この事実は，奥津の提唱する，「の-の」と連続する「の」がある場合，1つの「の」を消去するという規則が，義務的に適用される方言とされない方言があることを示している．東京方言においては，この規則の適用が義務的であるが，長野方言などでは，随意的であると考えることができる．

　さらに，2つの「の」のうちどちらが消去されているのかについて，興味深い事実が富山方言から得られる．この方言では，「この本は，私のものだ」という意味を持つ文として (13a) と (13b) がある．後者では，明らかに属格の「の」に変化が起きている．

(13) a. この本は，おらのがだ．
　　　b. この本は，おらがだ．

属格「の」と代名詞「の/が/と」が連続して現れる時，消去されうるのは前者のようである．

　もし，以上の分析が正しければ，(5a) に示すような例は，NP 削除とは無関係であることになる．では，日本語には代名詞の「の」はあるが，NP 削除という操作は存在しないのだろうか．NP 削除が日本語に実在するか否かを論証するためには，(5a) と同様の形式を持ちながらも，代名詞の「の」を含んでいるとは考えられないような例を探し出す必要がある．では，代名詞の「の」を含まない例文とはどのようなものか．

　代名詞の「の」には，いくつか奇妙な特性があることが指摘されている．たとえば，この代名詞の「の」は，修飾の要素を必要とし，単独でDP を構成できない．

(14) a. それをください．
　　　b. *のをください．

また，この代名詞は，尊称を持つ人物を指示することができない．

174　第 II 部　削　　除

(15)　a. とても偉い先生がいらした.
　　　b. #とても偉いのがいらした.

　この例では，形容詞句が代名詞を修飾しているが，尊称を受ける人の代用形として「の」を用いることは許されない.

　さらに，神尾 (1983) は，代名詞の「の」は抽象名詞の代用形として用いられることはなく，具象名詞のみを代用することができることを指摘している. このことを示す例としては，以下のようなものがある.

(16)　a. かたいりんごを持ってきた人 → かたいのを持ってきた人
　　　b. かたい信念を持った人 → *かたいのを持った人

　この神尾 (1983) による一般化は，(17) の例によって裏づけられる.

(17)　a. 太郎が持ってきたりんごは，あまりおいしくないのだった.
　　　b. *太郎の信念は，とてもかたいのだった.
　　　c. *太郎の研究に対する態度は，あまり感心できないのだった.
　　　d. *太郎のスポーツに対する情熱は，本当にはげしいのだった.
　　　e. *その時の太郎の山田先生への依存は，仕方がないのだった.
　　　f. *建設省の書類の隠蔽は，とても信じられないのだった.
　　　g. *その建物の改修は，とても長いのだった.
　　　h. *その町のゴミの収集は，いいかげんなのだった.

(17a) に対して，(17b–h) はいずれも，代名詞「の」を伴った文として明らかに非文法的である. 代名詞の「の」は，りんごのような具体的なものは指せるが，「信念」,「態度」,「情熱」,「依存」,「隠蔽」,「改修」,「収集」のような抽象名詞に代用することはできない.

　この神尾 (1983) の一般化をふまえたうえで，Saito and Murasugi (1990) は，以下のような例を提示する.

(18)　a. 花子の信念は，太郎のよりかたいと思う.
　　　b. 太郎の研究に対する態度は良いが，花子のは良くない.
　　　c. 太郎のスポーツに対する情熱は，花子のより，さらにはげしいものだった.

d. 学部生の先生への依存は許されるが，<u>院生の</u>は許されない．
e. 厚生省の書類の隠蔽は個人グループによるらしいが，<u>建設省の</u>は組織ぐるみらしい．
f. 癒着業者のこの建物の改修は，<u>大手ゼネコンの</u>よりも悪質だ．
g. 他市のボトルの収集はとうに始まっているが，<u>名古屋市の</u>は今年になってようやく始まった．

これらの例文はすべて文法的であり，(17b–h) に示した例とはきれいな対比を示している．この議論の冒頭に述べたように，NP 削除が日本語に実在する否かを論証するためには，代名詞の「の」を含まないような例において，英語と同様に，指定部の「～の」を残して削除が行なわれうるかどうかを検証する必要があった．(18) は，まさにこのような例であると考えられる．

(18a–g) では，下線部分において，「信念」，「態度」，「情熱」，「依存」，「隠蔽」，「改修」，「収集」が含意されている．神尾 (1983) の「「の」は抽象名詞の代用形として用いられず具象名詞のみを代用できる」とする一般化を仮定すると，(18a–g) の文法性が代名詞の「の」の観点からは説明できないことは明らかである．(17b–h) の非文法性が示すように，代名詞の「の」は，これらの抽象名詞の代用形とはなりえない．したがって，(18a–g) の「～の」は，代名詞の「の」を主要部とした名詞句ではない．

さらに，(18) の例においては，下線部分の「～の」が単独で名詞句を構成しており，NP 削除の例として以下のように分析しうる．

(19) a. [$_{DP}$ 花子の [$_{NP}$ 信念]] は，[$_{DP}$ 太郎の [$_{NP}$ φ]] よりかたいと思う．
b. [$_{DP}$ 太郎の [$_{NP}$ 研究に対する態度]] は良いが，[$_{DP}$ 花子の [$_{NP}$ φ]] は良くない．
c. [$_{DP}$ 太郎の [$_{NP}$ スポーツに対する情熱]] は，[$_{DP}$ 花子の [$_{NP}$ φ]] より，さらにはげしいものだった．
d. [$_{DP}$ 学部生の [$_{NP}$ 先生への依存]] は許されるが，[$_{DP}$ 院生の [$_{NP}$ φ]] は許されない．
e. [$_{DP}$ 厚生省の [$_{NP}$ 書類の隠蔽]] は個人グループによるらしい

176　第II部　削　　除

　　　　が，[DP 建設省の [NP φ]] は組織ぐるみらしい．
　　f.　[DP 癒着業者の [NP 建物の改修]] は，[DP 大手ゼネコンの [NP φ]] よりも悪質だ．
　　g.　[DP 他市の [NP ボトルの収集]] はとうに始まっているが，[DP 名古屋市の [NP φ]] は今年になってようやく始まった．

　Saito and Murasugi (1990) は，以上の議論をもとに，日本語にも NP 削除現象が存在するとの結論を導き出している．このことは，日本語にも英語と同様に，機能範疇の D が存在することを意味する．またこの結論は，(17b–h) の非文法性と矛盾するものではない．上に述べたように，(17), (18) の下線部分の「の」は，具象名詞のみに代用できる代名詞の「の」ではありえない．また (17b–h) は，主要部 D と一致する属格の名詞句を必要とする NP 削除の例でもありえない．(17b–h) と (18a–g) の対比は，英語の (7b) と (7a) の対比と同様のものとして考えることができよう．

7.3　DP 内移動と属格

　もう一度，(18d) と (18g) を見てみよう．NP 削除分析によれば，(18d) では「学部生の」と「院生の」が，(18g) では「他市の」と「名古屋市の」が DP 指定部に移動していることになる (例文再録)．

　(18)　d.　学部生の先生への依存は許されるが，院生のは許されない．
　　　　g.　他市のボトルの収集はとうに始まっているが，名古屋市のは今年になってようやく始まった．

これらの例のより正確な構造は，(20), (21) に示すとおりである．

　(20)　[DP 学部生の$_i$ [NP t_i 先生への依存]] は許されるが，[DP 院生の$_j$ [NP φ]] は許されない．
　(21)　[DP 他市の$_i$ [NP t_i ボトルの収集]] はとうに始まっているが，[DP 名古屋市の$_j$ [NP φ]] は今年になってようやく始まった．

この分析は，日本語の属格が DP 指定部で認可される必要がないことも意味する．(20) では，属格を伴う PP「先生への」が削除される NP に含

まれる．また (21) において，目的語の「ボトルの」は，NP 内にあって NP 主要部とともに削除される．したがって，属格の「の」は，N または D の投射内にある DP と PP に付与されるものと考えられる．

　Saito and Murasugi (1990) は，この日本語属格の性質に基づいて，NP 削除分析を支持するさらなる証拠を提示する．まず，日本語の名詞句内で，属格を伴う要素を見てみよう．

(22)　a.　太郎のその定理の証明（Taroo's proof of the theorem）
　　　b.　ローマの破壊（the destruction of Rome）
　　　c.　先生への依存（the reliance on a teacher）
　　　d.　雨の日（a rainy day）
　　　e.　2 切れのハム（two slices of ham）

(22a–c) は，項として解釈される要素が属格とともに現れることを示す．下線の「XP の」は，(22a) では主語，(22b) では目的語，そして (22c) では項の後置詞句である．さらに，(22d, e) は，主要部の名詞を修飾する名詞句（雨，2 切れ）もまた，属格を伴うことを示す．たとえば，(22d) の「雨の」は，英語では形容詞（rainy）として表される要素である．

　(18) の現象は一見，名詞句内で，先頭の「～の」を残して，続く要素が削除されているように見える．この表層的な一般化が正しいとすれば，「～の」の部分は，(22) のいかなる下線の要素であってもよいことになる．しかし実際は，(22a–c) と (22d, e) の間に明確な対比が見られる．主語に対応する要素が「～の」の部分になりうることは，(18) の例が示すとおりであるが，さらに (23) が示すように，目的語や項の後置詞句も可能である．

(23)　a.　京都の破壊は，ローマのより悲惨だった．
　　　b.　先生への依存は良いとして，先輩へのは問題だ．

それに対して，修飾の要素は「～の」の部分に生じない．

(24)　a.　*最近は，雨の日が，晴れのよりも多い．
　　　b.　*2 切れのハムは夕食になるが，1 切れのはならない．

(23) と (24) の対比は，単に先頭の「～の」以下の削除が自由に行なわれるのではないことを示している．この対比は，前節で提示した NP 削除のメカニズムを仮定すると，次のように説明できる．まず，主語と目的語は，IP 指定部や DP 指定部に移動することができる．英語の例を見てみよう．能動文においては主語が，そして受動文においては目的語が，IP 指定部に移動する．

(25) a. [IP The barbarians$_i$ [VP t_i [V′ destroyed the city]]]
　　 b. [IP The city$_i$ was [VP destroyed t_i]]

また，名詞句内では，主語や目的語が DP 指定部へ移動される．

(26) a. [DP the barbarians'$_i$ [NP t_i [N′ destruction of the city]]]
　　 b. [DP the city's$_i$ [NP destruction t_i]]

一方，修飾の要素は，IP 指定部や DP 指定部に移動することができない．(27b) は場所を表す修飾句 there が，そして (28b) は時を表す修飾句 then が，DP 指定部へ移動できないことを示している．

(27) a. the book there
　　 b. *there's$_i$ book t_i
(28) a. the destruction of the city then
　　 b. *then's$_i$ destruction of the city t_i
　　　　 (*cf.* the city's$_i$ destruction t_i then)

また，(29b) と (30b) は，today や yesterday のような要素，すなわち修飾句としても項としても用いられる要素が IP 指定部に移動できるのは，(29b) のように，項として現れる場合だけであることを示している．

(29) a. It seemed [that yesterday was a good day to hold the meeting].
　　 b. Yesterday$_i$ seemed [t_i to be a good day to hold the meeting].
(30) a. It seemed yesterday [that that was the best time to hold the meeting].
　　 b. *Yesterday$_i$ seemed t_i [that that was the best time to hold the

meeting].

(cf. That$_i$ seemed yesterday [t_i to be the best time to hold the meeting].)

以上の考察から，項のみが IP，DP の指定部に移動できることがわかる．

この一般化をふまえて，再度 (23) と (24) の例を見てみよう (例文再録)．

(23) a. 京都の破壊は，<u>ローマの</u>より悲惨だった．
  b. 先生への依存は良いとして，<u>先輩への</u>は問題だ．
(24) a. *最近は，雨の日が，<u>晴れの</u>よりも多い．
  b. *2 切れのハムは夕食になるが，<u>1 切れの</u>はならない．

英語について，NP 削除は，DP 指定部に要素があって D 主要部と一致している時のみ可能であることを指摘したが，同様の一般化は日本語にもあてはまる．(23a) を例にとると，項である「京都の」，「ローマの」がDP指定部に移動して，この要求を満たしていると考えられる．

(31) [$_{DP}$ 京都の$_i$ [$_{NP}$ t_i 破壊]] は，[$_{DP}$ ローマの$_j$ [$_{NP}$ ϕ]] より悲惨だった．

一方，(24a) が NP 削除の例であるためには，(32) に示す構造を持たなくてはならない．

(32) 最近は，[$_{DP}$ 雨の$_i$ [$_{NP}$ t_i 日]] が，[$_{DP}$ 晴れの$_j$ [$_{NP}$ ϕ]] よりも多い．

しかし，上に見たように，修飾の要素は DP 指定部に移動できない．したがって，「雨の」や「晴れの」を DP 指定部に移動して NP 削除の条件を満たすことができないことから，(24) の非文法性が正しく予測される．このように，一見表面的には同一に見える (23) と (24) の対比が，NP 削除分析による自然な帰結として説明される．このことは，Saito and Murasugi (1990) が指摘するように，NP 削除分析を支持するさらなる証拠であると考えられる．

7.4 動詞移動とVP削除

次に，動詞句削除（VP削除）について考えよう．日本語にVP削除がない根拠として考えられてきた類いの例を，再度見てみよう．

(33) a. 太郎が [VP 帰った] ので，私も帰った．
　　 b. *太郎が [VP 帰った] ので，私も帰った．

7.1節で述べたように，Kuno (1978) は，日本語にVP削除が存在しない理由について説明を試みている．以下の構造をもとに復習しよう．

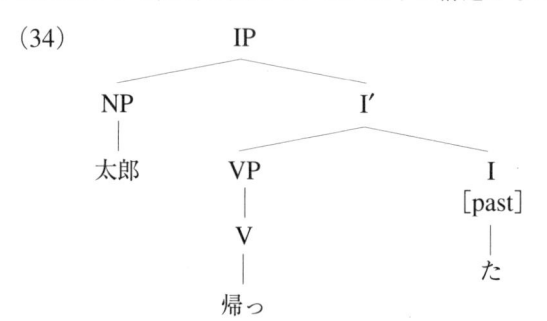

(34)
```
            IP
           /  \
         NP    I′
         |    /  \
        太郎  VP   I
              |   [past]
              V    |
              |    た
              帰っ
```

英語では，動詞句が削除され，時制が孤立すると，do支持によってdoが時制の位置に挿入される．(35) は，このプロセスによって生成される例である．

(35) I went home because John did [VP ~~go home~~].

日本語の時制は，通常，英語の場合と同様に，動詞に付加した形で現れる．したがって，VPが削除されるとやはり時制が孤立することになる．しかし，日本語にはdo支持に対応する操作が存在せず，孤立した時制を適切に表現する手段がない．よって日本語では，VP削除を適用し，文法的な文を生成することができないと考えられる．

以上の説明は，日本語の時制が，英語の時制のように，動詞に付加する形で表されると仮定するかぎりにおいて成り立つものである．しかし，世界の言語を見わたすと，言語における時制と動詞の結合の方法は一様ではないことがわかる．Emonds (1978) およびPollock (1989) が指摘する

ように，たとえばフランス語では，英語とは異なるメカニズムによって時制と動詞が結合する．動詞が主要部移動によって INFL (I) の位置に移動するのである．この英語とフランス語の相違は，以下の対比において明確に示されるものである．

(36) a. John often kisses Mary.
  b. Jean embrasse souvent Marie.
    kisses often
   'Jean often kisses Mary.'

(37) に示すように，副詞の often ('souvent') が VP に付加されているとしよう．

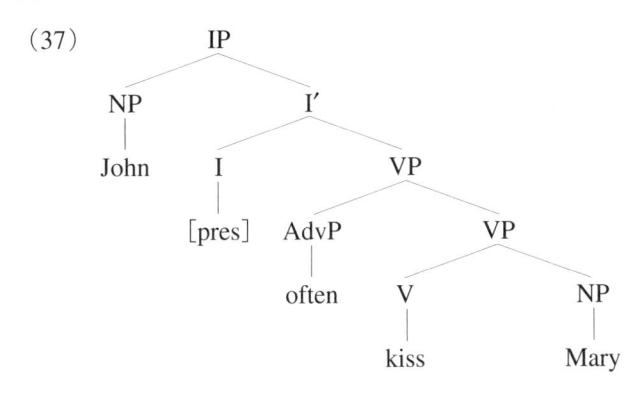

(37)

```
                IP
              /    \
            NP      I'
            |     /    \
          John   I      VP
                 |    /    \
              [pres] AdvP   VP
                     |    /    \
                   often  V     NP
                          |     |
                         kiss  Mary
```

英語では，時制が動詞 (V) に付加するため，(36a) のように，時制を伴った動詞が副詞 (AdvP) の後ろに現れる．それに対してフランス語では，動詞が時制の位置に移動するので，(36b) のように，時制を伴った動詞が副詞の前に現れることになる．

仮に日本語がフランス語のような言語であるとしたら，VP 削除は可能なのだろうか．この場合，動詞が I の位置に移動するため，「時制が孤立し，適切に表現されない」という問題は生じえない．したがって，VP 削除が可能であることが予測される．ただしこの場合，動詞は VP 内から取り出されている．したがって，それは削除される部分には含まれない．(38) に示すように，VP 削除が適用される時には，動詞の補部だけが削除

されることになる．

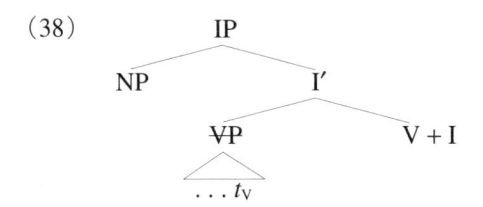

(38)
```
         IP
        /  \
       NP   I′
           /  \
          V̶P̶  V+I
          |
         …tᵥ
```

では，日本語は，フランス語タイプの言語なのだろうか．実はこの問いかけは，Huang (1987) に遡る．Huang (1987) は，日本語，韓国語，中国語がフランス語タイプの言語であり，また，VP削除を有することを示唆している．この考えを発展させた論文が，Otani and Whitman (1991) である．Otani and Whitman (1991) の分析において主要となる議論は，(39b) のような例の解釈に基づいている．

(39) ジョンは，自分の手紙を捨てた．
  a. ビルも，[それを] 捨てた．
  b. ビルも，[e] 捨てた．
(40) a. ビルも，[ジョンの手紙を] 捨てた．
  b. ビルも，[ビルの手紙を] 捨てた．

(39a) の「それ」は，「ジョンの手紙」と同一指示であり，この例の解釈は (40a) に示すとおりである．Kuroda (1965) 以来，(39b) のような例については，目的語の位置に音声を伴わない代名詞の pro があると考えるのが標準的な分析であった．この分析は，(39b) が代名詞「それ」を含む (39a) と同様の解釈を受けることを予測する．そして事実として，この解釈は可能であるが，しかし (39b) には，(39a) にはないもう1つの解釈がある．それは，(40b) に示すものである．このことは，(39b) の解釈が，pro による標準的な分析では捉えられないことを意味する．

同様のことを示す別の例を見てみよう．

(41) ジョンは，[自分が入学する大学に] 行ってみた．
  a. ビルも，[そこに] 行ってみた．
  b. ビルも，[e] 行ってみた．

(42) a. ビルも，[ジョンが入学する大学に] 行ってみた．
　　　b. ビルも，[ビルが入学する大学に] 行ってみた．

文脈としては，ジョンとビルが，書類審査のみによる推薦入試でそれぞれ別の大学に合格し，まだ入学する大学のキャンパスに行ったことがなかったとしよう．この状況下で (41b) は明らかに多義的である．すなわち，(41b) には (42a, b) に示す 2 つの解釈が可能である．それに対して，(41a) は (42a) の解釈のみを許す．

ここで，(39b) と (41b) の多義性が，VP 削除において見られるものと同様のものであることに注目されたい．第 5 章の 5.2 節で述べたように，(43b) のような VP 削除の例では，(44a) の厳密な解釈(ストリクト解釈)と (44b) のゆるやかな解釈(スロッピー解釈)の両方が可能である．

(43) John threw his letter away.
　　　a. Bill threw it away, too.
　　　b. Bill did [e], too.
(44) a. Bill threw his [= John's] letter away. 　（ストリクト解釈）
　　　b. Bill threw his [= Bill's] letter away. 　（スロッピー解釈）

一方，目的語の位置に代名詞がある (43a) では，ストリクト解釈のみが許される．スロッピー解釈は，削除に特有の読みなのである．この解釈が (39b), (41b) でも許されるという事実は，これらの例が実は削除文であることを示す．

この結論に基づいて，Otani and Whitman (1991) は，(39b) を VP 削除文として分析し，(45) に示す派生を提示する．

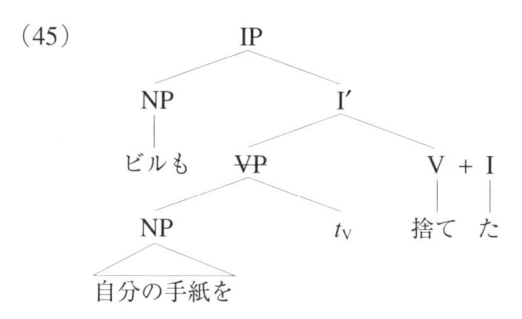

(45)

```
            IP
           /  \
          NP   I'
          |   / \
         ビルも VP   V+I
             / \    |
            NP  t_V 捨てた
            |
         自分の手紙を
```

動詞がIに移動し，その後，VPが削除される．したがって，動詞は削除されず，一見，目的語のみが削除されているように見えるのである．

以上に概説したOtani and Whitman (1991)の分析は多くの帰結を有し，後に広く議論されるようになる．この分析は，日本語がフランス語と同様に，VがIに移動する言語であるとする仮説を支持するものである．このことから，これまでNPの移動と考えられてきた現象を，動詞が移動した後にVPが移動した現象として捉え直す可能性が生じる．この可能性を詳細に追求した論文として，Koizumi (1995)をあげることができる．また，Otani and Whitman (1991)の分析に疑問を呈し，代案を提案した論文の代表的なものとしては，Hoji (1998)，Kim (1999)，Oku (1998)などがある．後者については，第9章で取り上げることにする．

7.5 wh移動とIP削除

第6章において議論したように，IP削除は，wh句がCP指定部に移動し，C主要部と一致した時にのみ許される．このことを示す例をもう一度見ておこう．

(46) a. *Mary thinks that John is smart, but I don't think [$_{CP}$ that [$_{IP}$ ϕ]].
b. *Mary said that she went to Boston, but I don' know [$_{CP}$ whether [$_{IP}$ ϕ]].
c. Mary said that John bought something, but I don't know [$_{CP}$ what [$_{IP}$ ϕ]].

(46c)のように，CP指定部にwh句whatが移動した場合には，IPが削除されることができる．しかし，(46a)のようにCP指定部にthatのある場合や，(46b)のようにCP指定部にwhetherがある場合には，IP削除は認可されない．

では，この一般化がどの言語にもあてはまるとすると，wh句の移動も普遍的なものであることが予測される．たとえば，日本語においては，一見したところwh移動がないようである．wh句の移動しない言語では，

IP 削除は許されないのか．(47b) に見られるように，日本語では英語と異なり，wh 句が文頭に移動する必要がない．

(47) a. *Please tell me [$_{CP}$ [$_{IP}$ John bought what]].
(*cf.* Please tell me [$_{CP}$ what$_i$ [$_{IP}$ John bought t_i]].)
b. [$_{CP}$ [$_{IP}$ 太郎が 何を 買った] か] 教えてください．

いわゆる間接疑問文と称される (47a) のような文において，英語の場合には，埋め込まれた CP 内部でも wh 句 what は移動しなくてはならない．一方，日本語の場合は，(47b) に示すように，wh 句「何を」は移動する必要はなく，wh 句はそのままの位置で現れることができる．Lobeck (1990) および Saito and Murasugi (1990) の一般化で示されたように，削除現象とは「機能範疇の投射内で，指定部・主要部の一致がある時に補部が削除される現象」であるとしよう．さらに wh 移動が日本語に欠けていると仮定すると，日本語では IP 削除もまた欠けていることが予測される．では日本語には，本当に wh 移動がないのだろうか．

Kuroda (1988) は，英語と日本語の基本的な文法的相違を，一致 (agreement) の義務性/随意性に求め，英語は一致が義務的な言語であるのに対して，日本語は一致が随意的な言語であると提案している．たとえば，英語の文には必ず主語がある．また，英語では多重主語は許されない．英語では，IP における指定部・主要部の一致が義務的であり，指定部と主要部は「1 対 1」の対応関係になければならない．一方，Kuno (1973) において詳細に議論されているように，日本語には多重主語構文がある．(48a) では叙述の主語である「桜が」に加えて，大主語の「誓願寺が」が文頭にある．また (48b) は，叙述の主語の「平均寿命が」に加え，「長野が」と「男性が」の 2 つの大主語を含んでいる．

(48) a. 誓願寺が，桜がきれいです．
b. 長野が，男性が，平均寿命が長い．

Kuroda (1988) はさらに，日本語では主語が IP 指定部に移動せず，VP 指定部に留まることも可能であるとする．Kuroda (1988) の分析によれば，日本語には，IP 指定部が空いている時に，一致とは関係なく，主語

以外の要素を随意的にこの位置に移動する操作が存在することになる．これがかきまぜ規則（scrambling）である．

(49)　その本を$_i$ 田中君が t_i なくしてしまいました．

このように，日本語においては IP 内の一致が随意的であり，「多対 1」の関係も許されるとする結論が導かれる．

　Kuroda (1988) の仮説は，日本語の CP においても一致が随意的に起こることを示唆する．すなわち，日本語には随意的な wh 移動があると考えられる．この帰結を支持する証拠を提示した論文が，Takahashi (1993; 1994a) である．(50) に示すように，日本語の wh 疑問文において，wh 句は文頭に移動することができる．

(50)　a.　[$_{CP}$ 何を$_i$ 太郎が t_i 買ったか] 教えてください．
　　　b.　[$_{CP}$ 何を$_i$ 花子が [$_{CP}$ [$_{IP}$ 太郎が t_i 買った] と] 言ったか] 教えてください．

(50a) と (50b) のいずれにおいても，wh 句「何を」は文頭に移動することができる．一方，(51) に示すように，文頭に移動する要素は wh 句である必要はない．「その本を」などの名詞句も文頭に移動することができる．

(51)　a.　[$_{CP}$ その本を$_i$ 太郎が t_i 買ったか] 教えてください．
　　　b.　[$_{CP}$ その本を$_i$ 花子が [$_{CP}$ [$_{IP}$ 太郎が t_i 買った] と] 言ったか] 教えてください．

また，日本語では wh 句「何を」が移動する場合でも，移動先が疑問文の文頭である必要もない．

(52)　[$_{CP}$ [$_{IP}$ 花子が [$_{CP}$ 何を$_i$ 太郎が t_i 買ったと] 言ったか]] 教えてください．

(51) および (52) の例は，前述したように，最大投射を自由に文頭へ移動するかきまぜ規則によって派生される．したがって，ここで問題となるのは，(50) の移動も単なるかきまぜ規則の例であるのか，あるいは wh 移

動でありうるのかという点である．これについて，Takahashi（1993;1994a）は以下の議論を展開し，後者の仮説を支持し，(50)のような文は移動により派生すると論じている．

　Takahashi（1993; 1994a）の議論の 1 つは，(54)に例示される優位（superiority）現象に基づくものである．

- (53) a. What$_i$ did you put t_i where?
    b. Where$_i$ did you put what t_i?
- (54) a. Who$_i$ t_i bought what?
    b. *What$_i$ did who buy t_i?

(53)と(54)は，いずれも二重 wh 疑問文の例である．(53)に見られるように，2 つの wh 句が動詞の補部である場合には，どちらの wh 句が CP 指定部に移動しても文法的な文が派生される．しかし，(54)のように，wh 句が主語と目的語の位置にある場合には，主語のほうを CP 指定部に移動しなければならない．より一般的には，Chomsky（1973）が指摘するように，一方の wh 句が他方を非対照的に c 統御する場合には，c 統御するほうの wh 句が移動する．

　この wh 移動に関する一般化をふまえて，Takahashi（1993; 1994a）は，日本語において wh 句を文の境界を超えて前置した場合にも，同様の現象が観察されることを示している．

- (55) a. [$_{CP}$ 誰が何を買ったか] 教えてください．
    b. [$_{CP}$ 何を$_i$ 誰が t_i 買ったか] 教えてください．
- (56) a. [$_{CP}$ 太郎が誰に [$_{CP}$ 花子が何を買ったと] 言ったか] 教えてください．
    b. [$_{CP}$ 誰に$_i$ 太郎が t_i [$_{CP}$ 花子が何を買ったと] 言ったか] 教えてください．
    c. *[$_{CP}$ 何を$_i$ 太郎が誰に [$_{CP}$ 花子が t_i 買ったと] 言ったか] 教えてください．

(55b)では wh 句が同一文内で移動しており，優位現象は観察されない．このことは，(55b)の移動が wh 移動ではなく，スクランブリングである

ことを示唆する．一方，wh 句が文境界を越えて前置されている (56c) においては，優位現象が見られる．さらに，(57) との対比が示すように，この現象は wh 句が移動した時に限って観察される．

(57) [$_{CP}$ その本を$_i$ 太郎が誰に [$_{CP}$ 花子が t_i 買ったと] 言ったか] 教えてください．

これらの事実を検討し，Takahashi (1993; 1994a) は，(56b, c) の移動が wh 移動でありうるだけではなく，義務的に wh 移動として解釈されると主張する．

Takahashi (1993; 1994a) の 2 つ目の議論は，IP 削除現象の考察に基づくものである．(58) の例を見てみよう．

(58) メリーが何かを買ったらしいが，僕は，何をかわからない．

この文中の「何をか」は，日本語に随意的な wh 移動があるという仮定に基づけば，IP 削除の例として分析することができる．(59) は IP 削除が適用された構造である．

(59) [$_{CP}$ 何を$_i$ [$_{C'}$ [$_{IP}$ メリーが t_i 買った] [$_C$ か]]]

この構造では，CP 指定部に移動した wh 句が C 主要部と一致し，補部の IP が削除されている．IP 削除の代案としては，「何をか」は，主語の代名詞「それ(が)」と繋辞「だ」の省略を伴うとする分析が考えられる．(60),(61) を見てみよう．

(60) メリーがくびになったそうだが，僕は，なぜか知りたい．
(61) a. 僕は，[$_{CP}$ [$_{IP}$ (それが) なぜ (だ)] [$_C$ か]] 知りたい．
b. 僕は，[$_{CP}$ なぜ [$_{C'}$ [$_{IP}$ メリーがくびになった] [$_C$ か]]] 知りたい．

(61a) からも明らかなように，(60) の「なぜか」については，その主語の位置に音声を伴わない代名詞 (pro) があり，さらに繋辞の「だ」が省略されている可能性もある．仮にこのような分析が広範囲の経験的事実を説明できるのであれば，(59) と (61b) に示す IP 削除分析の根拠は希薄で

あると言わざるをえない．

しかし，Takahashi (1993; 1994a) は，(58) や (60) のような文の意味解釈を検討し，これらの文が削除によって派生されうることを示している．第5章の5.2節および前節のVP削除に関する議論の中でも述べたように，削除が適用される場合には，当該の文の意味解釈として，ストリクト解釈とスロッピー解釈の両方が可能となる．IP削除の場合もその例外ではなく，(62) は (63a, b) 両方の解釈があり，多義的である．

(62) John knows why he was scolded, and Mary knows why [IP φ], too.

(63) a. ..., and Mary knows why he (= John) was scolded, too.
（ストリクト解釈）
b. ..., and Mary knows why she (= Mary) was scolded, too.
（スロッピー解釈）

この事実をふまえ，Takahashi (1993; 1994a) は，これらに対応する日本語の (64) も同様に，多義的であることを指摘する．

(64) ジョンは，[自分がなぜしかられたか] わかってないが，メリーは，[なぜか] わかっている．

この例では (65a, b) の解釈が可能であり，この事実はIP削除分析によって正しく予測される．

(65) a. ..., メリーは，[なぜジョンがしかられたか] わかっている．
（ストリクト解釈）
b. ..., メリーは，[なぜメリーがしかられたか] わかっている．
（スロッピー解釈）

(64) は，その意味解釈において (66) と対比をなす．

(66) ジョンは，[自分がなぜしかられたか] わかってないが，メリーは，[それがなぜ (だ) か] わかっている．

(66) は主語の位置に代名詞「それ」があり，この文についてはスロッピー

解釈が不可能である．もし，(64) が (66) と同様の構造を持ち，主語の位置に pro があるとすれば，(64) も (66) と同様，やはりスロッピー解釈が許されないはずである．しかし (64) では，(65b) に示すようにスロッピー解釈が可能である．したがって，(64) と (66) の意味解釈上の対比は，(64) のような文が IP 削除によって派生されるとする分析を支持する，きわめて強い証拠となる．

(64) と (66) に見られる対比は，一般的に観察されるものである．Takahashi (1993; 1994a) の例をもう1つ見ておこう．

(67) UConn が，［そこのバスケットチームが，誰をスカウトしたか］発表した．
 a. Duke も，［誰をか］発表した．
 b. ??Duke も，［それが誰を(だ)か］発表した．

(67a) には，以下の2つの解釈がある．

(68) a. Duke も，［誰を そこ(= UConn) のバスケットチームがスカウトしたか］発表した．（ストリクト解釈）
 b. Duke も，［誰を そこ(= Duke) のバスケットチームがスカウトしたか］発表した．（スロッピー解釈）

一方，代名詞「それ(が)」が現れる (67b) では，(68a) の意味解釈，すなわちストリクト解釈のみが可能となる．

(64) および (67a) の解釈上の性質は，これらの例に削除が適用されていることを示すものであり，Takahashi (1993; 1994a) は，日本語にも英語と同様の IP 削除が存在するとの結論を導く．この結論はさらに，Lobeck (1990) と Saito and Murasugi (1990) の一般化に基づくと，日本語に随意的な wh 移動があるとする Kuroda (1988) の分析を支持するものとなるのである．

7.6 削除現象と日本語研究

本章では，主要な削除現象（NP 削除，VP 削除，IP 削除）が，日本語にも存在することが提案されていく過程を概観してきた．1980 年代後半

から90年代前半にかけて提案されたこれらの分析は，削除が普遍的な操作であることを強く示唆するものであり，日本語の基本的な統語構造の解明においても重要な意義を持つ．Lobeck (1990) と Saito and Murasugi (1990) の一般化によれば，削除現象とは，機能範疇内で指定部・主要部の一致がある時に補部が削除される現象である．もしこの仮説が正しければ，日本語の削除現象は，日本語においても英語と同様の機能範疇があることを意味する．D が NP 削除を，I が VP 削除を，そして C が IP 削除を認可するのであるから，日本語にもこれらの機能範疇がなければならない．

　日本語における機能範疇については，Hoji (1990) が分裂文について，また Murasugi (1991) が分裂文や関係節の分析を通してその存在を主張しているが，本章で紹介した日本語の3つの削除に関する研究も，それらとは独立に，日本語に機能範疇が存在することを示唆するものである．この結論は，英語と日本語の基本的相違が機能範疇の有無にあり，日本語は機能範疇を有しない言語であるとする Fukui (1986; 1988) の仮説とは相容れない．一方，この結論は，7.5 節で紹介した Kuroda (1988) の仮説と矛盾するものではない．Kuroda (1988) は，英語と日本語の基本的相違を，指定部・主要部の一致が義務的であるか随意的であるかに求め，日本語においても機能範疇内で一致が起こりうるとするからである．

　この章の締めくくりとして，本章で概観した削除分析を，日本語文法研究の歴史の流れの中に位置づけておこう．

　生成文法理論の発展において，移動現象と削除現象の研究は中心的な役割を果たしてきた．しかし，日本語においては，英語と(表面的に)同じように分析しうる移動現象や削除現象が貧困であるため，1970 年代まで，日本語研究を通して直接的に一般理論に貢献することは難しいとする考え方が支配的であった．この状況は，1980 年代に一変する．まず，Huang (1982) によって，中国語，日本語のような顕在的な wh 移動を有しない言語においても，非顕在的な wh 移動があるとする仮説が提示される．そして，日本語の移動現象が，一般理論の発展に歩を合わせて，Move α の具現化として次々に分析されていくことになる．Saito (1985) のかき

まぜ規則の分析と Move α への還元，Kikuchi (1987) の比較構文の分析，Miyagawa (1989) の受動態や非対格動詞の分析，Hoji (1990) の分裂文の分析などである．その結果，日本語が，移動現象の研究において英語と同様に，あるいはそれ以上に豊富なデータと洞察を提供しうる言語であることが明らかになったと言えよう．

　本章で紹介した日本語削除現象の分析は，それに続くものであった．これらの研究の結果，移動現象のみならず，削除現象においてもまた，日本語研究を通した一般理論への貢献が容易になり，同時に，一般理論の発展が直接的に日本語に対する洞察を深めることとなった．その意味で，本章で概観した日本語の削除に関する一連の研究は，一般理論研究と日本語研究との関係の「あるべき姿」の実現に向けて，一定の貢献をしたものと位置づけられよう．移動現象については，日英語の類似性を確立した 1980 年代の展開を受けて，90 年代以降は，日本語における特殊性がより明確な形で研究され，新たなパラメータが模索されている．削除現象の研究も同様の段階に入りつつあるが，この点に関しては，第 9 章で取り上げることにしよう．

第 8 章　削除現象分析の諸問題

　削除現象は，統語論において主要な現象であるのみならず，その分析に関して未だに不明な事柄が多い点でも興味深い．最近の研究において検討されている問題としては，次の 2 点をあげることができる．第一に，Lobeck（1990）および Saito and Murasugi（1990）の一般化が正しいとしても，この一般化に対する原理的説明はまだ与えられていない．第二に，削除がどの統語レベルで分析されるべき現象なのかについて，明確な結論が得られていない．削除とは，PF レベルでの問題なのか．それとも，意味解釈が行なわれる LF で，先行詞が空所にコピーされる操作として分析されるものなのか．

　本章では，第二の問題を取り上げる．（第一の問題については，たとえば，Richards（2003）を参照されたい．）削除は，どの表示レベルに関する問題なのだろうか．8.1 節では，削除は LF 分析されるべきであるとする議論について紹介し，8.2 節では，削除を PF の操作であるとする議論を概説する．最後に 8.3 節においては，密接に関連する問題として削除と下接の条件との関係を検討している，Fox and Lasnik（2003）を概観する．

8.1　削除は LF の問題なのか：LF コピー分析

　削除を LF レベルでの操作として捉える「LF コピー（LF copying）分析」は，Williams（1977）において提案されたが，より最近では，VP 削除について Fiengo and May（1994），IP 削除について Chung, Ladusaw and McCloskey（1995）などが，さらに発展した分析を提示している．この仮説によると，省略されている構成素は空所として生成され，意味解

釈に関わる LF 表示において，先行詞が空所にコピーされる．このアプローチを支持する根拠は，2つある．1つは，先行詞と削除される要素が，表層的に完全に同一でなくてもよく，むしろ LF 表示がパラレルであることが重要であるとする議論である．もう1つは，下接の条件に関する事実に基づく議論である．まず，前者から見ていくことにしよう．

第5章で，削除が，言語的に顕在化する先行詞を必要とすることを示した．しかし，具体例を詳細に見てみると，実際は先行詞と削除される要素とが必ずしも同一ではない場合もある．削除または省略される要素と先行詞の間に，表層的な同一性が見られない例として，(1)をあげることができる．

(1) Mary loves John's$_i$ mother, and he$_i$ does [$_{VP}$ ϕ] too.

この例において，空所の先行詞は love John's$_i$ mother である．しかし，空所を文字どおり love John's$_i$ mother と考えると，(2a)に示すように，代名詞 he が R 表現 John を c 統御し，束縛原理 C に抵触する表示となってしまう．

(2) a. Mary loves John's$_i$ mother, and he$_i$ does [love John's$_i$ mother] too.
  b. Mary loves John's$_i$ mother, and he$_i$ does [love his$_i$ mother] too.

したがって，省略(削除)されている要素は，(2b)のように，love his$_i$ mother であると考えるのが妥当であろう．

この現象は，削除される構成素と先行詞の同一性を考慮する場合に，R 表現と代名詞の相違は問題とならないことを示している．Fiengo and May (1994) は，LF コピー分析を仮定し，先行詞を空所にコピーする際に [− pronominal] の素性を [+ pronominal] に変更する操作を提案している．このような操作は「素性換え」(vehicle change) と称される．

類似した現象は，IP 削除の例においても見られる．たとえば(3a)では，先行詞と省略(削除)される要素が表層的には同一ではない．

(3) a. She is reading something. I can't imagine what [$_{\text{IP}}$ ϕ].
　　b. I can't imagine [what$_i$ [she is reading t_i]].

(3a)の空所に先行詞のIPをそのままコピーすると，I can't imagine what she is reading somethingとなる．しかし空所は，(3b)に示すように，she is reading t_iと解釈されなければならない．

　Chung, Ladusaw and McCloskey (1995) は，(3)のような現象を根拠として，LFコピー分析を支持する論を展開している．(3)は，削除（省略）部分の痕跡に対応する要素が，先行詞においてはsomethingのような不定名詞句であってもよいことを示している．ただし痕跡に対応する要素がいかなるものであっても，常に削除が許されるというわけではない．たとえば，先行詞がR表現Harryや数量詞most booksを含む(4)では，削除は適用されない．

(4) a. ?*I know that Meg's attracted to Harry, but they don't know who [$_{\text{IP}}$ ϕ].
　　b. *She's read most books, but we're not sure what/which [$_{\text{IP}}$ ϕ].

(3)と(4)の対比は，削除が適用されるためには，空所の痕跡に不定名詞句が対応していることが重要であることを示している．

　この事実は，Heim (1982) の不定名詞句の分析を採用すれば，LFコピー分析によって説明される．(5)に示すように，不定名詞句は，典型的には「存在」を含意する．

(5) a. John saw a cat.
　　b. [∃ x: x is a cat] John saw x

したがって，不定名詞句を存在の数量詞とみなすことができる．しかし，不定名詞句がどのような数量詞・変項の関係として解釈されるかは，一様ではない．たとえば，Geach (1962) によって提示されたロバ文（donkey sentence）を見てみよう．

(6) If a man owns a donkey, he always beats it.

この文は，「すべての人」と「すべてのロバ」に関するものであり，すべ

ての人とすべてのロバについて,そのロバの所有者がそれぞれの所有するロバを打つという意味である.この文は(7a)のように解釈される.

(7) a. $[\forall x, y]$ $[x$ is a person and y is a donkey and x owns $y \rightarrow x$ beats $y]$
 b. $[\text{Always } x, y]$ $[\text{if } x$ (x is a man) own y (y is a donkey), x beats $y]$

(6)の不定名詞句は,普遍数量詞・変項の関係として解釈されるのである.Heim (1982) の分析によると,この例においては always が普遍の数量詞を含意し,不定名詞句は変項として解釈される.Heim (1982) の提案するLF表示を簡略化した形で表したものが,(7b)である.さらに Heim (1982) は,不定名詞句はLFにおいて常に変項として解釈され,それを束縛する数量詞がない場合には,存在の数量詞 (∃) が挿入される (existential closure) とする.このメカニズムによって,(4)の解釈が与えられる.

さて,この不定名詞句の分析をふまえ,もう一度(3)のIP削除の例に戻ろう.不定名詞句はLFにおいて常に変項として解釈されることから,(3a)における先行詞のLFは,(8)であると考えられる.

(8) she is reading x (x is a thing)

Chung, Ladusaw and McCloskey (1995) は,このLF表示を (9a) の $[_{\text{IP}} \phi]$ にコピーすることによって,(9b)のような解釈が正しく得られることを指摘する.

(9) a. I can't imagine what $[_{\text{IP}} \phi]$.
 b. I can't imagine [which x (x is a thing)] $[_{\text{IP}}$ she is reading x (x is a thing)].

一方,先行詞内にLFで変項として解釈される要素がない場合には,wh句が変項を束縛せず,適切な解釈が得られない.したがって(4)の非文法性も自然に説明される.

以上の分析は,削除(省略)において,LF表示が重要な役割を担うことを示すものである.LF表示の重要性を示唆するもう1つの根拠として,

May (1985) の先行詞内包型削除 (antecedent contained deletion: ACD) の分析がある．

ACD とは，削除(省略)される要素が先行詞に含まれている場合の削除である．その典型的な例としては，(10a–c) があげられる．

(10) a. Bill [VP hit the man who asked him to [VP φ]].
b. Dulles [VP suspected everyone that Angleton did [VP φ]].
c. John [VP stood near everyone Bill did [VP φ]].

(10b) を例にとって考えてみよう．φ の先行詞は，動詞句 [VP suspected everyone that Angleton did [VP φ]]である．この VP を [VP φ] にコピーすると，(11) に示すように，そこにもまた [VP φ] が現れるという遡及問題 (regress problem) が生じる．

(11) a. Dulles suspected everyone that Angleton did [VP suspect everyone that Angleton did [VP φ]].
b. Dulles suspected everyone that Angleton did [VP suspect everyone that Angleton did [VP suspect everyone that Angleton did [VP φ]]].

(10b) の [VP φ] に先行詞の VP をコピーすると (11a) となり，次に，(11a) の [VP φ] に再び先行詞の VP をコピーすると (11b) となる．このように ACD の例においては，先行詞を空所にコピーすることで，空所を解消することはできない．

May (1985) は，ACD が文法的に許されるという事実を，数量詞繰り上げ (Quantifier Raising: QR) を支持する証拠として提示している．ACD がどのように QR を仮定することで説明されるかについて論ずる前に，まず，QR について概説しておこう．

May (1977) は，数量詞の作用域は S 構造ではなく，LF における c 統御関係に基づいて決定されると提案している．LF のレベルで QR によって数量詞が移動し，IP に付加することで演算子・変項の構造が形成され，その結果として，演算子の作用域が決定される．QR を仮定することによって，たとえば (12) に示す文が多義的である事実が自然に説明される．

(12) では，(13a, b) のいずれの解釈も可能である．

 (12) Someone loves everyone.
 (13) a. [∃x: x a person] [∀y: y a person] [x loves y]
    b. [∀y: y a person] [∃x: x a person] [x loves y]

(13a) は，someone が広い作用域を持つ読みであり，みんな (everyone) を愛している誰か (someone) がいるという意味を表す．それに対して (13b) では，everyone が広い作用域を持ち，みんな (everyone) が誰か (someone) によって愛されているという解釈となる．QR を仮定すると，(13a, b) はそれぞれ，(14a, b) の LF 表示に対応することになる．

 (14) a. [$_{IP}$ someone$_i$ [$_{IP}$ everyone$_j$ [$_{IP}$ t_i loves t_j]]]
    b. [$_{IP}$ everyone$_j$ [$_{IP}$ someone$_i$ [$_{IP}$ t_i loves t_j]]]

(14a) では，QR によってまず everyone が IP に付加し，次に someone がさらに IP に付加する．結果として，someone が everyone を非対称的に c 統御しているので，(13a) のように someone が広い作用域を持つ解釈が得られる．(14b) では，QR が逆の順序で適用されるため，(13b) に示す everyone が広い作用域をとる読みとなる．このように，(12) の 2 つの解釈が，LF でそれぞれ別の形式で表示される．（なお，QR と下接の条件に関する最近の研究として，Johnson (1999) を参照されたい．）

 さて，QR を仮定したうえで，ACD の例がどのような LF 表示を持つかを考えてみよう．以下に繰り返す (10b) では，everyone that Angleton did [$_{VP}$ ϕ] が数量詞であるので，この名詞句が QR によって IP に付加し，(15) の LF 表示が派生される．

 (10) b. Dulles [$_{VP}$ suspected everyone that Angleton did [$_{VP}$ ϕ]].
 (15) [$_{IP}$ [everyone that Angleton did [$_{VP}$ ϕ]]$_i$ [$_{IP}$ Dulles [$_{VP}$ suspected t_i]]]

(15) では，[$_{VP}$ ϕ] が先行詞の VP から取り出されており，遡及問題はもはや生じない．[$_{VP}$ suspected t_i] を [$_{VP}$ ϕ] にコピーすることによって，文の意味を正しく反映した (16) が得られる．

(16) [$_{IP}$ [everyone that Angleton did [$_{VP}$ suspect t_i]]$_i$ [$_{IP}$ Dulles [$_{VP}$ suspected t_i]]]

この分析が正しければ，削除(省略)において QR が適用された後の LF 表示が，きわめて重要な役割を果たすことになる．(なお，ACD に関わる遡及問題が QR を仮定することにより解決されるとする分析が，その後 Kennedy (1997) においても提示される．May (1977) の分析についてのさらなる議論に関しては，Baltin (1987)，Larson and May (1990)，中村 (1983)，Hornstein (1995) などを参照されたい．)

以上，削除における LF 表示の重要性を示す根拠として，不定名詞句の変項としての解釈と ACD に立脚した議論を紹介した．これらは，いずれも LF コピー分析を支持するものであると考えられる．しかし，LF 表示が削除を適用するうえで重要な役割を果たすことが，必ずしも PF 削除分析を否定する根拠にはならない．たとえば，PF で削除される構成素は，[+ ellipsis] という素性を伴って生成されると仮定しよう．さらに，この素性がLFにおいて先行詞との「同一性」を要求するものであるとすれば，LF 表示が PF 削除の可能性を左右する結果が得られる．再び (10b) を例にとって，この可能性を見てみよう．この文は，(17) の構造に PF 削除を適用して派生される．

(17) Dulles [$_{VP}$ suspected everyone$_i$ that Angleton did [$_{VP}$ suspected t_i]]
[+ ellipsis]

LF において，[+ ellipsis] の素性を持つ VP は，適切な先行詞を持たなくてはならない．しかしこの要求は，(18) に示すように，QR が適用された時点で満たされる．

(18) [$_{IP}$ [everyone$_i$ that Angleton did [$_{VP}$ suspect t_i]]$_i$ [$_{IP}$ Dulles [$_{VP}$
[+ ellipsis]
suspected t_i]]]

したがって，これまでの議論は，LF コピー分析を支持するものとして示唆的ではあるものの，決定的なものであるとは言いがたい．

しかし，LF コピー分析を支持するより直接的な議論も，最近の研究の

中で示されている．ここでは，Chung, Ladusaw and McCloskey (1995) の，下接の条件に基づく分析を紹介しよう．

　Chung, Ladusaw and McCloskey (1995) の議論は，スルーシング（IP 削除）において島の制約の影響が見られないという Ross (1969) の考察に立脚したものである．(19) の例を見てみよう．

(19) a. Sandy was trying to work out which students would be able to solve a certain problem, but she wouldn't tell us which one [$_{IP}$ ϕ].
b. The administration has issued a statement that it is willing to meet with one of the student groups, but I'm not sure which one [$_{IP}$ ϕ].

(19) が削除の適用を受けた後の構造であるとすれば，削除が適用される前の文はどのようなものだろうか．削除を伴わない構造は，(20a, b) であると考えられる．

(20) a. ?*Sandy was trying to work out which students would be able to solve a certain problem, but she wouldn't tell us [$_{CP}$ which one$_i$ [$_{IP}$ she was trying to work out which students would be able to solve t_i]].
b. ?*The administration has issued a statement that it is willing to meet with one of the student groups, but I'm not sure [$_{CP}$ which one$_i$ [$_{IP}$ it has issued a statement that it is willing to meet with t_i]].

(20) において，CP 内の wh 移動は，いずれの場合も下接の条件に抵触する．(20a) では wh 句が疑問文（*wh*-island）から取り出されている．また (20b) は，複合名詞句からの取り出しを伴っている．したがって，(20a, b) がいずれも非文法的であることは，説明されうる．ところが，(20a, b) に削除を適用した (19a,b) は文法的なのである．

　仮に，(19a, b) が PF 削除によって派生されるとしよう．この仮定のもとでは，まず (20a, b) が派生され，その後，PF レベルで (21a, b) に

示すように IP が削除される．

(21) a. Sandy was trying to work out which students would be able to solve a certain problem, but she wouldn't tell us [$_{CP}$ which one$_i$ [$_{IP}$ ~~she was trying to work out which students would be able to solve~~ t_i]]
b. The administration has issued a statement that it is willing to meet with one of the student groups, but I'm not sure [$_{CP}$ which one$_i$ [$_{IP}$ ~~it has issued a statement that it is willing to meet with~~ t_i]]

下接の条件が移動を制約するものであるとすれば，削除が適用されたとしても (21a, b) はこの条件に抵触する．したがって PF 削除分析は，言語事実に反して，(19a, b) が非文法的であることを予測するようである．

他方，LF コピー分析では，この問題は生じない．(19a) を例にとって考えてみよう．Chung, Ladusaw and McCloskey (1995) の分析によれば，(22a) に示す先行詞内の不定名詞句 (a certain problem) が，LF において (22b) のように変項として解釈される．

(22) a. Sandy was trying to work out which students would be able to solve a certain problem.
b. Sandy was trying to work out which students would be able to solve x (x is a certain problem)

(19a) の [$_{IP}$ ϕ] に (22b) がコピーされ，この文は，(23) に示す LF 表示を持つことになる．

(23) Sandy was trying to work out which students would be able to solve a certain problem, but she wouldn't tell us [$_{CP}$ which x (x is singular) [$_{IP}$ she was trying to work out which students would be able to solve x (x is a certain problem)]]

この分析下では，先行詞においても省略を伴う CP においても，移動操作はいっさい適用されない．したがって IP 削除の例では，移動を制限する

下接の条件が適用されないことが，正しく予測される．

この下接の条件に基づく議論は，LF コピー分析の妥当性を示すものである．しかし，(19a,b) のような例の分析については，後に，PF 削除分析を仮定する Fox and Lasnik (2003) によって代案が提示されることになる．この代案は，8.3 節で見ることにしよう．

8.2　PF 削除分析

削除(省略)の分析として，PF で削除が適用されるとする仮説は根強い．この仮説を支持する議論の 1 つに，Merchant (2001) の IP 削除の分析がある．Merchant (2001) は，前置詞残留（P-stranding）に関する事実に基づいて，削除現象は LF コピー分析によっては説明されず，PF で文字どおり削除が適用されると論じる．

スルーシング（IP 削除）を最初に詳細に分析した論文は Ross (1969) である．そこでは削除操作による分析が提案されているが，削除を採用する理由の 1 つとして，Ross (1969)は，CP 指定部にある wh 句の格に関する現象をあげる．(24) のドイツ語の例を見てみよう．

(24)　Er will　jemandem　　　schmeicheln, aber sie　wissen nicht,
　　　he wants someone (DAT) flatter　　　 but　 they know not
　　　{* wer /　　 * wen /　　　 wem　　}.
　　　　who (NOM) / who (ACC) / who (DAT)
　　　'He wants to flatter someone, but they don't know who.'

(24) の IP 削除の例において，与格の wh 句 wem (who) のみが現れうる．これは明らかに schmeicheln (flatter) が与格目的語をとることに起因している．したがって，wh 句が schmeicheln の目的語の位置から CP 指定部に移動したと仮定すれば，なぜ与格の wh 句のみが生じうるのかが自然に説明される．(25) に示すように，wh 句が目的語の位置で与格を認可された後に CP 指定部に移動し，その後，IP が削除されたと考えられるのである．

(25) Sie wissen nicht, wem_i　　　[_{IP} ~~er t_i schmeicheln will~~].
　　　 they know not who (DAT)　he flatter　　 wants
　　　'They don't know who he wants to flatter.'

　Merchant (2001) は，この議論を範として，IP 削除と前置詞残留の関係を検討する．その結果得られた結論は，IP 削除が適用される CP においても，wh 移動の前置詞残留の可能性が直接反映されるというものである．(26a) に見られるように，英語の wh 移動において前置詞残留は可能である．(26b) は，対応する IP 削除の例も文法的であることを示す．

(26)　a.　Who_i was he talking with *t*_i?
　　　b.　Peter was talking with someone, but I don't know who.

他方，ドイツ語のような前置詞残留を許さない言語においては，このような環境で IP 削除が適用されると，(27b) に示すように非文法的な文が派生される．

(27)　a.　*Wem_i hat sie mit　*t*_i gesprochen?
　　　　　who　has she with　　spoken
　　　　　'Who has she spoken with?'
　　　b.　*Anna hat mit　jemandem gesprochen, aber ich weiß
　　　　　　　　 has with someone　spoken　　 but I　know
　　　　　nicht, wem.
　　　　　not　who
　　　　　'Anna has spoken with someone, but I don't know who.'

この事実は，PF 削除分析が予測するところである．PF レベルで削除がなされると仮定すれば，(28a, b) に示すように，(26b) と (27b) において IP が削除されるのは，前置詞残留を伴う wh 移動が適用された後である．

(28)　a.　… I don't know [_{CP} who_i [_{IP} ~~he was talking with *t*_i~~]]
　　　b.　*… ich weiß nicht, [_{CP} wem_i [_{IP} ~~sie mit *t*_i gesprochen hat~~]]

ドイツ語では，前置詞残留が許されない．したがって (28b) では，削除を

204　第II部　削　　除

適用する前の構造を生成することができない．よって，(27b)は(27a)と同様に説明される．(27b)において前置詞残留が問題であることは，前置詞残留を伴わない(29)が文法的であるという経験的事実によっても確認される．

(29)　Anna hat mit　jemandem gesprochen, aber ich weiß　nicht,
　　　　　　has with someone　spoken　　　but I　know not
　　　mit　wem$_i$　[$_{IP}$ sie t_i gesprochen hat]
　　　with who　　　she　spoken　　has
　　　'Anna has spoken with someone, but I don't know with whom.'

Merchant (2001) が指摘するように，(27b)が非文法的であるという事実とそれに関する分析は，PF削除分析を支持するだけではなく，LFコピー分析にとって問題を呈するものである．8.1節で示したChung, Ladusaw and McCloskey (1995) の分析を思い出してみよう．この分析によれば，(26b) や (27b) のような例の派生に，移動はいっさい含まれない．例として，(27b)をもう一度検討しよう(例文再録)．

(27)　b. *Anna hat mit　jemandem gesprochen, aber ich weiß
　　　　　　 has with someone　spoken　　　but I　know
　　　nicht, wem.
　　　not   who
　　　'Anna has spoken with someone, but I don't know who.'

(27b) においては，(30) に示すように，先行詞内の不定名詞句 jemandem (someone) が変項として解釈されたうえで，先行詞が空所 [$_{IP}$ ϕ] にコピーされるのみである．

(30)　a.　[$_{IP}$ Anna has spoken with x (x is a person)]
　　　b.　..., but I don't know [$_{CP}$ which x (x is a person) [$_{IP}$ she has spoken with x (x is person)]]

したがって，前置詞残留の有無が移動に関する現象であるとすれば，(27b) が非文法的であるという経験的事実は，LFコピー分析によっては

正しく予測されないことになる．

8.3　下接の条件と削除

これまでの議論で，LF コピー分析と PF 削除分析のそれぞれについて，証拠となる現象を概観した．LF コピー分析の可能性を追求するためには，PF 削除分析の強い根拠となっている前置詞残留の事実を再考し，新たな分析を与える必要がある．他方，PF 削除分析の可能性を考えるのであれば，8.1 節において議論された現象の検討が課題となる．たとえば，8.2 節で紹介した Merchant (2001) は，先行詞と削除部分に要求される「同一性」をより正確に定義し，また，スルーシングの現象に基づいて，種々の「島の条件」の性質を詳細に研究することによって，PF 削除分析のさらなる深化をめざしている．本節では，LF コピー分析を支える重要な証拠となった削除現象と下接の条件との関係を，PF 削除分析の立場からより直接的に扱っている Fox and Lasnik (2003) を概観しよう．

まず，スルーシングにおいて下接の条件の影響が見られないことを示す，Chung, Ladusaw and McCloskey (1995) のデータをもう一度見てみよう．(31)(=(19)) がその例である．

(31)　a.　Sandy was trying to work out which students would be able to solve a certain problem, but she wouldn't tell us which one [$_{IP}$ ϕ].
　　　 b.　The administration has issued a statement that it is willing to meet with one of the student groups, but I'm not sure which one [$_{IP}$ ϕ].

8.1 節で論じたように，Chung, Ladusaw and McCloskey (1995) は，(31) のような文が文法的であるという事実が，スルーシングを wh 移動と IP 削除によって説明する PF 削除分析にとって問題となることを指摘している．しかし同時に，Chung, Ladusaw and McCloskey (1995) は，(32) のような例に基づき，VP の削除(省略)は，スルーシングとは異なり，PF レベルでの削除操作であると分析される可能性を示唆している．

(32) a. We left before they started playing party games.
　　　b. *What did you leave before they did?

(32b) は，談話において (32a) に続く文である．(32b) の非文法性は，PF 削除分析を仮定すれば，(33) に示すように下接の条件によって説明される．

(33) *[$_{CP}$ What$_i$ did [$_{IP}$ you leave [before they did [$_{VP}$ ~~start playing t_i~~]]]]?

(33) では，wh 句 what が主文の CP 指定部に移動し，その後，VP が削除されている．VP が削除される以前に wh 句が副詞節から取り出されているため，(34) と同様に，下接の条件(付加詞条件)により非文法的となると考えられる．すなわち，この例は，VP 削除の場合には下節の条件が適用されることを示唆している．

(34) *[$_{CP}$ What$_i$ did [$_{IP}$ you leave [before they [$_{VP}$ started playing t_i]]]]?

以上の経験的事実を観察するかぎり，(31) と (32) は，スルーシングと VP 削除が下接の条件に関して異なる振る舞いをすることを示すようである．では，Chung, Ladusaw and McCloskey (1995) が示唆するように，スルーシングは LF コピーによって分析され，一方，VP 削除は PF の削除現象として分析されるべきものなのだろうか．第 6 章で見たように，スルーシングと VP 削除とをまったく別の現象と考えるには，両者はあまりに多くの共通点を持つようである．Fox and Lasnik (2003) は，こうした考慮に基づいて (31) と (32) の統一的な説明を試みる．

(31) と (32) に関しては，削除(省略)の種類に加えて，もう 1 つの相違点がある．PF 削除分析を仮定すると，(31b) の派生は (35) に示すとおりである．

(35) The administration has issued a statement that it is willing to meet with one of the student groups, but I'm not sure which one$_i$ [$_{IP}$ ~~it has issued~~ [$_{NP}$ ~~a statement that it is willing to meet t_i~~]].

IP が削除される前に which one が CP 指定部に移動するが，この時，wh 句は複合名詞句内から取り出されている．このため，この移動は下接の条

件に抵触する．しかしこの例では，問題の「島」，すなわち，複合名詞句自体が最終的には削除され，顕在化しない．他方，(32b)では，(33)の構造から明らかなように，問題の「島」である副詞節が削除されない．

もしこのような「島」の顕在化の有無が(31)と(32b)を区別する要因であるのならば，両者の相違は，Chomsky (1972) のスルーシングの分析によって説明される．Chomsky は，Ross (1969) の例を考慮しつつ，wh 句が「島」から取り出された時に，その「島」に「#」という印が付与されるとする．さらに，「#」が表示に残った場合にのみ，文が非文法的になると仮定することによって，(31)の文法性を説明する．また，この分析は，(32b) が非文であることも正しく予測する．wh 句が移動する際に，副詞節に「#」が付与され，この副詞句が削除されないからである．

しかし，Fox and Lasnik (2003) は，(31)と(32b)の相違は「島」の顕在化の有無ではなく，スルーシング（IP 削除）と VP 削除の違いによるものであることを示している．Merchant (2001) の例に修正を加えた(36), (37) を見てみよう．

(36) a. *They want to hire someone who speaks a Balkan language, but I don't know [$_{CP}$ which (Balkan language)$_i$ [$_{IP}$ they want to hire [$_{NP}$ someone who speaks t_i]]].
b. They want to hire someone who speaks a Balkan language, but I don't know [$_{CP}$ which (Balkan language)$_i$ [$_{IP}$ ~~they want to hire [$_{NP}$ someone who speaks t_i~~]]].
c. *They want to hire someone who speaks a Balkan language, but I don't know [$_{CP}$ which (Balkan language)$_i$ they do [$_{VP}$ ~~want to hire [$_{NP}$ someone who speaks t_i~~]]].

(37) a. *Which Marx brother$_i$ did she say that [$_{IP}$ [a biography of t_i] is going to be published this year]?
b. She said that [a biography of one of the Marx brothers] is going to be published this year, but I don't remember [$_{CP}$ which$_i$ [$_{IP}$ ~~she said that~~ [$_{IP}$ [~~a biography of t_i~~] ~~is going to be published this year~~]]].

c. *She said that [a biography of one of the Marx brothers] is going to be published this year, but I don't remember [$_{CP}$ which$_i$ she did [$_{VP}$ say-that [$_{IP}$ [a-biography-of-t_i] is-going-to-be-published-this-year]]].

　(37)を例にとると，(37a)は，「島」を構成する主語からwh句が取り出されているがために，下接の条件に抵触し，非文となると考えられる．(37b)では，その「島」がIP削除により顕在化しない．この例は，Chomsky (1972)の予測するとおり文法的である．ところが(37c)では，VP削除の適用によって問題の「島」が顕在化しないにもかかわらず，この例は(37a)と同様に非文法的なのである．したがって，これまで見てきた対比は，「島」の顕在化の有無によるのではなく，IP削除とVP削除の何らかの相違に基づいていると考えざるをえない．

　次にFox and Lasnik (2003)は，wh移動の痕跡を含むVPの削除について，きわめて興味深い観察を提示する．それは，痕跡に対応する要素として先行詞内に不定名詞句がある場合には，このようなVP削除の許容度が一様に低いというものである．(38)の例を見てみよう．

(38) a. They said they heard about a Balkan language but I don't know [$_{CP}$ which Balkan language$_i$ [$_{IP}$ they-said-they-heard-about-t_i]].
　　　b. *They said they heard about a Balkan language but I don't know [$_{CP}$ which Balkan language$_i$ they did [$_{VP}$ say-they-heard-about-t_i]].

いずれの例においても，which Balkan languageの移動は下接の条件に抵触しない．それにもかかわらず，IP削除を伴う(38a)に対して，VP削除が適用された(38b)は非文となる．(39)が示すように，wh移動が文境界を越えない場合においても，同様の対比が見られる．

(39) a. They studied a Balkan language but I don't know [$_{CP}$ which Balkan language$_i$ [$_{IP}$ they-studied-t_i]].
　　　b. ??They studied a Balkan language but I don't know [$_{CP}$ which

Balkan language$_i$ they did [$_{VP}$ ~~study t_i~~]].

以上の例は，(32b) および (36)，(37) における VP 削除の問題が，下接の条件のみによっては説明されえないことを示している．問題は，wh 移動の痕跡に対応する要素として不定名詞句があることに起因するようである．(40)，(41) の例について考えてみよう．

(40) a. I know that John said that she read a certain book, but I don't know [$_{CP}$ which one$_i$ [$_{IP}$ ~~he said that she read t_i~~]].
b. *I know that John said that she read a certain book, but I don't know [$_{CP}$ which one$_i$ he did [$_{VP}$ ~~say that she read t_i~~]].

(41) a. I know which book$_i$ John said that she read t_i, but YOU don't know [$_{CP}$ which one$_j$ [$_{IP}$ ~~he said that she read t_j~~]].
b. I know which book$_i$ John said that she read t_i, but YOU don't know [$_{CP}$ which one$_j$ he did [$_{VP}$ ~~say that she read t_j~~]].

削除の先行詞内に不定名詞句がある (40) では，(38)，(39) と同じように，IP 削除が可能であるのに対して，VP 削除は不可能である．ところが，(41) に見られるように，先行詞に wh 移動の痕跡がある場合には，wh 移動の痕跡を含む VP の削除が，IP 削除の場合と同じように可能となる．

Fox and Lasnik (2003) は，Chomsky (1972) の分析を修正して，以上のデータを説明することを試みる．まず，Chomsky (1986a)，Lasnik and Saito (1992)，Takahashi (1994b) などの仮説に基づき，wh 移動が，CP 指定部に立ち寄るだけではなく，他の最大投射にも付加しつつ，循環的に適用されると考える．ここでは，説明を簡略化にするために，wh 句は，A′ の指定部を持つ最大投射の場合は指定部に，それ以外の最大投射の場合にはその最大投射に付加して，移動すると仮定する．この仮定のもとでは，(42a) は (42b) に示すように派生される．

(42) a. (I know) which book$_i$ [John said that she read t_i].
b. [$_{CP}$ which book$_i$ [$_{IP}$ t_i^5 [John [$_{VP}$ t_i^4 [said [$_{CP}$ t_i^3 [that [$_{IP}$ t_i^2 [she [$_{VP}$ t_i^1 [read t_i^0]]]]]]]]]]]]

また，移動が最大投射を通過した場合には，その最大投射に「#」が付与

され，この印を持つ表示が非文法的であるとされる．(Takahashi (1994b) は，「島」は付加を許容しない最大投射であるとして，下接の条件をこのメカニズムから導くことを提案している．）そして最後に，Fox and Lasnik (2003) は，削除に関する一般的制約として，削除が適用される要素とそれに対応する先行詞は，中間痕跡の有無について同一性を求められると仮定する．すなわち，削除される要素とその先行詞には，同様の位置に中間痕跡がなくてはならない．

以上の仮定の帰結として，まず，(40) の対比が導かれる．(40a, b) の双方において，削除が適用される文に対応する先行詞は (43a) であり，これは (43b) として解釈される．

(43) a. John said that she read a certain book.
b. ($\exists x$) [John said that she read x (x is a certain book)]

(43b) に現れる存在の数量詞∃は，Heim (1982) の理論に従って，変項として解釈される不定名詞句を束縛するために挿入されたものである．

ここで，(43b) の表示には中間痕跡がないことに注目されたい．(40a, b) で削除が適用されるためには，同一性の条件によって，wh 移動は中間痕跡を残さず，(44a, b) に示すように非循環的に適用されなければならない．

(44) a. (I don't know) [$_{CP}$ which one$_i$ #[$_{IP}$ he #[$_{VP}$ said #[$_{CP}$ that #[$_{IP}$ she #[$_{VP}$ read t_i]]]]]]
b. (I don't know) [$_{CP}$ which one$_i$ #[$_{IP}$ he did #[$_{VP}$ say #[$_{CP}$ that #[$_{IP}$ she #[$_{VP}$ read t_i]]]]]]

非循環的な移動の結果として，(44) においては，wh 句と痕跡の間に介在するすべての最大投射に「#」の印が付与される．しかし，(45) が示すように，(44a) に IP 削除が適用されると，「#」もすべて除去される．

(45) (I don't know) [$_{CP}$ which one$_i$ #[$_{IP}$ he #[$_{VP}$ said #[$_{CP}$ that #[$_{IP}$ she #[$_{VP}$ read t_i]]]]]]

よって，(40a) の IP 削除の文法性が説明される．一方，VP 削除の場合

には，すべての「#」が除去されるわけではない．

(46) (I don't know) [$_{CP}$ which one$_i$ #[$_{IP}$ he did #[$_{VP}$ say #[$_{CP}$ that #[$_{IP}$ she #[$_{VP}$ read t_i]]]]]]

(46) に示すように，VP 削除の場合には，wh 句に続く IP の「#」が除去されずに残る．したがって，(40b) が非文法的であることも正しく予測される．

さらに，この分析は (40b) とは対照的に (41b) が文法的である事実に関しても説明力を持つ．(41b) では，(47) に示すように，先行詞のほうで wh 移動が循環的に適用される．

(47) (I know) [$_{CP}$ which book$_i$ [$_{IP}$ t_i^5 [John [$_{VP}$ t_i^4 [said [$_{CP}$ t_i^3 [that [$_{IP}$ t_i^2 [she [$_{VP}$ t_i^1 [read t_i^0]]]]]]]]]]]

よって，削除が適用される文においても，wh 句は，中間痕跡を残しつつ循環的に移動しなくてはならない．

(48) (YOU don't know) [$_{CP}$ which one$_i$ [$_{IP}$ t_i^5 [he did [$_{VP}$ t_i^4 [say [$_{CP}$ t_i^3 [that [$_{IP}$ t_i^2 [she [$_{VP}$ t_i^1 [read t_i^0]]]]]]]]]]]

(48) に見る派生には，もともと「#」の付与された最大投射がない．そのため，VP 削除が適用された場合にも，(49) に示すように文法的な文が生成される．

(49) (YOU don't know) [$_{CP}$ which one$_i$ [$_{IP}$ t_i^5 [he did ~~[$_{VP}$ t_i^4 [say [$_{CP}$ t_i^3 [that [$_{IP}$ t_i^2 [she [$_{VP}$ t_i^1 [read t_i^0]]]]]]]]]~~]]

以上に概説した Fox and Lasnik (2003) の分析は，今後，同一性の条件そのものに説明を加える必要性を残すものであり，その意味では理論的に完成されたものとは言いがたい．しかし，この分析の方向性が正しいとすれば，LF コピー分析ではなく，PF 削除分析を支持する証拠となる．削除の例において，wh 句と痕跡の間に局所性が観察される場合には，非文法的な例が移動に関する制約によって排除される．他方，削除によって下接の条件の違反が「救済」されると思われる (36b) や (37b) のような例

については，Chomsky (1972) の分析を維持して，PF 削除に伴う「#」の除去により説明が与えられる．

　削除現象とは，いったいどの表示レベルに関わる問題なのだろう．LF コピー分析によって説明されるのか．それとも，PF レベルで削除が適用されるとする分析によって説明されるのであろうか．この問いには，以上に概説してきた多くの研究者による分析をもってしても，未だに明確な答えが与えられていない．しかし，いずれの仮説を追求するとしても，削除現象の詳細な研究が，削除現象についてのより深い理解のみならず，関連する意味解釈のメカニズムと移動理論の解明に寄与しうることは明らかであろう．たとえば Fox (2000) は，削除(省略)構文においては，前半の文における要素間に成り立つ作用域の関係は，後半の文における要素間の作用域関係と同じでなくてはならないとする「平行性の条件」を提案し，作用域を変更する操作が意味解釈に影響を与える場合に適用が許される，経済性の原理が働いていると分析している．

　また，削除のメカニズムが LF コピーか PF 削除かという問題は，統語理論の構成そのものに対しても重要な意味を持つものである．ミニマリスト・プログラム (Chomsky 1995; 1998) においては，D 構造と S 構造が除去された結果として，従来は D 構造や S 構造に関わる原理によって説明されてきた現象も，派生と LF, PF における解釈のメカニズムにその説明を求めなければならなくなっている．今後も，こうした研究と削除現象の解明が，統語モデルの正確な形を探っていくうえで，重要な経験的データを提供していくことになろう．

第9章　日本語のVP削除をめぐって

　前章では，削除現象の分析をめぐって，現在もなお問われる一般的な問題を取り上げた．多くの言語を対象として理論研究が進むなかで，日本語の削除現象の研究においてもまた，現在もなお新たな経験的事実が指摘され，より根源的な理論的問題が提示されつつある．この中から，本章では，日本語のVP削除に関する最近の議論を紹介しよう．9.1節では，Hoji (1998) による，Otani and Whitman (1991) のVP削除分析に対する批判を取り上げる．また，9.2節では，Kim (1999) およびOku (1998) において，VP削除分析の代案として提案されている項削除仮説を紹介し，検討しよう．

9.1　削除分析に対する反論

　第7章において見たように，Otani and Whitman (1991) は，(1a) が (1b) とは異なり，スロッピー解釈，すなわち (2b) の解釈を許容することを，VP削除分析の主たる根拠とし，日本語には動詞句削除（VP削除）が実在することを主張している．

（1）　ジョンは，自分の手紙を捨てた．
　　　a.　ビルも，[e] 捨てた．
　　　b.　ビルも，[それを] 捨てた．
（2）　a.　ビルも，[ジョンの手紙を] 捨てた．
　　　b.　ビルも，[ビルの手紙を] 捨てた．

この事実を説明するために，(1a) は (3) に示すように，VのIへの移動

とVP削除によって派生されるとする．

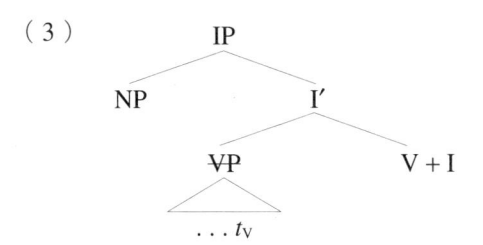

（3）

```
        IP
       /  \
      NP   I'
          /  \
         VP   V+I
         /\
        ...t_V
```

しかし Hoji (1998) は，そもそも (1a) のような文においてスロッピー解釈が可能であるという前提に対して，疑問を呈する．例をいくつか見てみよう．Hoji (1998) はまず，「なぐさめる」のように，主語と目的語の同一指示を許容しにくい動詞を取り上げる．(4a) は，束縛原理 B が予測するように，主語と目的語の同一指示を許容しない．（束縛原理 B については第 2 章の 2.2 節を参照されたい．）

（4） a. *ジョンが$_i$ 彼を$_i$ / [e]$_i$ なぐさめた（こと）
    b. ジョンが$_i$ 彼の$_i$ / [e]$_i$ 母親を なぐさめた（こと）
    c. ジョンが$_i$ 自分（自身）を$_i$ なぐさめた（こと）

(4a) の意図する意味（「ジョン」と「彼」が同じ人物を指し示す）を表すためには，(4c) のように目的語を再帰代名詞（「自分（自身）」）としなければならない．そして，このような動詞を用いた例では，VP削除分析の予測に反して，スロッピー解釈が許されないものが見られる．たとえば，(5b) は，(6) のように解釈することが難しい．

（5） a. ジョンは$_i$ 自分（自身）を$_i$ なぐさめた．
    b. ビルも [e] なぐさめた．
（6） ビルも$_i$ 自分（自身）を$_i$ なぐさめた．

また，(7a) と (8) は，「どの（日本人／アメリカ人）夫婦も，夫と妻がお互いをなぐさめた」という解釈があるが，(7b) の場合にはそれが難しい．

（7） a. すべての日本人夫婦が お互いを なぐさめた．
    b. すべてのアメリカ人夫婦も [e] なぐさめた．

（8）　すべてのアメリカ人夫婦も　お互いを　なぐさめた．

一方，（9）が示すように，（5）と（7）に対応すると見られる英語のVP削除文では，スロッピー解釈が容易に得られるという事実がある．したがって（5）と（7）は，日本語にVP削除が実在するとするOtani and Whitman (1991)の仮説に対する反例と考えられる．

（9）　a.　John consoled himself. Bill did, too.
　　　b.　Every Japanese couple consoled each other. Every American couple did, too.

さらに，「削除」される名詞句を「同じN」，「別々のN」とした場合，やはりスロッピー解釈が難しいことを，Hoji (1998)は指摘する．（10a）と（11a）は「それぞれの日本人夫婦について，夫と妻が 同じ/別々の 学生を推薦した」という読みがあるが，（10b）や（11b）を同様に解釈することは難しい．

（10）　a.　すべての日本人夫婦が　同じ学生を　推薦した．
　　　　b.　すべてのアメリカ人夫婦も [e] 推薦した．
（11）　a.　すべての日本人夫婦が　別々の学生を　推薦した．
　　　　b.　すべてのアメリカ人夫婦も [e] 推薦した．

Hoji (1998)の指摘するように，この場合も，対応すると見られる英語のVP削除文においては，スロッピー解釈が容易に得られる．

（12）　a.　Every Japanese couple recommended the same student; and every American couple did too.
　　　b.　Every Japanese couple recommended different students; and every American couple did too.

したがって，日本語において，目的語が現れない場合にはいつでもスロッピー解釈が許容される，というわけではないようである．この点は，削除分析の予測するところとは異なる．このような事実に基づいて，Hoji (1998)は，VP削除分析を排し，proを仮定する伝統的な分析を支持している．

では，Otani and Whitman (1991) が取り上げた (1a) のような例においては，なぜスロッピー解釈に類似する読みが可能なのだろうか．この疑問に関し，Hoji (1998) は，2つの可能性を示唆する．まず，(5) の場合とは異なり，(13b) は (14) と同義に解釈されうる．

(13) a. ジョンが 自分自身を 推薦した．
　　　b. ビルも [e] 推薦した．
(14)　ビルも ビルを 推薦した．

しかしこの場合，(14) 自体も文法的な文である．ここから Hoji (1998) は，(13b) において，目的語の位置にある空範疇 (pro) と主語とが，単なる同一指示の関係にある可能性を指摘する．

他方，同様にスロッピー解釈に類似する読みを許容する (15b) や (16b) については，別の説明が必要となる．

(15) a. ジョンが 自分の車を 洗った．
　　　b. ジョン以外のすべての人も (みんな) [e] 洗った．
(16) a. すべての1年生$_i$が そいつ$_i$のボールを 蹴った．
　　　b. すべての2年生も [e] 蹴った．

たとえば，(15b) は「ジョン以外のすべての人も (みんな) 自分の車を洗った」という解釈を許す．しかしこの解釈は，目的語の位置にある pro と，文内あるいは文脈の名詞句との同一指示ということだけでは，説明できない．pro の先行詞として機能しうる名詞句が，文内にも文脈の中にもなく，適切な名詞句の特定ができないからである．そこで，Hoji (1998) は，(15b) が「ジョン以外のすべての人も (みんな) 自分の車を洗った」という解釈を許すのは，目的語の位置に pro があり，これが不定名詞句として解釈されうることによるという可能性を示唆する．この仮説のもとでは，(15b) と (16b) はそれぞれ，(17a) と (17b) と同様の解釈を持つことになる．

(17) a. ジョン以外のすべての人も (みんな) 車を 洗った．
　　　b. すべての2年生も ボールを 蹴った．

厳密な意味でのスロッピー解釈が真である状況においては，(17a, b) も真である．たとえば，「自分の車を洗った」は，「車を洗った」を含意する．したがって，(15b) は (17a) を意味し，「車」が「自分の車」であることは文脈から推論されると考えることもできる．

以上の Hoji (1998) の議論は，目的語が現れない文の意味的特徴の詳細な検討に基づいており，きわめて興味深い．この議論が正しければ，日本語に VP 削除が存在すると考える根拠はきわめて弱いものとなる．さらに，Hoji (1998) が示唆するように，日本語の pro が不定名詞句として解釈できるのであれば，この空範疇は通常の代名詞とは異なる性質を持つことになり，それはいかなる要素であるかという新たな研究課題を提示することになる．

同時に，Hoji (1998) の VP 削除分析に対する批判と代案は，現段階では決定的なものであるとは言いがたい．たとえば Saito (2003a) は，Hoji (1998) の意義を認めつつも，Hoji (1998) が削除分析に対する反例として提示するデータについては，独立した分析の可能性もあることを示唆している．(11) を例にとって考えてみよう．(11b) がスロッピー解釈を受けるためには，空の目的語が「別々の学生」と解釈されなければならない．この名詞句は，(11a) において，焦点あるいは演算子として解釈されており，(11b) が削除によって派生されるとすれば，焦点/演算子のみが削除されることになる．しかし，削除が統語的には許される場合でも，焦点/演算子のみの削除が可能であるかどうかは，明らかではない．たとえば，even threw, never ate の空所化を伴う (18a, b) は，非文法的である．

(18) a. *John <u>even threw</u> the dishes, and Mary the glasses.
　　 b. *John <u>never ate</u> pizza, and Mary sushi.

したがって (11b) では，独立した理由で削除が適用できず，そのためにスロッピー解釈ができない可能性がある．

また，Saito (2003a) は，Hoji (1998) が示唆する pro の不定名詞句としての解釈についても，Hoji (1998) の例に多少変更を加えた以下の例を提示して，疑問を呈する．

(19) a. ジョンは，自分の本を 批判した．
　　 b. でも，ジョン以外の人は [e] 批判しなかった．
(20) 先生は，すべての1年生に 自分のボールを 蹴らせた．でも，2年生には [e] 蹴らせなかった．

これらの例は，目的語が空である文が否定文であるという点で，Hoji (1998) の (15), (16) とは異なる．この場合 (19b) には，ジョン以外の人が，本を批判することはしたが，自分の本は批判しなかったという状況において真であるような解釈もある．したがって，この文が (21) と同義であるとは考えにくい．

(21) でも，ジョン以外の人は 本を 批判しなかった．

(19b) の目的語は，Otani and Whitman (1991) が予測するように，「自分の本」という解釈を受けることができるようである．同様に (20) は，「先生が2年生には学校のボールだけを蹴らせた」という状況下において，適切な文である．すなわち，(20) は (22) とは異なる真偽値を持ちうる．

(22) 先生は，すべての1年生に 自分のボールを 蹴らせた．でも，2年生には ボールを 蹴らせなかった．

したがって，この例の意味もまた，pro が不定名詞句として解釈されうるという Hoji (1998) の仮説では，説明されない．

篠原 (2004) は，さらに，pro が不定名詞句として解釈されるということでは説明しにくいと思われる「VP削除の例」を，多数提示している．(23), (24) がその典型的なものである．

(23) その旅館は1日にお客を3組以上泊めるが，あの旅館は [e] 泊めない．
(24) その時，ジョンは 何か 買ったが，ビルは [e] 買わなかった．

これらの例において pro が空目的語の位置にあるとすれば，pro は，(23) では「お客を3組以上」，そして (24) では「何も」と解釈されなければならない．これは，通常の代名詞の解釈からは大きく逸脱するものである．

他方，VP削除分析によれば，(23), (24)の解釈は問題なく予測される．

(19)/(20)と(23)/(24)の例は，Hoji (1998)の例とは逆に，VP削除仮説を支持するものである．しかしHoji (1998)は，proが不定名詞句に対応しうるとする議論の中で，proが「概念」を指示する可能性も示唆しており，この可能性を追求することによって，これらの例もproを含む文として分析される可能性はあるものと思われる．Hoji (1998)の仮説が維持されうるかどうか検証するためには，今後の研究を待たなければならないだろう．

9.2 項削除仮説

Kim (1999)とOku (1998)は，Otani and Whitman (1991)のVP削除分析に対して，建設的な批判のうえに，代替案として項削除分析を展開している．Kim (1999)は，日本語と韓国語から，Otani and Whitman (1991)の(1a)と同様にスロッピー解釈が可能であるにもかかわらず，VP削除では分析されない例を提示している．ここでは，韓国語の二重対格構文を用いた例を紹介しよう．

韓国語には，(25a)に示すような二重対格構文がある．この例においては，「所有者」のJamesと「被所有物」のtaliの双方が，目的格（対格）を伴っている．また，この構文の特徴として，「所有者」は必ず「被所有物」に先行しなければならない．(25b)は，この制約に抵触するために非文法的となると考えられる．

(25) a. Mike-nun James-lul tali-lul ketechassta.
 -TOP -ACC leg-ACC kicked
「マイクは，ジェイムズの足を蹴った．」
b. *Mike-nun tali-lul James-lul ketechassta.

Kim (1999)はこの構文において，「所有者」を表す目的語が空となっている例文を考察し，適切な文脈があればスロッピー解釈が可能であることを指摘する．(26b)について考えてみよう．

(26) a. Jerry-nun caki-uy ai -lul phal-ul ttayliessta.
　　　 -TOP self -GEN child-ACC arm -ACC hit
　　　「ジェリーは，自分の子供の腕をたたいた．」
　　b. Kulena Sally-nun [e] tali-lul ttayliessta.
　　　 but   -TOP   leg-ACC hit
　　　「けれども，サリーは，足をたたいた．」

この例は，(27a)のストリクト解釈と(27b)のスロッピー解釈の，双方が可能な例である．

(27) a. サリーは，ジェリーの子供の足をたたいた．(ストリクト解釈)
　　b. サリーは，サリーの子供の足をたたいた．(スロッピー解釈)

しかし，Kim (1999) が指摘するように，(26b)のスロッピー解釈は(1a)の場合とは異なり，VP削除仮説では説明されえない．(26b)の構造は，(28)に示すようなものであると考えられる．

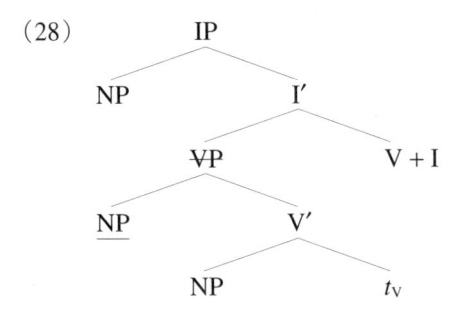

(28)
```
         IP
        /  \
      NP    I′
           /  \
         VP    V + I
        /  \
      NP    V′
     ───   /  \
          NP   tᵥ
```

ここで空となるのは，「所有者」を表す目的語，すなわち，(28)で下線の引かれたNPである．このような構造下では，Otani and Whitman (1991) の分析を適用して，VをIに移動した後でVPを削除しても，この下線の引かれた名詞句のみを削除することはできない．仮に，この構造下でVP削除を適用すれば，「被所有物」を表す名詞句も削除されることになる．また(29)に示すように，「被所有物」の目的語を，かきまぜ規則でVPの外に移動して，VP削除を適用することもできない．

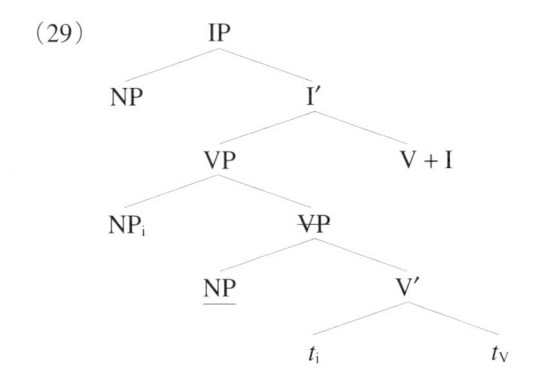

(29)　　　　　　　IP
　　　　　　┌────┴────┐
　　　　　 NP　　　　　 I′
　　　　　　　　　　┌───┴───┐
　　　　　　　　　 VP　　　　V + I
　　　　　　　┌───┴───┐
　　　　　　NP$_i$　　 ~~VP~~
　　　　　　　　　┌───┴───┐
　　　　　　　　 NP　　　　 V′
　　　　　　　　 ―　　　┌──┴──┐
　　　　　　　　　　　　t_i　　　t_V

(25b)で見たように，「被所有物」の目的語を，「所有者」の目的語に先行する位置に移動することはできないからである．

　このような現象を提示しながら，Kim (1999)は，韓国語と日本語においては，項の削除が許容されると主張する．Kim (1999)は，空目的語がスロッピー解釈を受けることから，Otani and Whitman (1991)の削除分析を支持するが，VP削除では分析されえない例があることに鑑み，目的語の位置にあるNPが直接削除されうると提案するのである．この仮説は，Kim (1999)の研究とは独立に，Oku (1998)によっても提案されているものである．Oku (1998)は，空の目的語のみならず，(30b)のような例において，空の主語もスロッピー解釈を受けることを示している．

(30)　a.　メリーは，[$_{CP}$ 自分の提案が採用されると] 思っている．
　　　b.　ジョンも，[$_{CP}$ [e] 採用されると] 思っている．

(30b)では，(31a)に示すストリクト解釈とともに，(31b)のスロッピー解釈も可能である．

(31)　a.　ジョンも，[$_{CP}$ メリーの提案が採用されると] 思っている．
　　　　　（ストリクト解釈）
　　　b.　ジョンも，[$_{CP}$ ジョンの提案が採用されると] 思っている．
　　　　　（スロッピー解釈）

しかし，VP削除によって空主語を生成することができないことは，明ら

かである．よって，Oku (1998) は Kim (1999) と同様，項の削除があることを提案する．

　Saito (2003a) はスルーシングの現象，Takahashi (2003) は寄生空所 (parasitic gap) の現象をもとに，Kim (1999) と Oku (1998) の項削除仮説を支持するさらなる証拠を提示している．ここでは，スルーシングの現象をもとにした Saito (2003a) の議論を簡単に紹介しよう．

　まず，Takahashi (1994a) の IP 削除分析について，もう一度思い出してみよう．第 7 章の 7.5 節において見たように，Takahashi (1994a) は，(32) をスルーシング (IP 削除) の例として分析している．

　　(32)　ジョンは，[自分がなぜしかられたか] わかってないが，メリーは，[なぜか] わかっている．

この例の分析としては，大きく 2 つの可能性がある．1 つは，(33a) に示すように，下線部分の主語の位置に「それ」に対応する pro があり，繋辞「だ」が省略されているとするものである．いま 1 つは，(33b) のように，スルーシングが適用され，IP が削除されているとする分析である．

　　(33)　a.　ジョンは，[自分がなぜしかられたか] わかってないが，メリーは，[(それが) なぜ (だ) か] わかっている．
　　　　　b.　ジョンは，[自分がなぜしかられたか] わかってないが，メリーは，[$_{CP}$ なぜ [$_{IP}$ 自分がしかられた] か] わかっている．

　Takahashi (1994a) は，後者の分析を支持する証拠として，(32) のような例においては，スロッピー解釈が可能であることを指摘する．(32) には，(34a) と (34b) の両方の読みがある．

　　(34)　a.　…，メリーは，[なぜジョンがしかられたか] わかっている．
　　　　　　　(ストリクト解釈)
　　　　　b.　…，メリーは，[なぜメリーがしかられたか] わかっている．
　　　　　　　(スロッピー解釈)

　前述したように，代名詞が顕在化する場合，その文についてスロッピー解釈はできない．たとえば (33a) において，「それが」が顕在的に現れる場

合には，スロッピー解釈は不可能となる．したがって，(32) が (33a) の構造を持つとは考えにくい．他方，IP 削除による分析に基づけば，(32) のような例においてスロッピー解釈が可能であることが，正しく予測される．

　Takahashi (1994a) の IP 削除分析は，説得力のある議論に基づいており，その後の研究においても広く仮定されている．しかし同時に，この分析に対して問題となる例も，Takahashi (1994a) 自身によって指摘されている．その例の 1 つが，(32) に類似する (35) である．

(35)　ジョンは，[自分がなぜしかられたか] わかってないが，メリーは，[なぜだか] わかっている．

(35) と (32) の唯一の相違は，(35) において繋辞の「だ」が現れる点にある．そして，この例についてもまた (32) と同様，スロッピー解釈が可能となる．しかし (35) は，(32) とは違い，IP 削除の例としては分析されえない．wh 句が CP 指定部に移動し，IP が削除されたとすると，繋辞が現れる位置が存在しないのである．(35) における繋辞の存在は，(35) が (33a) の構造を持つことを示唆している．

　Takahashi (1994a) 以降，Nishiyama, Whitman and Yi (1996) など，多くの論文において (35) のような例が取り上げられ，(33a) の構造を支持する議論が展開されている．これらの論文で提案されている分析の論点は，(32) および (35) は，(36) に示す分裂文を基礎として，分裂文の CP 主語が空代名詞化されているとするものである．

(36)　ジョンは，[自分がなぜしかられたか] わかってないが，メリーは，[[$_{CP}$ 自分がしかられたの] が　なぜ(だ)か] わかっている．

この分析は，IP 削除の場合に繋辞「だ」が現れうることを正しく予測する点で，優れている．しかし，Takahashi (1994a) が説明することを試みた (32) と (35) におけるスロッピー解釈については，理論的説明を与えるところまで到達していない．これらの例が CP に対応する代名詞を含むのであれば，スロッピー解釈は不可能なはずである．特に，代名詞が「それ」

として顕在化する時にスロッピー解釈が不可能であることを考慮すると，この分裂文を基礎として分裂文のCP主語が空代名詞化されるとする分析には，疑問が残る．Nishiyama, Whitman and Yi (1996) は，顕在化する代名詞が現れる場合にはスロッピー解釈が不可能であるのに対して，空代名詞はスロッピー解釈を許容するとしている．しかし，この一般化が正しいとしても，それ自体が説明を要するものであり，まだ (32) と (35) に関する分析は提案されていない．

Saito (2003a) は，Kim (1999) と Oku (1998) の項削除仮説が，この問題をきわめて明快に解決すると主張する．(36) の分裂文のCP主語が空である時に，その位置に pro が存在する可能性があり，その場合にはストリクト解釈のみが予測される．しかし，Kim (1999) と Oku (1998) の仮説が正しければ，空主語の位置に pro がある必要はない．日本語において項削除が自由に適用されるのであれば，分裂文の主語も削除の対象となりうるからである．つまり，(32) と (35) は，(37) に示すように，(36) の CP 主語を削除することによって派生される．

(37) ジョンは，[自分がなぜしかられたか] わかってないが，メリーは，[[_{CP} 自分がしかられたの] が なぜ(だ)か] わかっている．

そしてこの場合には，スロッピー解釈が可能であることが予測される．また，結果として，(32) と (35) が多義的である事実が説明される．この分析は，Nishiyama, Whitman and Yi (1996) と同様に，分裂文を基礎としており，繋辞「だ」の存在を正しく予測する．また，Takahashi (1994a) と同じく削除によって文を派生していることから，スロッピー解釈にも説明を与える．Saito (2003a) は，このように，スルーシング現象の一見矛盾するように見える2つの性質が，項削除仮説を支持する証拠となると論じている．

9.3 日本語における削除現象分析の今後の課題

第7章において，日本語にも英語と同様に，N'(NP) 削除，VP 削除，IP 削除があるとする提案を取り上げて論じた．また，これらの提案を通

して，一般理論研究と日本語研究との「あるべき姿」が多少なりとも明らかになり，日本語研究が一般理論研究に直接的に貢献する基礎が形成されたことを指摘した．本章で紹介した Otani and Whitman (1991) の VP 削除分析に対する批判は，一見，この第 7 章の結論と矛盾するように見える．Hoji (1998) の分析が正しければ，日本語には VP 削除が存在しないことになる．また，Kim (1999), Oku (1998), Saito (2003a), Takahashi (2003) の議論に従えば，日本語にも VP 削除や IP 削除があるとする根拠は弱いものとなり，日本語には，英語のような言語には見られない項削除があることになる．

しかし，本章で紹介した研究は総じて，第 7 章で取り上げた諸仮説を発展させるものであることを忘れてはならない．削除と同様に人間言語を特徴づける統語操作である，移動現象の研究史を振り返ってみよう．1980 年代に，日本語に英語と類似する現象があることが指摘されたことが基礎となり，その後，日本語の移動現象の特殊性に目が向けられ，日英語の相違を説明するパラメータ研究へと発展していった．(たとえば，かきまぜ規則については，Saito (1989), Fukui (1993), Saito and Fukui (1998) などを参照されたい．) 本章で取り上げた削除に関する研究もまた，日英語の共通性が明らかにされたことを基礎として，日本語の特殊性を明確化し，言語を分けるパラメータを追求するものとして位置づけることができる．

9.1 節において示したように，Hoji (1998) の pro 分析は，代名詞の解釈において日英語に基本的な相違があることを示唆するものである．この分析が正しければ，日本語の pro は英語の代名詞とは異なり，不定名詞句あるいは「特定の照応形や数量詞を含む概念」の代用形となりうる．この相違がどのような形で説明されるかについては，今後の研究を待たねばならないが，この結論は，少なくとも日本語に，スペイン語やイタリア語の pro とは異なる性質を持つ空範疇があることを意味するようである．

他方，Kim (1999) と Oku (1998) の項削除仮説は，日本語および韓国語においては，英語には存在しない項削除の現象が存在する可能性を示すものである．もしこの仮説が正しいものであり，項削除の有無が言語を分

けるものの 1 つであるとすれば，それは，どのような原理とパラメータによって決定されるのだろうか．また，項削除の現象は，第 6 章で紹介した Lobeck (1990) と Saito and Murasugi (1990) の削除現象に関する一般化とは，どのように関係づけられるのだろうか．これらの問題は，今後の言語学研究においても重要な研究テーマとなるものであろう．

　日本語の削除現象の研究は，言語間の共通性と相違を捉える原理とパラメータを具体的に追求する，新たな段階に入ったと言える．

結論に代えて

　第 II 部では，第 5 章で削除現象の統語的性質を概観し，第 6 章で Lobeck（1990）と Saito and Murasugi（1990）による VP 削除，N′（NP）削除，S（IP）削除の分析とその帰結を検討した．（1）に例示する「削除とは，機能範疇の投射内で，指定部・主要部の一致がある時に，補部が省略される現象である」という一般化は，正しいものであるのか，また，正しいとすればどのように説明されるのかが，今後の大きな研究テーマの 1 つとなろう．

（1）　a.　VP 削除　　b.　N′（= NP）削除　　c.　S（= IP）削除

```
       IP                  DP                  CP
      /  \                /  \                /  \
    XP    I'            XP    D'            XP    C'
         /  \                /  \                /  \
        I    V̶P̶             D    NP             C    I̶P̶
        |                   |                   |
      [tense]              ['s]              [+ wh]
```

　第 8 章では，削除の分析として提示されている，LF コピー分析と PF 削除分析を対比して紹介した．特に，Merchant（2001）において詳細に検討されている前置詞残留に関する事実，そして，Chung, Ladusaw and McCloskey（1995）や Fox and Lasnik（2003）において検討されている削除と下接の条件との関係が，この 2 つの分析を区別するうえで重要な役割を果たすことを指摘した．削除現象が LF で分析されるのか，それとも PF で分析されるのかという問いは，文法理論全体の構成に大きな影響を及ぼすものである．たとえば，LF コピー分析は，LF レベルにおいて「構成素をコピーする」操作が可能であることのみならず，派生において，（1）

に示されている機能範疇の主要部が選択制限を満たす必要がないことを示唆する．また，LF も PF も解釈のレベルであることから，いずれの分析が採用されるとしても，削除研究のさらなる進展は，言語における音解釈あるいは意味解釈のあり方について重要なデータを提供することになろう．（削除現象と意味解釈との関係を扱った論文は多数あるが，たとえば Hirschbuhler (1982), Tancredi (1992), Hornstein (1995), Johnson (2000), Kennedy (1997), Tomioka (1997, 2004), Heim (1997), Fox (2000) を参照されたい．）

　第 7 章および第 9 章では，日本語の削除現象に関するさまざまな提案を取り上げた．第 7 章で紹介した基礎的な研究をもとに，現段階では，日本語の特殊性と，それを説明するパラメータの研究も視野に入れた研究が進められている．日本語の特殊性は，Hoji (1998) が pro の一種とする，特異な空範疇の存在に求められるのだろうか．それとも，Oku (1998), Saito (2003b), Takahashi (2003) が示唆するように，日本語では，派生に関わるパラメータに基づいて項の削除が許されるのだろうか．もし，派生に関わるパラメータに基づく項削除が実在するとすれば，削除に見られる日本語の特殊性は，句構造や移動現象などにも形を変えて現れている可能性へとつながるだろう．

　生成文法においては，空範疇の特性についての研究が重要な位置を占めてきた．空範疇は，見えない．それがゆえに，経験のみを通してその性質を知ることは難しい．人（幼児）が，見えない（聴こえない）要素に関する文法を（親からの直接的な文法教育によって）後天的に学習することは，不可能である．空範疇が明確な統語的性質を有するとすれば，それは普遍文法に基づくものである可能性が高い．

　削除（省略）についても同様である．削除が一定の統語的条件のもとで認可され，また，母語を同じくする人々は，見えない（聴こえない）要素を一様に解釈する．この不思議な現象の解明は，普遍文法を理解するうえで重要な手掛かりを提供することになるだろう．

　見えない（聴こえない）ことばの意味は，人の心の中で理解される．人間の心にある言語知識には，普遍的な特徴がある．そしてまた，言語の特徴

を分ける原理的理由がある．削除現象についての研究は，生成文法理論史の中で大きく進展したが，その理論的解明にはまだ多くの研究を要する．この第II部では，削除の統語的特徴に焦点を絞り，さらにその一部を紹介したにすぎないが，今後，削除現象の研究を通して言語理論の発展に寄与することをめざす人の一助になれば，幸せである．

参 考 文 献

第 I 部 束 縛

Aarts, Bas (1997) *English Syntax and Argumentation*, Macmillan, London.
Abney, Steven Paul (1987) *The English Noun Phrase in Its Sentential Aspect*, Doctoral dissertation, MIT.
Aoun, Joseph and Yen-hui Audrey Li (1989) "Scope and Constituency," *Linguistic Inquiry* 20, 141–172.
有元將剛 (1988)「英語助動詞の構造」『英文学研究』64, 245–263.
Baker, C. L. (1984) "Two Observations on British English *Do*," *Linguistic Inquiry* 15, 155–157.
Banfield, Ann (1973) "Narrative Style and the Grammar of Direct and Indirect Speech," *Foundations of Language* 10, 1–39.
Belletti, Adriana and Luigi Rizzi (1988) "Psych-verbs and Theta-theory," *Natural Language and Linguistic Theory* 6, 291–325.
Bošković, Željko (1996) "Selection and the Categorial Status of Infinitival Complements," *Natural Language and Linguistic Theory* 14, 269–304.
Bouton, Lawrence F. (1969) *Pro-Sententialization and the 'Do It' Construction in English*, Doctoral dissertation, University of Illinois.
Campbell, Richard and Jack Martin (1989) "Sensation Predicates and the Syntax of Stativity," *WCCFL* 8, 44–55.
Carden, Guy (1986a) "Blocked Forwards Coreference: Theoretical Implications of the Acqusition Data," *Studies in the Acquisition of Anaphora* 1: *Defining the Constraints*, ed. by Barbara Lust, 319–357, Reidel, Dordrecht.
Carden, Guy (1986b) "Blocked Forwards Coreference; Unblocked Forwards Anaphora: Evidence for an Abstract Model of Coreference,"

CLS 22, 262–276.
Chao, Wynn (1988) *On Ellipsis*, Garland, New York.
Chomsky, Noam (1981) *Lectures on Government and Binding*, Foris, Dordrecht.
Chomsky, Noam (1986) *Knowledge of Language: Its Nature, Origin, and Use*, Praeger, New York.
Chomsky, Noam (1993) "A Minimalsit Program for Linguistic Theory," *The View from Building 20*, ed. by Kenneth Hale and Samuel Jay Keyser, 1–52, MIT Press, Cambridge, MA. [Reprinted in Noam Chomsky (1995) *The Minimalist Program*, MIT Press, Cambridge, MA.]
Chomsky, Noam (1995) *The Minimalist Program*, MIT Press, Cambridge, MA.
Chomsky, Noam (2000) "Minimalist Inquiries: The Framework," *Step by Step: Essays on Minimalist Syntax in Honor of Howard Lasnik*, ed. by Roger Martin et al., 89–155, MIT Press, Cambridge, MA.
Chomsky, Noam and Howard Lasnik (1993) "The Theory of Principles and Parameters," *Syntax: An International Handbook of Contemporary Research* Vol. 1, ed. by Joachim Jacobs et al., 506–569, Walter de Gruyter, Berlin. [Reprinted in Noam Chomsky (1995) *The Minimalist Program*, MIT Press, Cambridge, MA.]
Cole, Peter and Li-May Sung (1994) "Head Movement and Long-Distance Reflexives," *Linguistic Inquiry* 25, 355–406.
Crymes, Ruth (1968) *Some Systems of Substitution Correlations in Modern American English*, Mouton, The Hague.
Culicover, Peter W. (1997) *Principles and Parameters: An Introduction to Syntactic Theory*, Oxford University Press, Oxford.
Cushing, Steven (1972) "The Semantics of Sentence Pronominalization," *Foundations of Language* 9, 186–208.
Déchaine, Rose-Marie (1994) "Ellipsis and the Position of Subjects," *NELS* 24, 47–63.
Endo, Yoshio and Mihoko Zushi (1993) "Reply to Rizzi: Binding and the Minimalist Program," *Argument Structure: Its Syntax and Acquisition*, ed. by Heizo Nakajima and Yukio Otsu, 36–46, English Linguis-

tic Society of Japan, Tokyo.
Farkas, Donka F. (1988) "On Obligatory Control," *Linguistics and Philosophy* 11, 27–58.
Fox, Danny (2000) *Economy and Semantic Interpretation*, MIT Press, Cambridge, MA.
Fox, Danny (2002) "Antecedent Contained Deletion and the Copy Theory of Movement," *Linguistic Inquiry* 33, 63–96.
Freidin, Robert (1997) "Binding Theory on Minimalist Assumptions," *Atomism and Binding*, ed. by Hans Bennis, Pierrre Pica and John Rooryck, 141–153, Foris, Dordrecht.
Grimshaw, Jane and Sara Thomas Rosen (1990) "Knowledge and Obedience: The Developmental Status of the Binding Theory," *Linguistic Inquiry* 21, 187–222.
Grinder, John T. (1970) "Super Equi-NP," *CLS* 6, 297–317.
Grodzinsky, Yosef and Tanya Reinhart (1993) "The Innateness of Binding and Coreference," *Linguistic Inquiry* 24, 69–101.
Guéron, Jacqueline (1984) "Topicalization Structures and Constraints on Coreference," *Lingua* 63, 139–174.
Haegeman, Liliane and Jacqueline Guéron (1999) *English Grammar: A Generative Perspective*, Blackwell, Oxford.
Halliday, M. A. K. and Ruqaiya Hasan (1976) *Cohesion in English*, Longman, London.
Hankamer, Jorge (1978) "On the Nontransformational Derivation of Some Null VP Anaphora," *Linguistic Inquiry* 9, 66–74.
Hankamer, Jorge and Ivan Sag (1976) "Deep and Surface Anaphora," *Linguistic Inquiry* 7, 391–428.
原口庄輔・中島平三・中村捷・河上誓作 (2000)『ことばの仕組みを探る:生成文法と認知文法』(英語学モノグラフシリーズ 1) 研究社, 東京.
Heim, Irene R. (1998) "Anaphora and Semantic Interpretation: A Reinterpretation of Reinhart's Approach," *MIT Working Papers in Linguistics* 25: *The Interpretive Tact*, ed. by Uli Sauerland and Orin Percus, 205–246, MIT.
Hestvik, Arild (1991) "Subjectless Binding Domains," *Natural Language and Linguistic Theory* 9, 455–497.

Higginbotham, James (1980) "Anaphora and GB: Some Preliminary Remarks," *NELS* 10, 223–236.
Hopper, Paul J. and Sandra A. Thompson (1980) "Transitivity in Grammar and Discourse," *Language* 56, 251–299.
Hornstein, Norbert (1999) "Movement and Control Theory," *Linguistic Inquiry* 30, 69–96.
Hornstein, Norbert and David Lightfoot (1981) "Introduction," *Explanation in Linguistics: The Logical Problem of Language Acquisition*, ed. by Norbert Hornstein and David Lightfoot, 9–31, Longman, London.
今西典子・浅野一郎 (1990) 『照応と削除』 (新英文法選書 11) 大修館書店, 東京.
Iwata, Seiji (1995) "On Backward Anaphora of Psych-Verbs," *Tsukuba English Studies* 14, 41–76.
Jackendoff, Ray S. (1972) *Semantic Interpretation in Generative Grammar*, MIT Press, Cambridge, MA.
Jackendoff, Ray S. (1990) "On Larson's Treatment of the Double Object Construction," *Linguistic Inquiry* 21, 427–456.
Jacobson, Pauline and Paul Newbauer (1976) "Rule Cyclicity: Evidence from the Intervention Constraint," *Linguistic Inquiry* 7, 429–461.
Jayaseelan, K. A. (1997) "Anaphors as Pronouns," *Stuidia Linguistica* 51, 186–234.
Jespersen, Otto (1933) *Essentials of English Grammar*, George Allen and Unwin, London.
金子義明・遠藤喜雄 (2001) 『機能範疇』 (英語学モノグラフシリーズ 8) 研究社, 東京.
Kaplan, Jeffrey P. (1989) *English Grammar: Principles and Facts*, Prentice-Hall, Englewood Cliffs, N. J.
Kawasaki, Noriko (1993) *Control and Arbitrary Interpretation in English*, Doctoral dissertation, University of Massachusetts.
Kiparsky, Paul and Carol Kiparsky (1970) "Fact," *Progress in Linguistics: A Collection of Papers*, ed. by Manred Bierwisch and Karl Erich Heidolph, 143–173, Mouton, The Hague.
Kitagawa, Yoshihisa (1994) "Shells, Yolks, and Scrambled E.g.s," *NELS*

24, 221–239.

Koopman, H. and D. Sportiche (1982 / 1983) "Variables and the Bijection Principle," *Linguistic Review* 2, 139–160.

Kuno, Susumu (1987) *Functional Syntax: Anaphora, Discourse and Empathy*, University of Chicago Press, Chicago.

Kuno, Susumu and Ken-ichi Takami (1993) *Grammar and Discourse Principles: Functional Syntax and GB Theory*, University of Chicago Press, Chicago.

Lakoff, George (1968) "Pronoun and Reference," distributed by Indiana University Linguistics Club.

Lakoff, George (1970) "Global Rules," *Language* 46, 627–639.

Lakoff, George and John Robert Ross (1966) "A Criterion for Verb Phrase Constituency," *NSF Report* 17, 1–11.

Landau, Idan (2000) *Elements of Control: Structure and Meanings in Infinitival Constructions*, Kluwer Academic Press, Dordrecht.

Langacker, Ronald (1969) "On Pronominalization and the Chain of Command," *Modern Studies in English: Readings in Transformational Grammar*, ed. by David A. Reibel and Sanford A. Schane, 160–186, Prentice-Hall, Englewood Cliffs, N. J.

Larson, Richard K. (1988) "On the Double Object Construction," *Linguistic Inquiry* 19, 335–391.

Larson, Richard K. (1990) "Double Objects Revisited: Reply to Jackendoff," *Linguistic Inquiry* 21, 589–632.

Larson, Richard K. (1991) "*Promise* and the Theory of Control," *Linguistic Inquiry* 22, 103–139.

Lasnik, Howard (1976) "Remarks on Coreference," *Linguistic Analysis* 2, 1–22.

Lasnik, Howard (1991) "On the Necessity of Binding Conditions," *Principles and Parameters in Comparative Grammar*, ed. by Robert Freidin, 7–28, MIT Press, Cambridge, MA.

Lasnik, Howard (1992) "Two Notes on Control and Binding," *Control and Grammar*, ed. by Richard Larson et al., 235–251, Kluwer Academic Press, Dordrecht.

Lasnik, Howard and Tim Stowell (1991) "Weakest Crossover," *Linguistic*

Inquiry 22, 687–720.
Lasnik, Howard and Juan Uriagereka (1988) *A Course in GB Syntax: Lectures on Binding and Empty Categories*, MIT Press, Cambridge, MA.
Lebeaux, Daivd (1983) "A Distributional Difference between Reciprocals and Reflexives," *Linguistic Inquiry* 14, 723–730.
Lebeaux, David (1984 / 1985) "Locality and the Anaphoric Binding," *The Linguistic Review* 4, 343–363.
Lebeaux, David (1988) *Language Acquisition and the Form of the Grammar*, Doctoral dissertation, University of Massachusetts.
Lebeaux, David (1991) "Relative Clauses, Licensing, and the Nature of the Derivation," *Syntax and Semantics* 25: *Perspectives on Phrase Structure: Heads and Licensing*, ed. by Susan D. Rothstein, 209–239, Academic Press, San Diego.
Lebeaux, David (1998) "Where Does the Binding Theory Apply? [version 2]," Technical Report, NEC Research Institute.
Lees, R. B. and Edward Klima (1963) "Rules for English Pronominalization," *Language* 39, 17–28. [Reprinted in *Modern Studies in English: Readings in Transformational Grammar*, ed. by David A. Reibel and Sanford A. Schane, 145–159, 1969, Prentice-Hall, Englewood Cliffs, N. J.]
Legate, Julie Anne (2003) "Some Interface Properties of the Phase," *Linguistic Inquiry* 34, 506–516.
Manzini, Maria Rita (1983) "On Control and Control Theory," *Linguistic Inquiry* 17, 421–446.
Martin, Roger (1996) *A Minimalist Theory of PRO and Control*, Doctoral dissertation, University of Connecticut.
McCawley, James D. (1998) *The Syntactic Phenomena of English* [2nd Edition], University of Chicago Press, Chicago.
Munn, Alan Boag (1993) *Topics in the Syntax and Semantics of Coordinate Structure*, Doctoral dissertation, University of Maryland.
Nakajima, Heizo (1984 / 1985) "Comp as a Subject," *The Linguistic Review* 4, 121–152.
中村　捷 (1996)『束縛関係：代用表現と移動』ひつじ書房，東京．

中右　実（1983）「文の構造と機能」安井稔ほか（編）『意味論』（新英文法選書 11），548–626，研究社，東京．

中右　実（1994）『認知意味論の世界』大修館書店，東京．

Napoli, Donna Jo (1983) "Missing Complement Sentences in English: A Base Analysis of Null Complement Anaphora," *Linguistic Analysis* 12, 1–28.

南谷　守（2001）"Two Types of Phases and Anaphor Binding," 日本英文学会第 73 回大会（於学習院大学）での発表．

Nishigauchi, Taisuke (1984) "Control and the Thematic Domain," *Language* 60, 215–250.

岡田禎之（1998）「節代用表現における他動性について」『金沢大学文学部論集：言語・文化編』18, 29–52.

岡田禎之（2002）『現代英語の等位構造：その形式と意味』大阪大学出版会，大阪．

Oku, Satoshi (1999) "Deletion and Binding: A Study of Genitive Pronoun Reconstruction and Its Theoretical Implications," *Report of the Special Research Project for the Typological Investigation of Languages and Cultures of the East and West*, 717–734, Tsukuba University.

O'Neil, John H. (1997) *Means of Control: Deriving the Properties of PRO in the Minimalist Program*, Doctoral dissertation, Harvard University.

大庭幸男（2003）「無生物主語を伴う二重目的語構文」『英語青年』148: 10, 640–642.

Pesetsky, David Michael (1987) "Binding Problems with Experiencer Verbs," *Linguistic Inquiry* 18, 126–140.

Pollard, Carl and Ivan A. Sag (1992) "Anaphors in English and the Scope of Binding Theory," *Linguistic Inquiry* 23, 261–303.

Postal, Paul (1971) *Cross-over Phenomena*, Holt, Rinehart and Winston, New York.

Progovac, Ljiljana and Steven Franks (1992) "Relativized SUBJECT for Reflexives," *NELS* 22, 349–363.

Quirk, Randolph et al. (1985) *A Comprehensive Grammar of the English Language*, Longman, London.

Radford, Andrew (1981) *Transformational Syntax: A Student's Guide to*

Chomsky's Extended Standard Theory, Cambridge University Press, Cambridge.

Radford, Andrew (1988) *Transformational Grammar: A First Course*, Cambridge University Press, Cambridge.

Reinhart, Tanya (1981) "Definite NP Anaphora and C-Command Domains," *Linguistic Inquiry* 12, 605–635.

Reinhart, Tanya (1983) *Anaphora and Semantic Interpretation*, Croom Helm, London.

Reinhart, Tanya and Eric J. Reuland (1991) "Anaphors and Logophors: An Argument Structure Perspective," *Long-Distance Anaphora*, ed. by Jan Koster and Eric J. Reuland, 283–321, Cambridge University Press, Cambridge.

Reinhart, Tanya and Eric J. Reuland (1993) "Reflexivity," *Linguistic Inquiry* 24, 657–720.

Reuland, Erik and Martin Everaert (2001) "Deconstructing Binding," *The Handbook of Contemporary Syntactic Theory*, ed. by Mark Baltin and Chris Collins, 634–669, Blackwell, Malden, MA.

Richardson, John F. (1986) "Super-Equi and Anaphoric Control," *CLS* 22, 248–261.

Rosenbaum, Peter S. (1967) *The Grammar of English Predicate Complement Constructions*, MIT Press, Cambridge, MA.

Ross, John Robert (1969) "On the Cyclic Nature of English Pronominalization," *Modern Studies in English: Readings in Transformational Grammar*, ed. by David A. Reibel and Sanford A. Schane, 187–200, Prentice-Hall, Englewood Cliffs, N. J.

Ruys, E. G. (2000) "Weak Crossover as a Scope Phenomenon," *Linguistic Inquiry* 31, 513–539.

Safir, Ken (1984) "Multiple Variable Binding," *Linguistic Inquiry* 15, 603–638.

Sag, Ivan and Jorge Hankamer (1984) "Towards a Theory of Anaphoric Processing," *Linguistics and Philosophy* 7, 325–345.

Saito, Mamoru (1991) "Extraposition and Parasitic Gaps," *Interdisciplinary Approaches to Language: Essays in Honor of S.-Y. Kuroda*, ed. by Carol Georgopolos and Roberta Ishihara, 467–486, Kluwer Aca-

demic Press, Dordrecht.
Schachter, Paul (1977) "Does She or Doesn't She?" *Linguistic Inquiry* 8, 763–767.
Solan, Lawrence (1983) *Pronominal Reference: Child Language and the Theory of Grammar*, Reidel, Dordrecht.
Stowell, Tim (1982) "The Tense of Infinitives," *Linguistic Inquiry* 13, 561–570.
Stroik, Thomas (2001) "On the Light Verb Hypothesis," *Linguistic Inquiry* 32, 362–369.
Takano, Yuji (1996) *Movement and Parametric Variation in Syntax*, Doctoral dissertation, University of California, Irvine.
立石浩一・小泉政利 (2001)『文の構造』(英語学モノグラフシリーズ 3) 研究社, 東京.
Tenny, Carol Lee (1987) *Grammaticalizing Aspect and Affectedness*, Doctoral dissertation, MIT.
Thornton, Rosalind and Kenneth Wexler (1999) *Principle B, VP Ellipsis, and Interpretation*, MIT Press, Cambridge, MA.
Warshawsky, Florence (1976) "Reflectivization," *Syntax and Semantics* 7: *Notes from the Linguistic Underground*, ed. by James D. McCawley, 63–83, Academic Press, New York.
Wasow, Thomas (1979) *Anaphora in Generative Grammar*, E. Story-Scientia, Ghent.
Wasow, Thomas (1986) "Reflections on Anaphora," *Studies in the Acquisition of Anaphor* 1: *Defining the Constraints*, ed. by Barbara Lust, 107–122, Reidel, Dordrecht.
Wilkins, Wendy (1988) "Thematic Structure and Reflexivization," *Syntax and Semantics* 21: *Thematic Structure*, ed. by Wendy Wilkins, 191–213, Academic Press, San Diego.
Williams, Edwin S. (1977) "On 'Deep and Surface Anaphora'," *Linguistic Inquiry* 8, 692–696.
Willimas, Edwin (1980) "Predication," *Linguistic Inquiry* 11, 203–238.
安井稔・中村順良 (1984)『代用表現』(現代の英文法 10) 研究社, 東京.

第 II 部　削　除

Abney, Steven Paul (1987) *The English Noun Phrase in Its Sentential Aspect*, Doctoral dissertation, MIT.

Aoun, Joseph (1979) "On Government, Case-Marking, and Clitic Placement," ms., MIT.

Baltin, Mark (1987) "Do Antecedent-Contained Deletions Exist?" *Linguistic Inquiry* 18, 579–695.

Chao, Wynn (1987) *On Ellipsis*, Doctoral dissertation, University of Massachusetts, Amherst.

Chomsky, Noam (1970) "Remarks on Nominalization," *Readings in English Transformational Grammar*, ed. by Roderick Jacobs and Peter Rosenbaum, 184–221, Ginn, Waltham, MA.

Chomsky, Noam (1972) "Some Empirical Issues in the Theory of Transformational Grammar," *The Goals of Linguistic Theory*, ed. by Paul Stanley Peters, 63–130, Prentice-Hall, Englewood Cliffs, N. J.

Chomsky, Noam (1973) "Conditions on Transformations," *A Festschrift for Morris Halle*, ed. by Stephan R. Anderson and Paul Kiparsky, 232–286, Holt, Rinehart and Winston, New York.

Chomsky, Noam (1981) *Lectures on Government and Binding*, Foris, Dordrecht.

Chomsky, Noam (1986a) *Barriers*, MIT Press, Cambridge, MA.

Chomsky, Noam (1986b) *Knowledge of Language: Its Nature, Origin, and Use*, Praeger, New York.

Chomsky, Noam (1991) "Some Notes on Economy of Derivation and Representation," *Principles and Parameters in Comparative Grammar*, ed. by Robert Freidin, 417–454, MIT Press, Cambridge, MA.

Chomsky, Noam (1995) *The Minimalist Program*, MIT Press, Cambridge, MA.

Chomsky, Noam (1998) "Minimalist Inquiries: The Framework," *MIT Occasional Papers in Linguistics* 15, MIT.

Chomsky, Noam and Howard Lasnik (1993) "The Theory of Principles and Parameters," *Syntax: An International Handbook of Contemporary Research* Vol. 1, ed. by Joachim Jacobs et al., 506–569, Walter de

Gruyter, Berlin. [Reprinted in Noam Chomsky (1995) *The Minimalist Program*, MIT Press, Cambridge, MA.]

Chung, Sandra, William Ladusaw and James McClosky (1995) "Sluicing and Logical Form," *Natural Language Semantics* 3, 239–282.

Emonds, Joseph (1978) "The Verbal Complex V'-V in French," *Linguistic Inquiry* 9, 151–175.

Fiengo, Robert (1977) "On Trace Theory," *Linguistic Inquiry* 8, 35–61.

Fiengo, Robert and Robert May (1994) *Indices and Identity*, MIT Press, Cambridge, MA.

Fox, Danny (2000) *Economy and Semantic Interpretation*, MIT Press, Cambridge, MA.

Fox, Danny and Howard Lasnik (2003) "Successive-Cyclic Movement and Island Repair: The Difference between Sluicing and VP-Ellipsis," *Linguistic Inquiry* 34, 143–154.

Fukui, Naoki (1986) *A Theory of Category Projection and Its Applications*, Doctoral dissertation, MIT.

Fukui, Naoki (1988) "Deriving the Differences between English and Japanese: A Case Study in Parametric Syntax," *English Linguistics* 5, 249–270.

Fukui, Naoki (1993) "Parameter and Optionality," *Linguistic Inquiry* 24, 399–420.

Fukui, Naoki and Margaret Speas (1986) "Specifiers and Projections," *MIT Working Papers in Linguistics* 8: *Papers in Theoretical Linguistics,* ed. by Naoki Fukui, Tova R. Rapoport and Elizabeth Sagey 128–172, MIT.

Geach, Peter (1962) *Reference and Generality*, Cornell University Press, Ithaca, New York.

Goodall, Grant (1984) *Parallel Structures in Syntax*, Doctoral dissertation, University of California, San Diego.

Grinder, John and Paul Postal (1971) "Missing Antecedents," *Linguistic Inquiry* 2, 269–312.

Hankamer, Jorge and Ivan Sag (1976) "Deep and Surface Anaphora," *Linguistic Inquiry* 7, 391–428.

Heim, Irene R. (1982) *The Semantics of Definite and Indefinite Noun*

Phrases, Doctoral dissertation, University of Massachusetts, Amherst.

Heim, Irene R. (1997) "Predicates or Formulas? Evidence from Ellipsis," *Proceedings of SALT VII*, 197–221.

Hinds, John V. (1973) "On the Status of the VP Node in Japanese," *Language Research* 9: 2, 44–57.

Hirschbuhler, Paul (1982) "VP-deletion and Across-the-board Quantifier Scope," *NELS* 12, 132–139.

Hoji, Hajime (1990) "Theories of Anaphora and Aspects of Japanese Syntax," ms., University of Southern California.

Hoji, Hajime (1998) "Null Object and Sloppy Identity in Japanese," *Linguistic Inquiry* 29, 127–152.

Hornstein, Norbert (1995) *Logical Form: From GB to Minimalism*, Blackwell, Oxford.

Huang, C.-T. James (1982) *Logical Relations in Chinese and the Theory of Grammar*, Doctoral dissertation, MIT.

Huang, C.-T. James (1987) "Remarks on Empty Categories in Chinese," *Linguistic Inquiry* 18, 321–337.

Jackendoff, Ray S. (1971) "Gapping and Related Rules," *Linguistic Inquiry* 2, 21–35.

Johnson, Kyle (1999) "How Far Will Quantifiers Go?" *Step by Step: Essays on Minimalist Syntax in Honor of Howard Lasnik*, ed. by Roger Martin, David Michaels and Juan Uriagereka, 187–210, MIT Press, Cambridge, MA.

Johnson, Kyle (2000) "When Verb Phrases Go Missing," *The First GLOT International State-of-the-Article Book*, ed. by Lisa L.-S. Cheng and Rint Sybsema, 75–103, Mouton de Gruyter, Berlin / New York.

神尾昭雄 (1983) 「名詞句の構造」井上和子『日本語の基本構造』, 77–126, 三省堂, 東京.

Kennedy, Christopher (1997) "Antecedent-Contained Deletion and the Syntax of Quantification," *Linguistic Inquiry* 28, 622–688.

Kikuchi, Akira (1987) "Comparative Deletion in Japanese," ms., Yamagata University.

Kim, Soowon (1999) "Sloppy / Strict Identity, Empty Objects, and NP Ellipsis," *Journal of East Asian Linguistics* 8, 255–284.

Kitagawa, Yoshihisa (1986) *Subjects in Japanese and English*, Doctoral dissertation, University of Massachusetts, Amherst.

Koizumi, Masatoshi (1995) *Phrase Structure in Minimalist Syntax*, Doctoral dissertation, MIT.

Koopman, Hilda and Dominique Sportiche (1985) "Theta Theory and Extraction," *GLOW Newsletter* 14, 57–58.

Kuno, Susumu (1973) *The Structure of Japanese Language*, MIT Press, Cambridge, MA.

Kuno, Susumu (1978) "Japanese: A Characteristic OV Language," *Syntactic Typology: Studies in the Phenomenology of Language*, ed. by Winfred P. Lehmann, 57–138, University of Texas Press, Austin, Texas.

Kuroda, S.-Y. (1965) *Generative Grammatical Studies in the Japanese Language*, Doctoral dissertation, MIT.

Kuroda, S.-Y. (1988) "Whether We Agree or Not: A Comparative Syntax of English and Japanese," *Linguistic Investigations* 12, 1–47.

Larson, Richard and Robert May (1990) "Antecedent Containment or Vacuous Movement: Reply to Baltin," *Linguistic Inquiry* 21, 103–122.

Lasnik, Howard and Mamoru Saito (1992) *Move α: Conditions on Its Application and Output*, MIT Press, Cambridge, MA.

Lobeck, Anne C. (1990) "Functional Heads as Proper Governors," *NELS* 20, 348–362.

Lobeck, Anne C. (1995) *Ellipsis: Functional Heads, Licensing, and Identification*, Oxford University Press, Oxford.

Martin, Roger (1996) *A Minimalist Theory of PRO and Control*, Doctoral dissertation, University of Connecticut.

May, Robert (1977) *The Grammar of Quantification*, Doctoral dissertation, MIT.

May, Robert (1985) *Logical Form: Its Structure and Derivation*, MIT Press, Cambridge, MA.

Merchant, Jason (2001) *The Syntax of Silence: Sluicing, Islands, and the Theory of Ellipsis*, Oxford University Press, Oxford.

Miyagawa, Shigeru (1989) *Structure and Case Marking in Japanese*, Academic Press, New York.

Murasugi, Keiko (1991) *Noun Phrases in Japanese and English: A Study in Syntax, Learnability, and Acquisition*, Doctoral dissertation, University of Connecticut.
村杉恵子 (1998)「言語(獲得)理論と方言研究」『アカデミア』65, 227–259, 南山大学.
中村　捷 (1983)「解釈意味論」安井稔・中右実・西山佑司・中村捷・山梨正明『意味論』, 229–236, 大修館書店, 東京.
Napoli, Donna Jo (1983) "Comparative Ellipsis: A Phrase Structure Analysis," *Linguistic Inquiry* 14, 675–694.
Neijt, Anneke (1980) *Gapping: A Contribution to Sentence Grammar*, Foris, Dordrecht.
Nishiyama, Kunio, John Whitman and Eun-Young Yi (1996) "Syntactic Movement of Overt Wh-Phrases in Japanese and Korean," *Japanese / Korean Linguistics* 5, 337–351.
Oku, Satoshi (1998) *A Theory of Selection and Reconstruction in the Minimalist Program*, Doctoral dissertation, University of Connecticut.
奥津敬一郎 (1974)『生成日本文法論』大修館書店, 東京.
Otani, Kazuyo and John Whitman (1991) "V-Raising and VP-Ellipsis," *Linguistic Inquiry* 22, 345–358.
Pesetsky, David Michael (1982) *Paths and Categories*, Doctoral dissertation, MIT.
Pollock, Jean-Yves (1989) "Verb Movement, Universal Grammar, and the Structure of IP," *Linguistic Inquiry* 20, 365–424.
Richards, Norvin (2003) "Why There Is an EPP," *Gengo Kenkyu* 123, 221–256.
Rizzi, Luigi (1990) *Relativized Minimality*, MIT Press, Cambridge, MA.
Ross, John Robert (1967) *Constraints on Variables in Syntax*, Doctoral dissertation, MIT.
Ross, John Robert (1969) "Guess Who?" *CLS* 5, 252–286.
Sag, Ivan A. (1976) *Deletion and Logical Form*, Doctoral dissertation, MIT.
Sag, Ivan A. and Jorge Hankamer (1984) "Toward a Theory of Anaphoric Processing," *Linguistics and Philosophy* 7, 325–345.

Saito, Mamoru (1985) *Some Asymmetries in Japanese and Their Theoretical Implications*, Doctoral dissertation, MIT.

Saito, Mamoru (1989) "Scrambling as Semantically Vacuous A′-movement," *Alternative Conceptions of Phrase Structure*, ed. by Mark R. Baltin and Anthony S. Kroch, 182–200, University of Chicago Press, Chicago.

Saito, Mamoru (2003a) "Notes on Discourse-based Null Arguments," presented at the 13th Japanese / Korean Linguistic Conference, Michigan State University.

Saito, Mamoru (2003b) "On the Role of Selection in the Application of Merge," *NELS* 33, 323–345.

Saito, Mamoru and Keiko Murasugi (1990) "N′-Deletion in Japanese: A Preliminary Study," *Japanese / Korean Linguistics* 1, 285–301.

Saito, Mamoru and Keiko Murasugi (1999) "Subject Predication within IP and DP," *Beyond Principles and Parameters: Essays in Memory of Osvaldo Jaeggli*, ed. by Kyle Johnson and Ian Roberts, 167–188, Kluwer Academic Press, Dordrecht.

Saito, Mamoru and Naoki Fukui (1998) "Order in Phrase Structure and Movement," *Linguistic Inquiry* 29, 439–474.

篠原道枝 (2004)「日本語の削除現象について」, 学士論文, 南山大学.

Stowell, Timothy A. (1981) *Origins of Phrase Structure*, Doctoral dissertation, MIT.

Stowell, Timothy A. (1982) "The Tense of Infinitives," *Linguistic Inquiry* 13, 561–570.

Stowell, Timothy A. (1989) "Subjects, Specifiers, and X-bar Theory," *Alternative Conceptions of Phrase Structure*, ed. by Mark R. Baltin and Anthony S. Kroch, 232–262, University of Chicago Press, Chicago.

Takahashi, Daiko (1993) "Movement of *wh*-phrases in Japanese," *Natural Language and Linguistic Theory* 11, 655–678.

Takahashi, Daiko (1994a) "Sluicing in Japanese," *Journal of East Asian Linguistics* 3, 265–300.

Takahashi, Daiko (1994b) *Minimality of Movement*, Doctoral dissertation, University of Connecticut.

Takahashi, Daiko (2003) "Parasitic Gaps and Null Arguments," presented at the 6th LEHIA International Linguistics Workshop, University of the Basque Country.

Tancredi, Christopher (1992) *Deletion, Deaccenting, and Presuppostion*, Doctoral dissertation, MIT.

Tomioka, Satoshi (1997) *Focusing Effects and NP Interpretations in VP Ellipsis*, Doctoral dissertation, University of Massachusetts, Amherst.

Tomioka, Satoshi (2004) "Another Sloppy Identity Puzzle," *Proceedings of the 4th GLOW in Asia 2003: Generative Grammar in the Broader Perspective*, ed. by Hang-Jin Yoon, 383–404, Hankook, Seoul.

Wasow, Thomas (1972) *Anaphoric Relations in English*, Doctoral dissertation, MIT.

Williams, Edwin S. (1977) "Discourse and Logical Form," *Linguistic Inquiry* 8, 101–139.

Zagona, Karen (1982) *Government and Proper Government of Verbal Projections*, Doctoral dissertation, University of Washington.

索　引

あ 行
イギリス英語の do　124
意識主体照応形　105
意識主体照応性　112
一致（agreement）　185
移動　160

か 行
絵画名詞句内の照応形　102
介在制約　92, 108
かきまぜ規則（scrambling）　54, 186
格フィルター　155
可視条件（visibility condition）　156
下接の条件（Subjacency Condition）　164
関係節　191
間接疑問文縮約　7, 10, 131
完全解釈の原理（Principle of Full Interpretation）　156
完全機能複合　29
完全なコントロール　90
機能範疇　170
機能範疇の D　176
義務的コントロール　88
空格　81
空格仮説（Null Case hypothesis）　155
空所化　139
空範疇原理（Empty Category Principle: ECP）　164
空補文照応　11
項削除　219
交差の現象　100
交差の原理　18
コピー理論　36

コントローラー　83
コントロール理論　83

さ 行
再帰代名詞　4, 32
再構築　37, 39
最終手段原理（Last Resort Principle）　82, 157
最小連結条件　86
最短距離の原則　85
削除（deletion）　7, 131
左方転位（left dislocation）構文　155
作用域　212
3項動詞　57, 58, 119
恣意的な PRO　88
指示表現　3, 25
指示物　3
指定部前置（Spec-initial）　145
指標　3, 33
主題階層条件　18, 53, 55, 56
主要部移動　181
照応　6
照応形　25
消失先行詞（missing antecedent）　132
小節（small clause）　49, 147
省略（ellipsis）　131
深層照応　9, 10, 122, 134
心理動詞　93, 103, 110
随意的コントロール　88
数量詞繰り上げ（Quantifier Raising: QR）　197
数量詞・変項　195
ストリクト解釈　137, 220
スロッピー解釈　137, 213, 219

先行詞　6, 120, 134
先行詞内包型削除（antecedent contained deletion: ACD）　197
先行条件　23, 50
前置詞残留（P-stranding）　202
相互代名詞　4, 32
遡及問題　198
属格　176
束縛　33
束縛原理　25, 33
束縛原理 A　26, 37, 47, 72
束縛原理 B　27, 74
束縛原理 C　27, 40, 44, 68, 70, 72
束縛する　15
束縛代名詞　40, 98
束縛領域　44, 106
束縛理論　15
素性換え（vehicle change）　194

た　行
代名詞の「の」　174
代用形　6
多重主語構文　185
長距離照応　113
直示的　9, 21
強い交差現象　101
適正束縛の条件　161
同一指示的　3
統語操作　33
統御　19
動詞移動　180
動詞句削除（VP deletion）　7, 10, 11, 124, 125, 131, 213
動詞句前置（VP-preposing）　160
統率範疇　25, 28
富山方言　171

な・は・ま　行
二重 wh 疑問文　187
非局所同一名詞句削除　92, 108
表層照応　9, 10, 122, 134

フェイズ　44, 70
部分的コントロール　90
分離先行詞　21, 48
包括性の条件　33
ミニマリスト・プログラム　33

や・ら　行
優位現象　187
ゆるやかな（sloppy）解釈　137
ゆるやかな同一性　137
弱い交差現象　101
ロバ文（donkey sentence）　195
論理形式 → LF

A〜Z
c 統御（c-command）　12, 24
c 統御の概念　24
COMP 主要部説　145
do 支持　118, 169
do it　6, 123
do so　6, 118, 123
DP（determiner phrase）仮説　10, 79, 149
ECM（Exceptional Case Making）動詞　28, 47, 80, 81
IP 削除　161, 184, 202, 222
IP 前置　161
kommand（k 統御）　22
LF　34, 138, 193
LF コピー（LF copying）分析　193
LF 表示　165
Move α　192
N′ 削除（N-bar deletion）　7, 131
NP 削除　179
NP 前置　162
one　6, 10, 116
one の照応　114
p 統御　105
PF　193
PF 削除　199, 202
PF 削除分析　205

PF 表示　156
pro　96, 182
PRO　8, 30, 79, 155
PRO 定理（PRO Theorem）　154
S 構造　34
sluicing　7, 131
VP 削除 → 動詞句削除
VP シェル　45, 50, 51
VP 前置 → 動詞句前置

VP 内主語仮説（VP-internal subject hypothesis）　147
wh 移動　156
wh 島の制約（wh-island condition）　163
X′ 理論　144
θ 基準　77
θ 役割　18, 55, 147

〈著者紹介〉

原口庄輔（はらぐち　しょうすけ）　1943年生まれ．明海大学外国語学部教授．

中島平三（なかじま　へいぞう）　1946年生まれ．学習院大学文学部教授．

中村　捷（なかむら　まさる）　1945年生まれ．東北大学大学院文学研究科教授．

河上誓作（かわかみ　せいさく）　1940年生まれ．神戸女子大学教授．

有元將剛（ありもと　まさたけ）　1945年岐阜県生まれ．国際基督教大学大学院教育学研究科博士課程修了．現在南山大学外国語学部教授．著書：『言語習得と英語教育』（共著，英語教育協議会，1987）．論文："The Minimal Link Condition and Existential Constructions in English"（*Linguistics: In Search of the Human Mind — A Festschrift for Kazuko Inoue*, Kaitakusha, 1999）など．

村杉恵子（むらすぎ　けいこ）　1960年長野県生まれ．津田塾大学修士課程，コネチカット大学博士課程修了．Ph.D.（言語学）．現在南山大学外国語学部教授．著書：『英文読解のプロセスと指導』（共著，大修館書店，2002）．論文："An Antisymmetry Analysis of Japanese Relative Clauses"（*The Syntax of Relative Clauses,* John Benjamins, 2000），"Japanese Complex Noun Phrases and the Antisymmetry Theory"（*Step by Step,* The MIT Press, 2000）など．

英語学モノグラフシリーズ 12
束縛と削除

2005年4月30日　初版発行

編　者	原口庄輔・中島平三
	中村　捷・河上誓作
著　者	有元將剛・村杉恵子
発行者	荒　木　邦　起
印刷所	研究社印刷株式会社

KENKYUSHA
〈検印省略〉

発行所　株式会社　研究社
http://www.kenkyusha.co.jp

〒102-8152
東京都千代田区富士見2-11-3
電話　（編集）03(3288)7711(代)
　　　（営業）03(3288)7777(代)
振替　00150-9-26710

ISBN4-327-25712-5　C3380　　Printed in Japan